책보고
한국 중세사 복원 자료집

삼국시대, 고려, 조선

책보고 지음

시민혁명 출판사

책보고 한국 중세사 복원 자료집

1쇄 발행 2025년 6월 10일
2쇄 발행 2025년 6월 15일

지은이   책보고 양지환
총괄   분석/검증/제작/디자인/마케팅   책보고

펴낸이   책보고
펴낸곳   시민혁명 출판사
출판번호 제 2023-000003호
주소   경기도 부천시 길주로 317 블래스랜드 303
대표연락처 booksbogo@naver.com
인쇄   모든인쇄문화사 / 인쇄문의 042)626-7563

ISBN 979-11-992851-0-1
가격   39,000원

보도, 서평, 연구, 논문 등에서 수용적인 인용, 요약하는 경우를 제외하고는
저자 및 출판사의 승낙 없이 이 책의 내용을
무단 배포, 전재하거나 복제하는 것을 금합니다.
이 책은 국내 저작권법에 따라 보호받는 저작물입니다.

기록들과 현장 검증은 역사해석의 최우선.

저는 수십 년간 사라져가는 많은 역사 자료를 긁어모았습니다.
수백 장의 옛 지도들을 분석하고, 위성 지도를 거의 매일 비교하였습니다.
세계 정보의 바다를 넘나들었습니다. 영어, 일본어, 중국 간자, 번자체 등의 문자해석은 인공지능 정보화 시대에 큰 어려움이 되지 않았습니다.

지금도 한국사 전공 강사, 박사, 교수들은 이 자료를 외면하고, 자칭 민족 사학자라고 불리고 싶어 하는 자들도 강하게 부정하고 조롱하지만, 저는 한국사의 숨겨진 자료들을 집요하게 끄집어내 마침내 역사의 퍼즐을 맞추었습니다. 그간 국내, 국외 많은 평범한 시민분들이 함께 정보를 찾아주셨고, 지원해 주신 결과며, 반민족주의자들이 그토록 숨기고 싶어 하는 자료들입니다.

고려까지 대륙이 본토였음을 숨기는 왜곡된 한국사, 이 책은 동아시아의 역사 복원을 위한 핵폭탄급 자료가 될 것이며 반드시 동아시아 역사의 패권 관계는 다시 기술되어야 합니다. 한편으로는 이 책의 함축적 내용이 어렵게 느끼시는 분들이 계실까 걱정도 됩니다. 이미 유튜브 '책보고'에서 수많은 관련 강의들이 정리되어 있기에 도움을 줄 것입니다. 시민 혁명을 통하여 변화는 삽시간에 찾아올 것이며, 그때를 기다리며 설레는 마음으로 책을 세상에 내놓습니다.

어제의 해석과 오늘이 같다면 그것은 멈춘 지식입니다.
본 자료들을 통해 더 많은 역사의 진실들이 세상에 드러나길 원합니다.

혁신적인 정보화 시대로, 해외부터 국내까지 수많은 귀한 자료들을 찾을 수 있음에 감사합니다. 출처를 찾을 수 없어 미처 표기 못 한 부분이나, 수정할 부분은 연락해주시면 추후 수정, 보완하겠습니다.

세상은 변했습니다. 틀에 갇혀 있는 학계의 전문가라는 자들보다 일반인들의 실력 높음이 세상에 증명되는 시대입니다. 본 자료와 해석에 감사하지 못하고, 거부하는 자들은 웃음거리가 될 것입니다. 현재와 미래 우리 민족의 생명과 재산을 지키고 번영하기 위해 이 책의 자료들은 커다란 무기가 될 것입니다.

시민혁명 출판사 대표 겸 유튜버 _ 책보고

기록들과 현장의 교차 검증이 역사 해석의 최우선

중국 바이두 지도에서도 현재 찾아지는, 삼국, 고려시대 중심지

북경시. 고구려 유리왕 사당 琉璃廟鎮

운남성. 덕굉태 민족자치구 고려산 高麗山

산서성 진성시. 요산 遼山

장강, 호북성 황강시. 나주성 羅州城

하북성 탕산시. 고려 왕건 王建庄

절강성. 김유신 도로
천관녀 사당마을
안휘성. 원효 대사

유튜버 책보고TV 영상들을 요약 하고, 그의 사관을 논하라

답변 과정 2025년 2월 답변 _ 인공지능 AI 앨런 Ver2

유튜버 **책보고TV**는 한국 고대사에 대한 전문적인 내용을 다루는 채널로, 약 9만 명의 구독자를 보유하고 있습니다 [출처 13]. 책보고TV의 영상들은 주로 삼국사기, 고려사, 족보 등을 분석하여 역사적 사실을 추적하는 내용을 담고 있습니다 [출처 15]. 예를 들어, 고려사의 기록을 바탕으로 중국 대륙의 특정 지역의 위치를 추적하는 영상이 있습니다 [출처 15].

책보고TV의 사관은 **한국 고대사를 바로잡고자 하는 목적**을 가지고 있습니다. 이는 기존의 역사적 왜곡을 바로잡고, 한국의 역사를 정확히 알리기 위한 노력으로 볼 수 있습니다 [출처 12]. 또한, 책보고TV는 역사적 사실을 근거로 삼아 다양한 역사적 사건과 인물에 대해 깊이 있는 분석을 제공합니다.

책보고TV의 활동은 단순히 유튜브 영상 제작에 그치지 않고, 법적 다툼에서도 볼 수 있듯이 역사적 사실을 둘러싼 논란과 갈등에도 적극적으로 참여하고 있습니다 [출처 13] [출처 14]. 이러한 활동은 책보고TV가 단순한 유튜버를 넘어, 역사적 진실을 수호하고자 하는 시민역사가로서의 역할을 수행하고 있음을 보여줍니다 [출처 1].

출처 웹문서 (5)

1. [특별인터뷰] "'식민사관'을 중단시킬 '단 한 장의..." — www.edujin.co.kr
12. '롯본기 김교수' [책보고를 '보고'(REPORT) 하다]... — www.mediapia.co.kr
13. 네이버웹툰-역사 유튜버 책보고, 법적다툼 - 스타뉴스 — www.starnewskorea...
14. 네이버웹툰-역사 유튜버 책보고, 법적다툼 - 네이트... — news.nate.com

이미지 (5)

저작권론) 책·영화 등의 내용을 ... — m.blog.naver.com
특별인터뷰] "'식민사관'을 중단... — www.edujin.co.kr
특별인터뷰] "'식민사관'을 중단... — www.edujin.co.kr
특별인터뷰] "'식민사관'을 중단... — www.edujin.co.kr

동영상 (10)

백제 성왕의 참수지 (관산성)추적...

18분 요약, 신라의 압도적 승리(...

책보고TV(유튜버 책보고)의 몽...

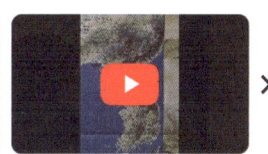
#책보고 대형지도✨🌏📏 歷...

책보고

| 시민 역사 연구가 |
시민혁명 출판사 대표, 유튜버

1. 왜곡된 한국사 복원지도 제작 _ 중국, 한반도 역사 동일지명 (약 천여 개 이상)
2. 삼국, 후삼국, 고려, 조선초로 이어지는 한국역도 통사 최초해석
3. 고려 서북경계, 우산, 강화, 남경 등 고려 영토 최초정립
4. 6가야, 임라가라, 안라위치 최초 재해석
5. 시민역사 연구가를 통합, 영토해서 단일화 진행 중.
6. 전국민 중세역사인식 변화선봉 _ 도서, 지도, 영상, 직접제작. 배포

동북공정 = 한국 없애기

땅, 조선 시대부터 조작된 역사기록으로
거져가는 중공, 일본의 역사공정에 한국은 늘 불리하다.
역사란, 주변국 등에서
그 나라의 정체, 문화 주도권을 잡게 하며, 명분을 정당화시키는 전략 무기다.

역사는 반드시 반복되며, 과거를 잇은 민족에게 야망이 미래는 없다.
역사는 승자가 기록하는 예속된 욕망이 기록이다.
가장 좋은 예가, 한국의 고대·중세 역사다.

– 책보고

프롤로그

한국(Korean)인들은 아래 주장들에 대한, **완벽한 반론이 가능한가?**

1. 한국 성씨는 중국에서 왔다. 지명은 베꼈다.
2. 우리는 조공을 계속 했다.
3. 한자는 고대 중공문자다.
4. 고대 중국이 대부분 발명했다.
5. 그래서 아시아는 중국의 질서에 따라야 한다.

지워진 한국 고대, 중세사

BC　AD

조선 5백년
고려 5백년
고구려, 백제, 신라 1천년
고조선 단군 2333년
구리(배달) 환웅

명, 청나라
5대10국, 송나라
후한, 5호16국, 당나라
하, 은, 주, 춘추전국, 진시황

로마시대
이집트 피라밋 건축 2500년

우리 기타서

부도지 - 신라·박제상
삼성기 - 안함로
단군세기 - 고려말·이암

북부여기 - 고려말·범장
태배일사 - 조선·이맥
추모경, 고구려사략
백제서기 - 백제·고흥
화랑세기 - 신라·김대문
계원필경 - 신라·최치원
규원사화 - 조선·북애자
제왕운기 - 고려말·이승휴
고려사절요 - 조선
동국통감 - 조선
열하일기 - 조선말·박지원
조선상고사 - 일제·신채호

우리중 기록서들 정통사서

삼국사기, 삼국유사, 고려사

11권 50권 | 1명 5권 | 약 60년 139권

중국 사국서대가 같이 기록된 역사책들

	서명	서술연대	편찬시기	구성 총권수
1	사기(史記)	기원전2550~기원전122	전한(前漢)	130권
2	한서(漢書)	기원전140~기원후23	후한(後漢)	100권
3	후한서(後漢書)	25~220	송(宋)	120권
4	삼국지(三國志)	220~280	서진(西晉)	65권
5	진서(晉書)	265~420	당(唐)	130권
6	송서(宋書)	420~478	양(梁)	100권
7	남제서(南齊書)	479~502	양(梁)	59권
8	양서(梁書)	502~557	당(唐)	56권
9	진서(陳書)	557~589	당(唐)	36권
10	위서(魏書)	386~550	북제(北齊)	124권
11	북제서(北齊書)	550~577	당(唐)	50권
12	주서(周書)	559~581	당(唐)	50권
13	남사(南史)	420~580	당(唐)	80권
14	북사(北史)	386~618	당(唐)	100권
15	수서(隋書)	581~618	당(唐)	85권
16	구당서(舊唐書)	618~907	후진(後晉)	200권
17	신당서(新唐書)	618~907	송(宋)	225권
18	구오대사	907~959	송(宋)	150권
19	신오대사	907~959	송(宋)	74권

주변국 잠서

수경 - 전한·상흠
수경주 - 북위·역도원
통전 - 당·두우
입당구법순례행기 - 일본·엔닌
자치통감 - 부송·사마광
책부원귀 - 부송·왕흠약·양억
고려도경 - 부송·서긍
통지 - 남송·정초
문헌통고 - 원·마단림
만주원류고 - 청

송사 496, 요사 116, 금사 135, 원사 210, 명사 332
신원사 257, 청사536권

조선왕조실록 1,893권

2018년에서야 문화재청이 국보 지정

삼국사기

수백개의 대륙 지명들이 기록된 정사

1979년 조선왕조실록은 벌써 국보 151호 지정.

2018년, 이제서야 '삼국사기' 국보 지정
2021년에서야 문화재청이 보물 지정
고려사
무수한 대목이 지명이 유추 가능한 정사

1979년 조선왕조실록은 벌써 국보 151호 지정.

說文解字 설문해자

후.한나라 때 한자 뜻을 기록한 책

夷 (동이) 문자의 뜻은
동방의 사람이며, 큰 활이다.

풍속은 어질며, 그렇기에 장수한다.
군자가 끊이지 않고 나오는 나라다.
하늘과 땅은 크며, 사람 역시 크다.
大 (대) 란 사람의 형상이며,
夷 (이) 역시, 大 (대)에서 나온 형상이다.

중국 공산당 국어사전, 신화사전 동이 夷 위치

동이는 산동성, 강소성 일대

고구려, 백제, 신라에서 고려까지 모두 東夷

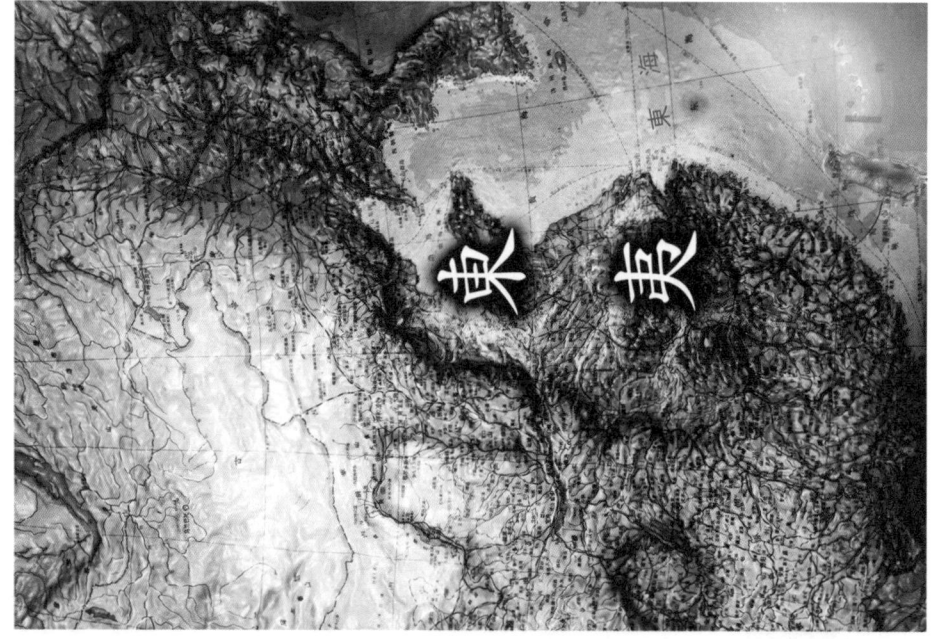

치우(蚩尤)

구리(九黎)국의 황제.
구리의 후예가 묘(苗)다.

苗 . 九黎之後
九黎爲 苗民

예기 禮記 권 55

신성기 三聖記

저자_ 신라승려 안함로

배달국 환웅은 천하를 평정했다.

1대~18대 환웅이 계셨으며,

14 대는 치오지 환웅인데,

'치우천왕' 이라고 불린다.

치우(蚩尤)
구려(九黎)국의 황제

치우는 황제헌원을 격파하고
회대(淮岱)와 기연(冀兗)을
회수, 대산, 기주, 연주
모두 차지하게 되었다.
- 규원사화

원래 기주冀州는 신시성으로 하북성으로 이지러짐

삼모(三苗)는 강(江)·회(淮)·형주(荊州)에 있으면서 여러 번 난을 일으켰다

삼모(三苗) 註001 는 [集解] 마융(馬融)이 말했다. "나라 이름이다." [正義] 『좌전(左傳)』 註002 에서 자고(自古) 이래 제후 중에 왕명을 따르지 않은 자로 우(虞) 때에는 삼모가 있었고, 하(夏) 시기에는 관(觀) 註003 호(扈) 註004 가 있었다고 하였다. 공안국(孔安國)이 말했다. "진운씨(縉雲氏) 註005 의 후예로 제후가 되어 도철(饕餮) 註006 이라 불렸다. 오기(吳起) 註007 가 말했다. "삼모의 나라는 왼쪽에 동정(洞庭) 註008 이 있고, 오른쪽에 팽려(彭蠡) 註009 가 있다." 살피건대, 동정은 호수 이름인데, 악주(岳州) 註010 파릉(巴陵) 註011 의 서쪽 1리에 있으며, 남쪽으로는 청초호(靑草湖) 註012 와 연접해있다. 팽려도 호수 이름인데, 강주(江州) 註013 심양현(潯陽縣) 註 014 의 동남 52리에 있다. 전자가 북방에 있으니 세주의 서쪽이 아니라 동쪽이다. 편거하는 도중에 있어 오른쪽에 있다고 한 것이다. 지금 강주, 악주(鄂州) 註 015, 악주(岳州) 일대가 삼모가 있던 지역이다. **'삼서(尙書)』에 "남쪽으로 강(江)·회(淮)·형주(荊州)** 註016 **에 있으면서** 여러 번 난을 일으켰다.**"라고 한 것이 이것이다. 『괄지지(括地志)』에 "고공성(故龔城)은 단주(檀州) 註 019

전쟁의 신 '치우천왕'의 후예: 중원세력의 팽창을 피해 신궁 오지 구이저우로 숨어들었다. 마지막 남은 신화 속 후예들 묘족 (KBS 20180531 방송)

묘족은 중국 노란 물이 세차게 흐르는 곳(황하)에서 왔다고 했습니다
묘족은 중국 노란 물이 세차게 흐르는 곳(황하)에서 왔다고 했습니다
그 후 장강을 건넜습니다

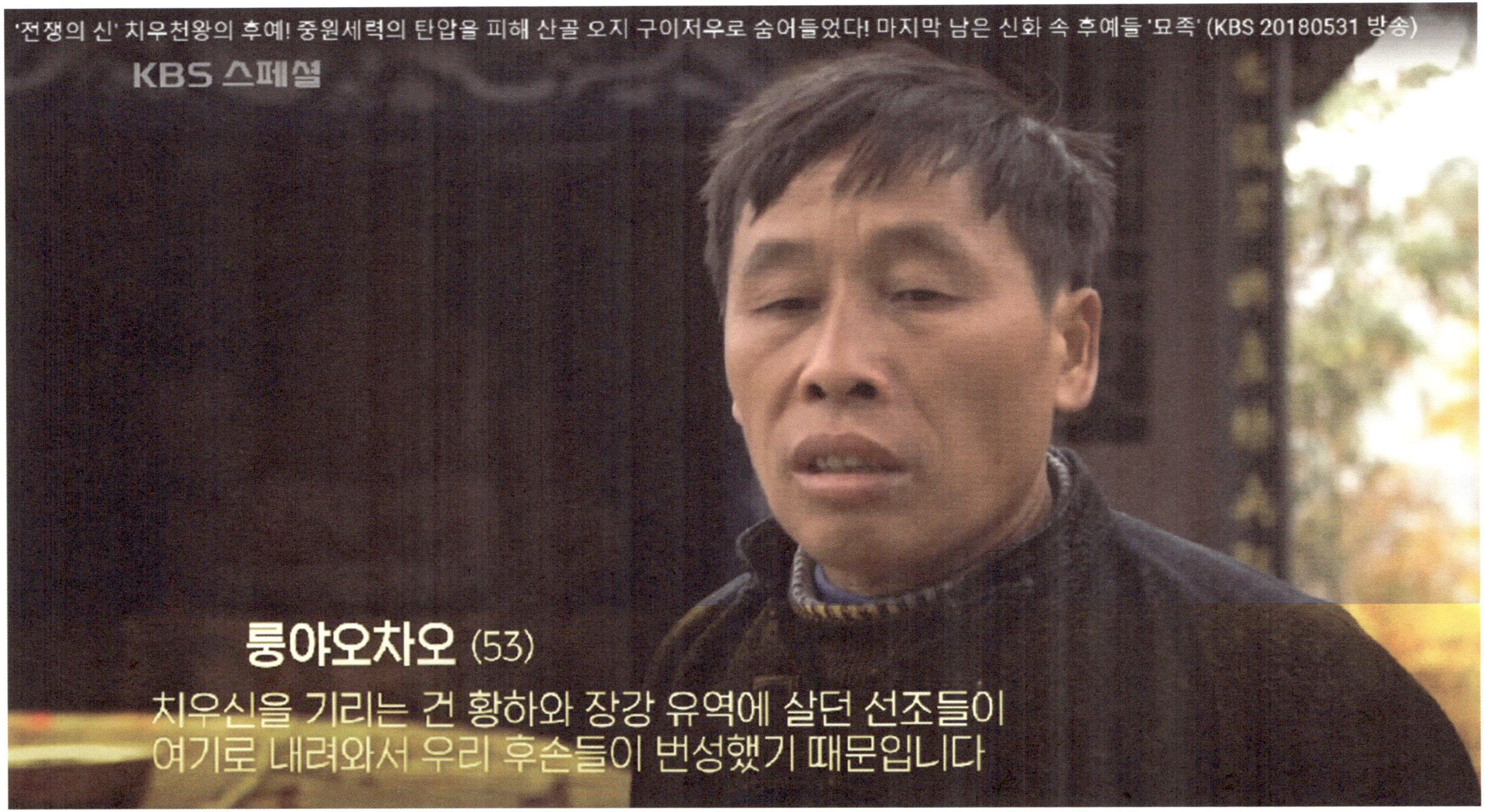

'전쟁의 신' 치우천왕의 후예! 중원세력의 탄압을 피해 산골 오지 구이저우로 숨어들었다! 마지막 남은 신화 속 후예들 모족' (KBS 20180531 방송)

KBS 스페셜

둥아오차오 (53)

치우신을 기리는 건 황하와 장강 유역에 살던 선조들이 여기로 내려와서 우리 후손들이 번성했기 때문입니다

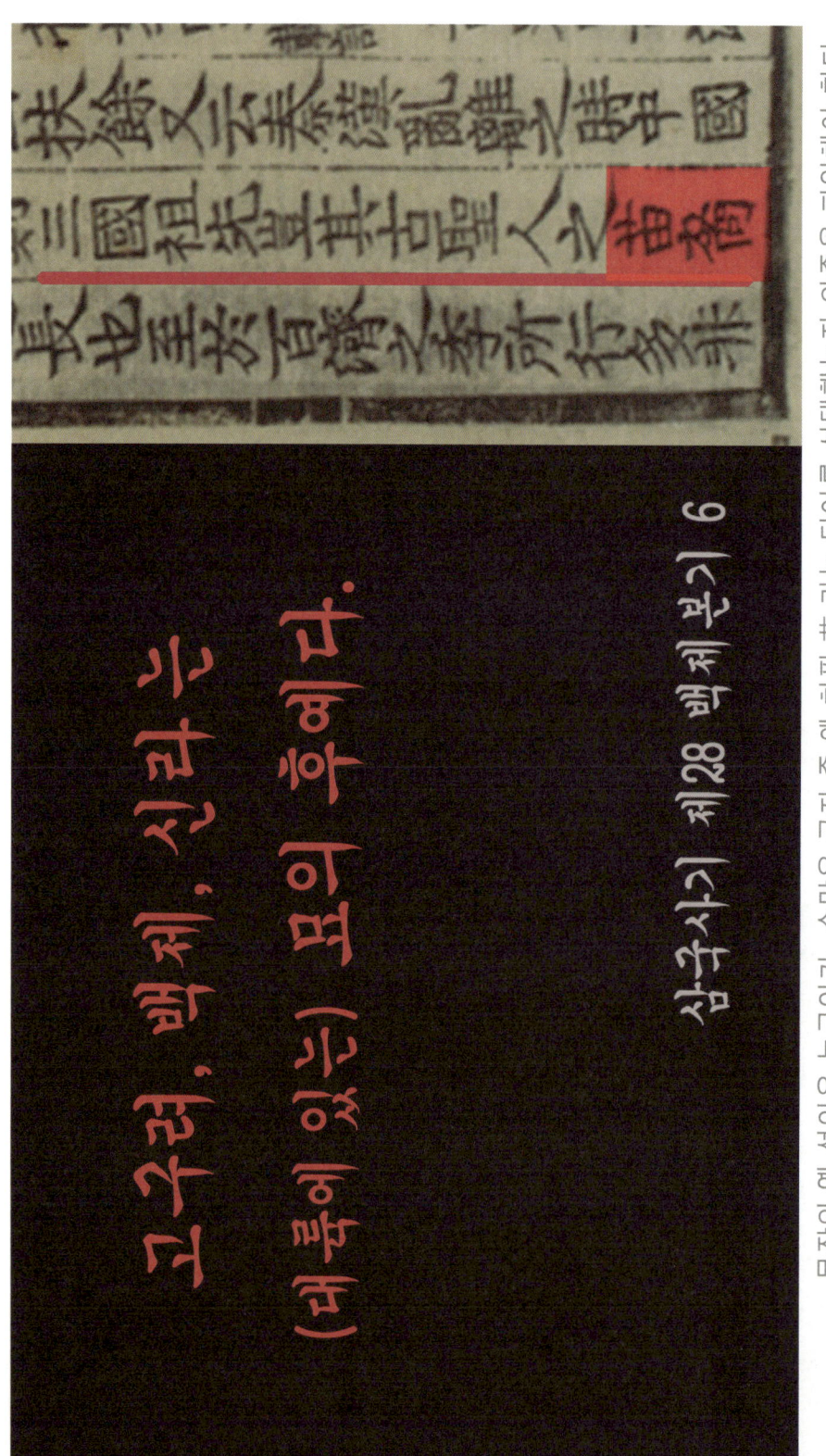

고구려, 백제, 신라는 (매듭에 있는) 묶이 둥예다.

삼국사기 제28 백제 본기 6

문장의 옛 성인은 누구인가, 수많은 글자 중에 하필 苗 라는 단어를 선택했느지 이쯤을 파악해야 한다.

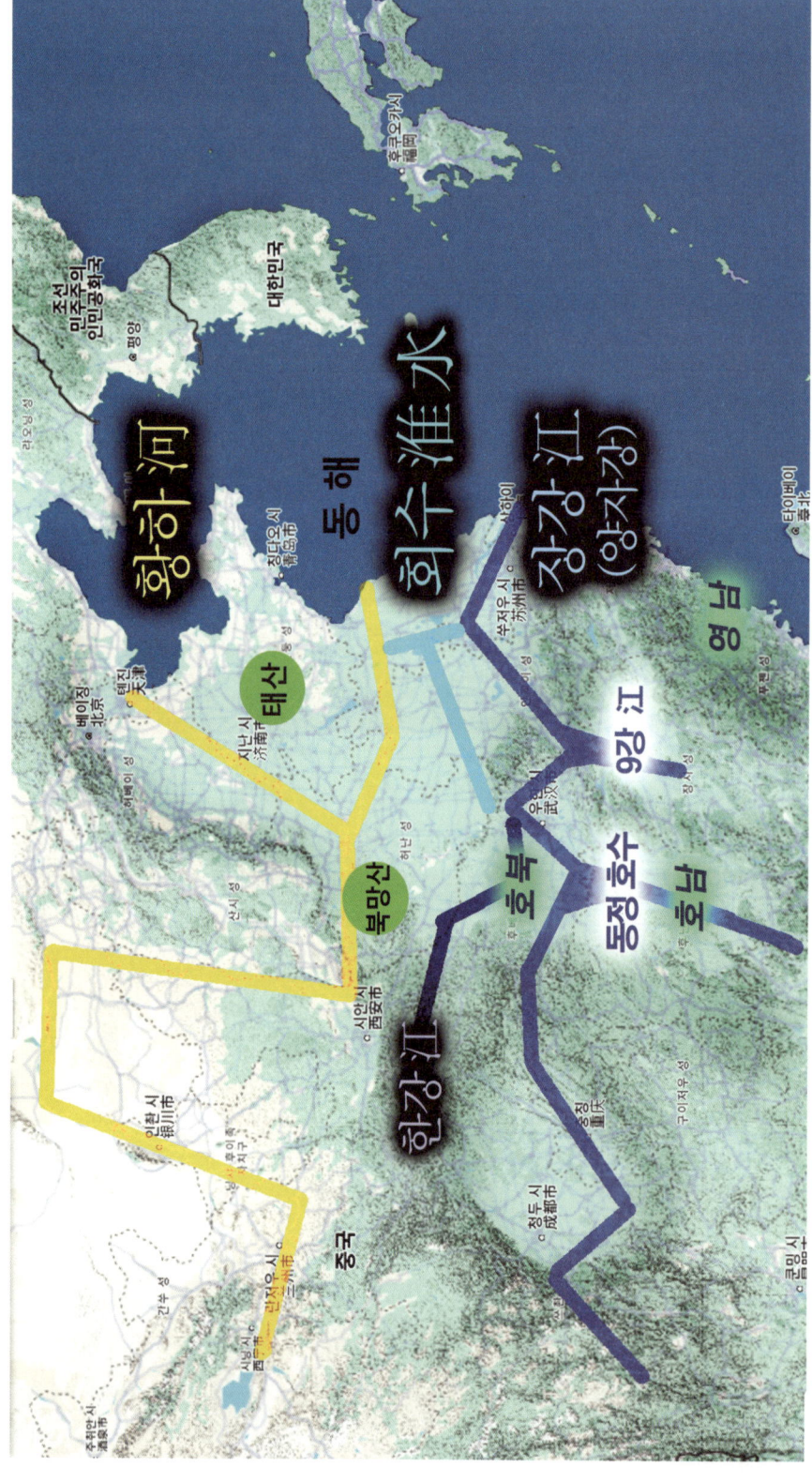

중국 정통사서 사마천 사기 권2 본기 4

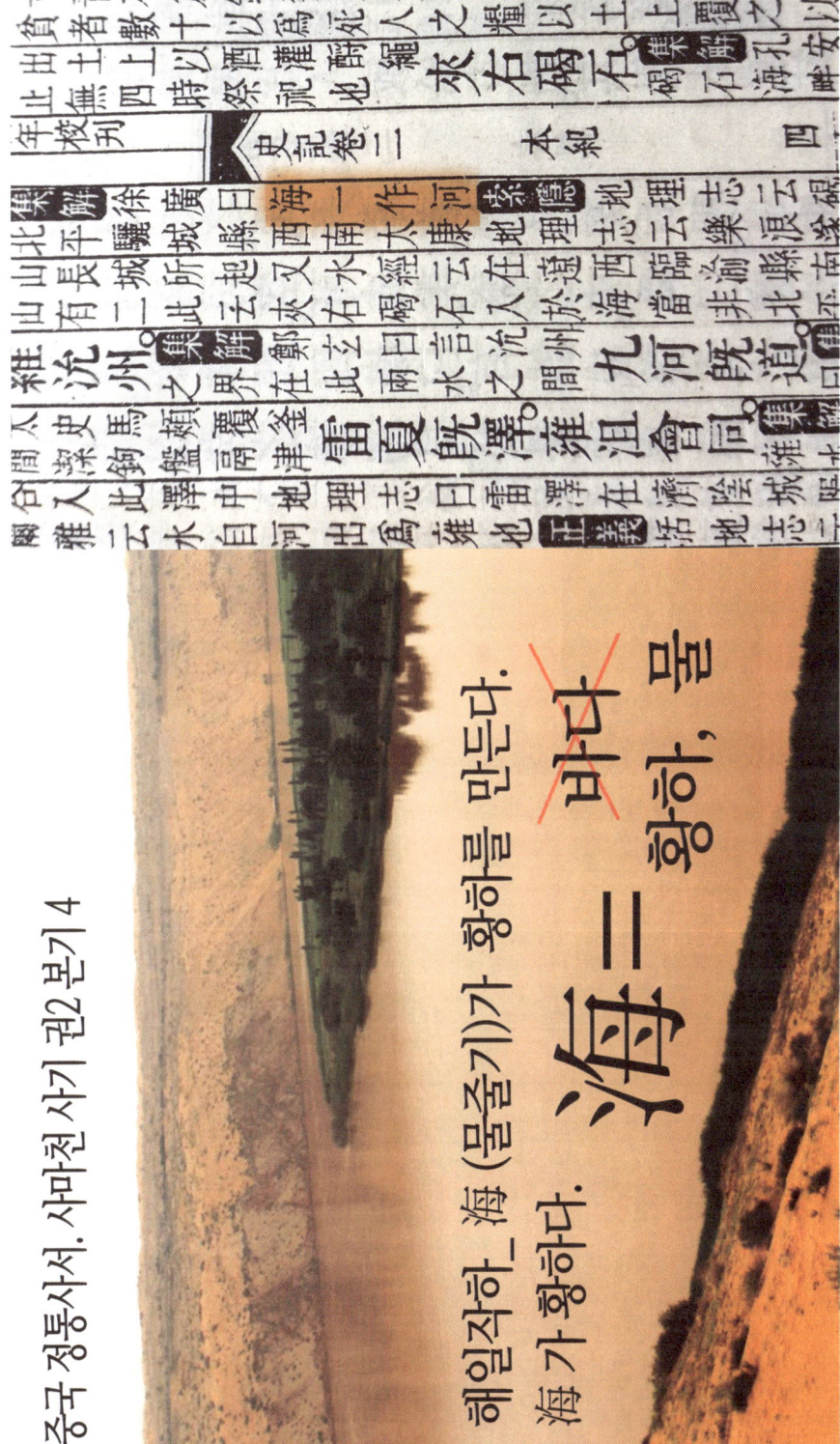

헤일적하_海 (물줄기)가 횡하를 만든다.
바다 횡하, 물
海가 횡하다.
海가 횡하다.

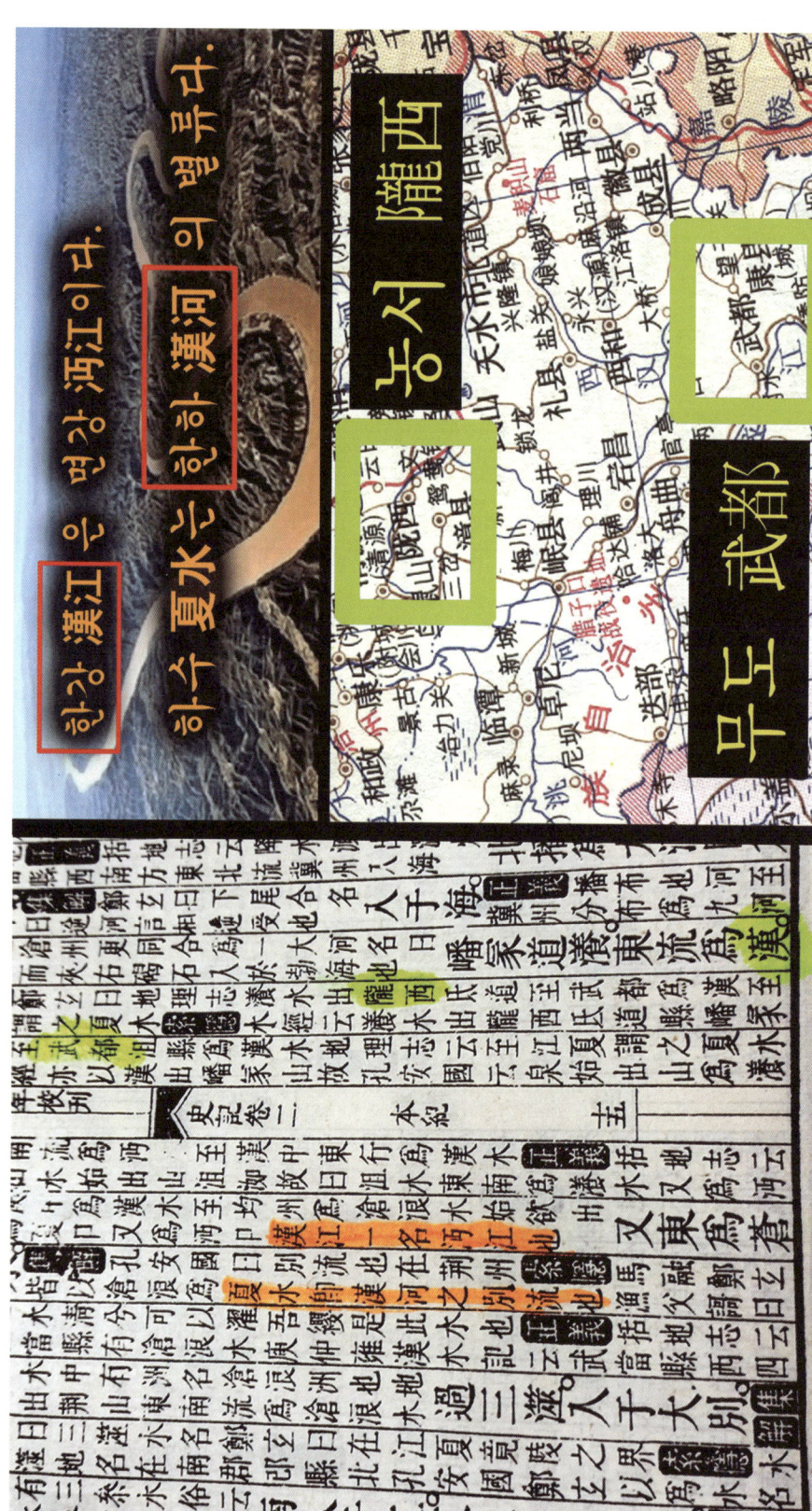

한강 漢江은 면강 沔江이다.
하수 夏水는 하한 漢河 이 별명규다.

농서 隴西

무도 武都

폐수는 낙랑, 누방에서 나와 동쪽 바다으로 바다로 나간다.
(물)

說文解字注 十一篇上 水部

浿水出樂浪鏤方。

환웅이 천하에 자주 뜻을 두어 인간세상을 구하고자 하다

환웅 이동과 정착지, 단군에게 양위.

《고기(古記)》주 248 에 이르기를, "옛날에 환인(桓因)-제석(帝釋)을 말한다. 의 서자(庶子)인 환웅(桓雄)이 천하(天下)에 자주 뜻을 두어 인간세상을 구하고자 하였다. 아버지가 아들의 뜻을 알고 삼위태백(三危太伯)주 249 을 내려다보니 인간(人間)을 널리 이롭게 할 만한지라, 이에 천부인(天符印) 세 개를 주며 가서 다스리게 하였다. 웅(雄)이 무리 삼천을 거느리고 태백산(太伯山) 정상즉 태백(太伯)은 지금의 묘향산(妙香山) 주 25 의 신단수(神檀樹)주 252 밑에 내려와 신시(神市)라 하고 이에 환웅천왕(桓雄天王)이라 하였다. 풍백(風伯)·우사(雨師)·운사(雲師)를 거느리고 곡식·수명·질병·형벌·선악(善惡) 등 무릇 인간의 삼백육십여 가지의 일을 주관하며 세상을 다스리고 교화하였다. 이때에 곰 한 마리와 범 한 마리가 같은 굴에 살면서주 253 항상 신(神) 환웅(雄)에게 기도하되 화(化)하여 사람이 되기를 원했다. 이에 신 환웅은 신령스러운 쑥 한 심지와 마늘 스무 개를 주면서 '너희들이 이것을 먹고 백일(百日) 동안 햇빛을 보지 않으면 곧 사람의 모습이 될 것이니라.'라고 하였다. 곰과 범이 이것을 받아서 먹고, 기(忌)한지 삼칠일(三七日)만에 곰은 여자의 몸이 되었으나, 범은 금기하지 못해서 사람의 몸이 되지 못하였다. 웅녀(熊女)는 그와 혼인할 사람이 없었으므로 매양 단수(壇樹:檀樹) 아래서 잉태하기를 빌었다. [환웅이 이에 잠시 [사람으로] 변하여 그녀와 혼인

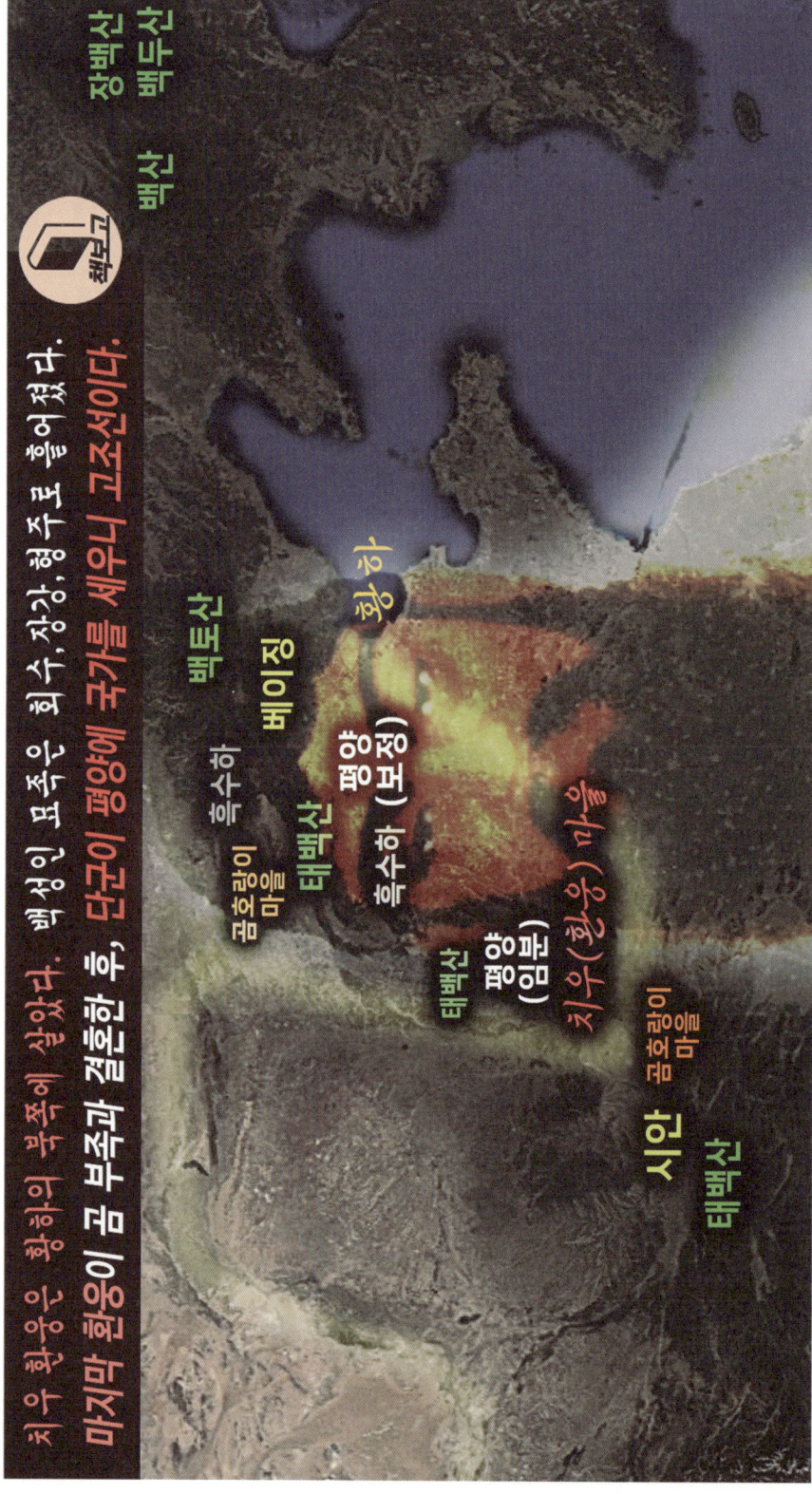

壇君記 단군기

1대 단군왕검~
47대 고열가단군까지
기록된 현존 최고 역사서.

규원사화 揆園史話

조선시대 쓰여진 **일본이 존재하는**
우리 역사책

기자 조선의 서화(西華)

西華顯 서화현

西華 故箕地
서화는 옛날 기(자)의 땅인데

在開封府西九十里
개봉부 서쪽 90리에 있다.

初聖師食宋故禱箕子
처음 어진스승 기자가 송나라 '기'땅에
살았기 때문에 기자라고 한 것이다.

今邑中有 箕子台
지금 읍 가운데 기자대가 있다.

(대청일통지 권 17)

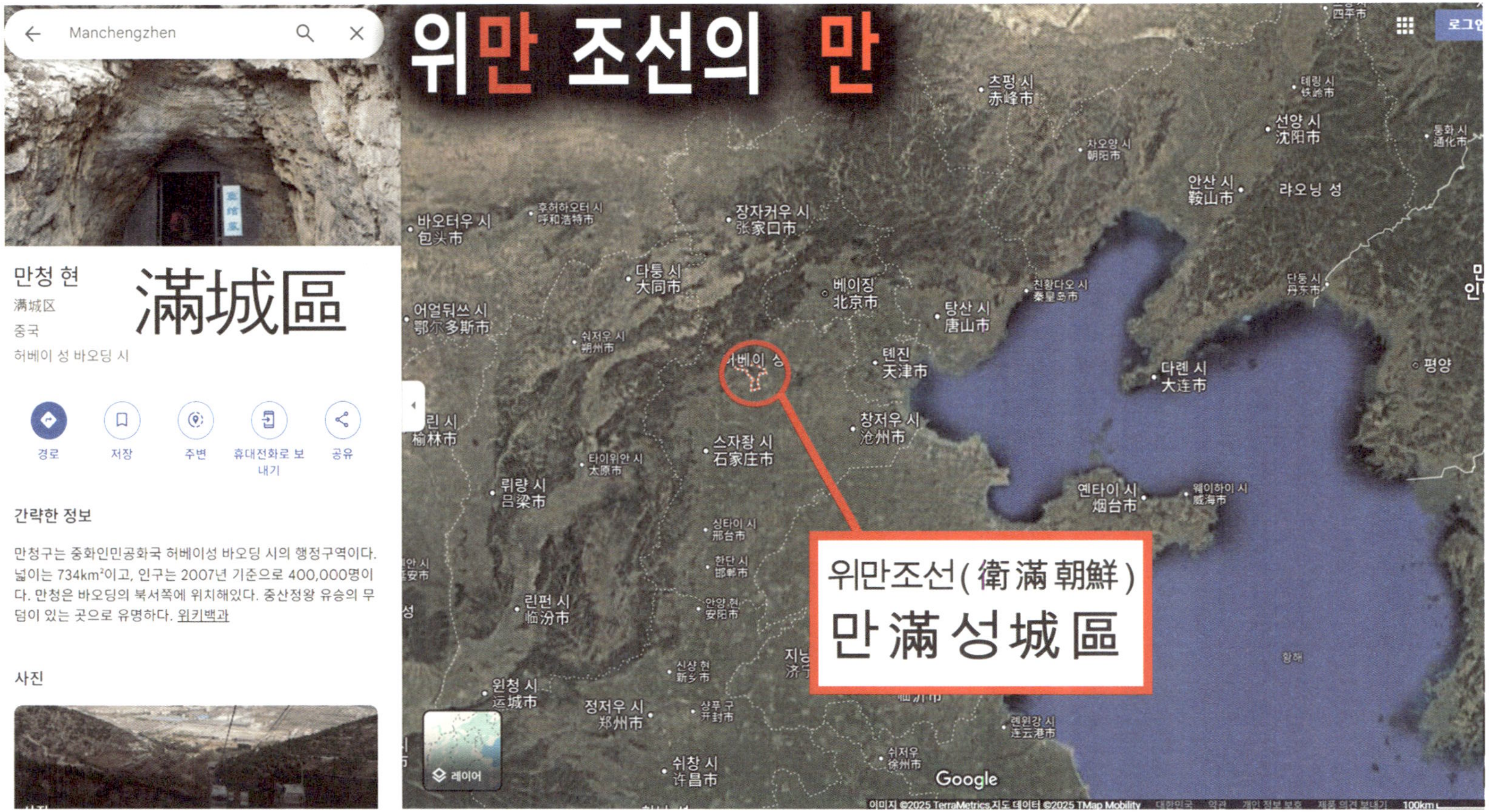

위만 조선의 만

위만조선(衛滿朝鮮)
만滿성城구區

만청 현 满城区
중국

허베이 성 바오딩 시

간략한 정보

만청구는 중화인민공화국 허베이성 바오딩 시의 행정구역이다. 넓이는 734km²이고, 인구는 2007년 기준으로 400,000명이다. 만청은 바오딩의 북서쪽에 위치해있다. 중산정왕 유승의 무덤이 있는 곳으로 유명하다. 읽기먹과

연 燕 나라 와 고조선 위치 – (춘추)전국시대

蘇秦將爲從, 北說燕 文侯曰

文侯曰:「<u>燕東有朝鮮</u>·遼東, 北有林胡·樓煩, 西有雲中·九原, 南有呼沱·易水, 地方二千餘里, 帶甲數十萬, 車七百
乘, 騎六千匹·鴈門之饒, 北有棗栗之利. 民雖不由田作, 棗栗之實, 足食於民矣. 此所謂天府也. 夫安樂無事, 不見覆軍殺
將其所以然乎? 夫燕之所以不犯寇被兵者, 以趙之爲蔽於南也. 秦·趙五戰, 秦再勝而趙三勝, 秦·趙相弊, 而王以全燕
已難也. 且夫秦之攻燕也, 踰雲中·九原, 過代·上谷, 彌地踵道數千里, 雖得燕城, 秦計固不能守也. ……」.

연나라 동쪽은 고조선이 있으며,

북쪽에는 임호, 누번 / 서쪽에는 운중, 구원
남쪽에는 호타하, 역수, 갈석산, 안문이 있다.

중국 측, 일본 측 주장.
고조선 말기 ~ 고구려 초기 영토

한(漢) 나라 변방 4개의 군
임둔, 진번, 낙랑, 현도(현토)

1427년 조선초

"전하, 삼국의 첫 수도에 사당을 세우려는데
신라는 경주고,
백제도 전주일 듯한데,
고구려는 어디인지 모르겠습니다.
어떻게 할까요?"

_조선왕조실록

지	서	절	형	후	한	2	병
북	북	자	문	부	성	월	술
행	행	차	달	소	하	중	1
보							

丙戌十 二月中 漢城下 後部小 兄文達 節自此 西北行 步之.

북한 평안남도 평양內성 東벽 평양성벽 제4석 : 한성각자
66.7 x 30 ㎝ (현재 평양 중앙 력사박물관 소장)

지금까지 5개의 각자성석이 발견되었는데,

이를 제시하면 다음과 같다.

현재 북한 평양 = 고(구)려 한성

① 기축년 5월 28일 처음으로 공사를 시작하였는데, 서쪽으로 향하여 11리 구간은 소형(小兄) 상부 약모리(相夫若牟利)가 쌓는다. (제1석)

② 기유년 3월 21일 여기서부터 동쪽으로 향하여 12리 구간은 물구(物苟) 소형 배수백두(俳須百頭)가 맡는다. (제2석)

③ 기축년 3월 21일 여기서부터 □쪽으로 내려가면서 2리는 내부(內部) 백두(百頭) 상위사(上位使) 이장(尒丈)이 맡아서 공사한다. (제3석)

④ 병술년 12월에 한성(漢城) 하후부(下後部)의 소형 문달(文達)이 여기서부터 서북 방향을 맡는다. (제4석)

⑤ 괘루개절(卦婁盖切) 소형 가군(加群)은 여기서부터 동쪽으로 돌아 위쪽으로 □리 4자(尺)를 쌓는다. (제5석)

결론 – 고구려, 고려 시대의 공통 관직인 소형(小兄)
병술년 등으론 언제인지 확인 불가. 60 갑자로 60년마다 돌아오는 해.

도읍을 정하고 왕으로 일컫어 나라 이름을 북부여라 하다

북부여(北扶餘)

북부여국
해모수

《고기(古記)》에 이르기를 "《전한서》에 선제(宣帝) 신작(神爵) 3년 임술(壬戌) 4월 8일 천제(天帝)가 다섯 마리 용이 끄는 수레(五龍車)를 타고 지금 이름을 흘승골성(訖升骨城) 대요(大遼) 의주(醫州) 지역에 있다. 에 내려와서 도읍을 정하고 왕으로 일컫어 나라 이름을 북부여(北扶餘)라 하고 자칭 이름을 해모수(解慕漱)라 하였다. 아들을 낳아 이름을 부루(扶婁)라 하고 해(解)로써 씨를 삼았다. 그 후 왕은 상제의 명령에 따라 동부여로 도읍을 옮기게 되고 동명제가 북부여를 이어 일어나 졸본주(卒本州)에 도읍을 세우고 졸본부여가 되었으니 곧 고구려(高句麗)의 시조이다. 아래에 나타난다"라고 하였다.

후한 後漢 _ 부여(夫餘)국 기록

漢時, 夫餘王葬用玉匣. 常以付玄菟郡, 王死則迎取
〈삼국지 위서 동이전 부여편〉

한나라는 부여국의 왕이 돌아가실 때 장례에 사용하도록 옥으로 만든 갑옷(玉匣)을 미리 현도 땅에 언제나 갖다 바쳐야 했다.

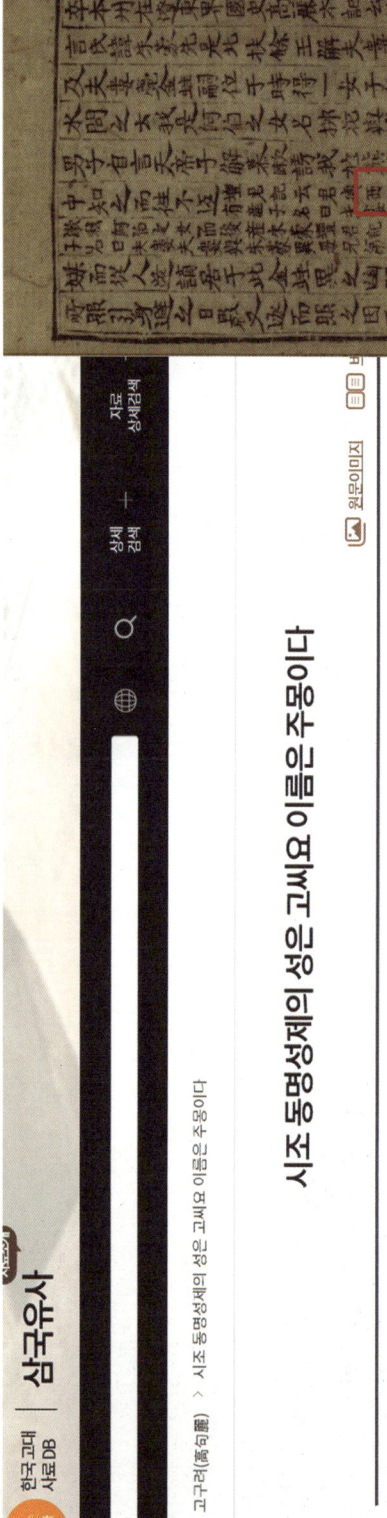

시조 동명성제 하백 河伯 : 서하에서 황하를 다스리는 자

시조 동명성제의 성은 고씨요 이름은 주몽이다

《국사(國史)》 「고려본기」 [373]에 이른다. 시조 동명성제(東明聖帝)의 성은 고[374] 씨요 이름은 주몽(朱蒙)이다. 부루가 동부여로 자리를 피하고 나서 부루가 죽으매 금와가 왕위를 이었다. 이때에 왕은 태백산[376] 남쪽 우발수(優渤水)에서 한 여자를 서 사정을 물었더니 그가 말하기를 "나는 본시 하백(河伯)의 딸로서 이름은 유화(柳花)인데 여러 아우들과 함께 나와 놀던 중 때마침 사나이가 있어 전제의 아들 해모수라고 자칭하면서 나를 유인하여 웅신산(熊神山)[378] 밑 압록강변의 방 속에서 사통(私通)하고는 가서 돌아 오지 않았다. 《단군기(壇君記)》[379]에 이르기를 "단군이 서하(西河) 하백의 딸과 상관하여 아이를 낳으니 이름을 부루라고 하였다."라고 하였다. 지금 이 기록을 보면 해모수가 하백의 딸과 관계하여 뒤에 주몽을 낳았다고 하였다. 《단군기》에는 "아들을 낳으니 이름을 부루라고 하였으니 부루와 주몽은 이복형제(異母兄弟)일 것이다. 부모는 내가 중매도 없이 여간남자를 따랐다고 그리하여 드디어 이곳에서 귀양살이를 하고 있다."라고 하였다.

추모(고주몽)는
부여 하늘 황제의 아들이며,
어머니는 황하를 다스리는 여성이다.
出自 北夫餘天帝之子 母河伯女郞

– 광개토태왕 비석

초원의 대제국 흉노

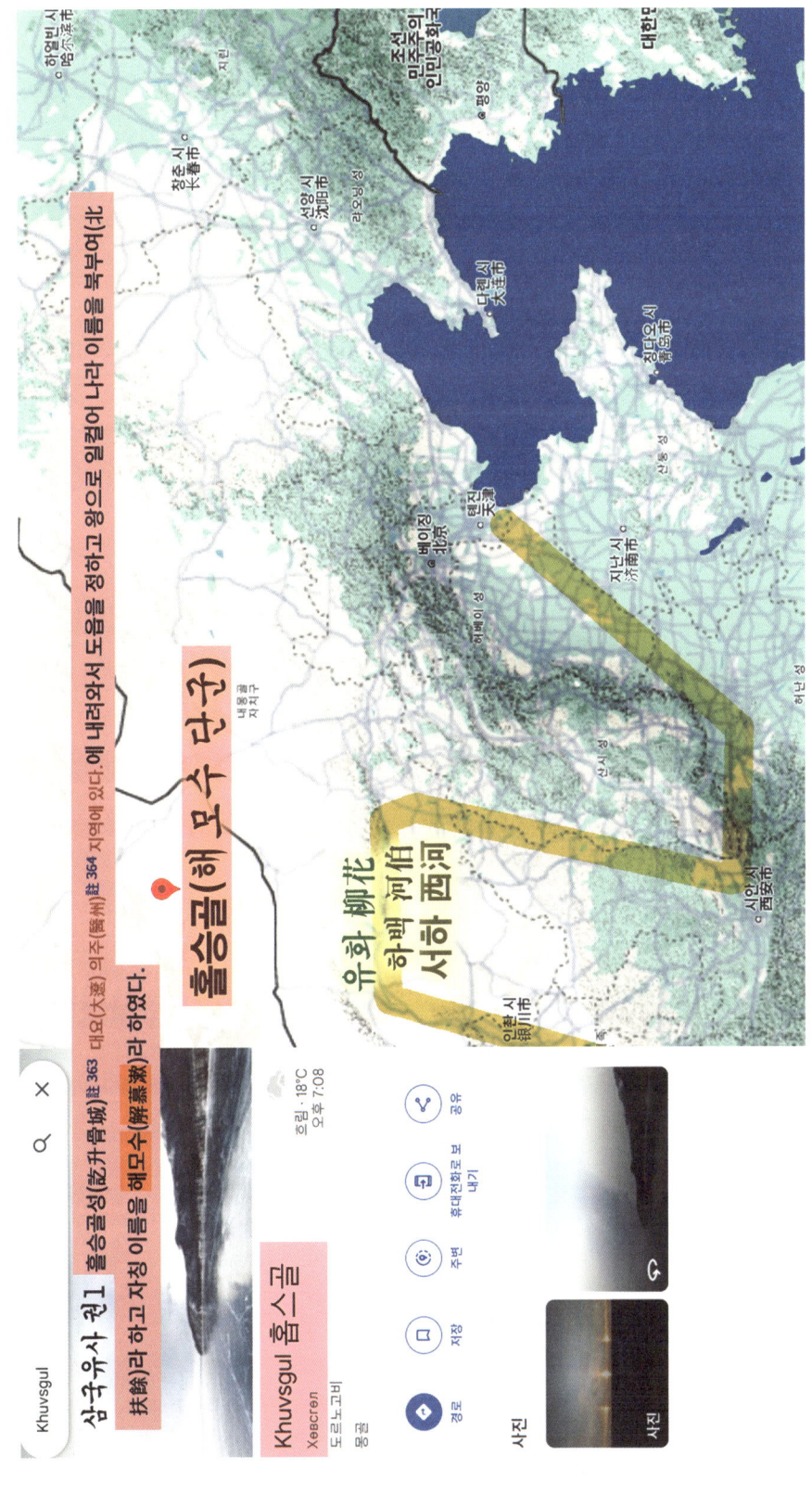

高句麗 Korea 고구려

高句麗, '려', 나라 이름 등에 쓰일 때는 음이 '려', 고울 려(여), 고.

고구려 영토

고구려 황제 계보

	東明王	瑠璃王	大武神王	閔中王
	1 동명(성)왕 BC37-BC19	2 유리왕 BC19-AD.18	3 대무신왕 18-44	4 민중왕 44-48

	慕本王	太祖王	次大王	新大王
	5 모본왕 48-53	6 태조왕 53-146	7 차대왕 146-165	8 선대왕 165-179

	故國川王	山上王	東川王	中川王
	9 고국천왕 179-197	10 산상왕 197-227	11 동천왕 227-248	12 중천왕 248-270

	西川王	烽上王	美川王	故國原王
	13 서천왕 270-292	14 봉상왕 292-300	15 미천왕 300-331	16 고국원왕 331-371

	小獸林王	故國壤王	廣開土大王	長壽王
	17 소수림왕 371-384	18 고국양왕 384-391	19 광개토대왕 391-412	20 장수왕 412-491

	文咨王	安藏王	安原王	陽原王
	21 문자왕 492-519	22 안장왕 519-531	23 안원왕 531-545	24 양원왕 545-559

	平原王	嬰陽王	榮留王	寶藏王
	25 평원왕 559-590	26 영양왕 590-618	27 영류왕 618-642	28 보장왕 642-668

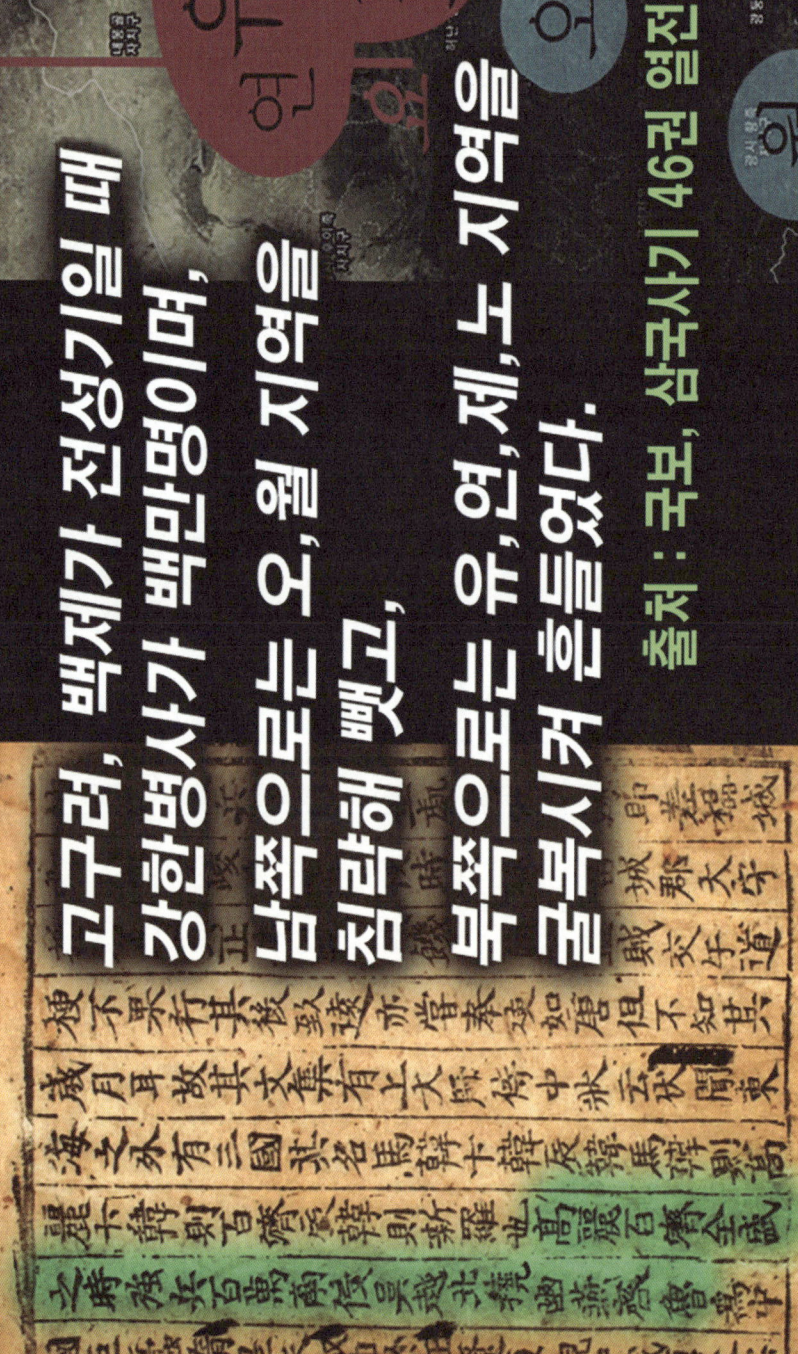

유제도

연호

오월

고구려, 백제가 전성기일 때 강한 병사가 백만 명이며, 남쪽으로는 오, 월 지역을 침략해 뺏고, 북쪽으로는 유, 연, 제, 노 지역을 흔들어 굴복시켰다.

출처 : 국보, 삼국사기 46권 열전 제 6

[窃] qièyǐ [副]제멋대로. 함부로[擅自];私下. ‖ [窃] qiè [동] 남녀 간에 몰래 통하다. =(偷香) [偷香窃玉] 정을 통하다. [窃盗] 〈小xiǎo偷儿〉
[窃香] yù tōu xiāng =(偷香) [偷香窃玉] 훔쳐 몰래 남자와 내통하다.
[窃贼] qièzéi [명] 도둑.

QIN〈ㄑㄧㄣ〉

*侵

qīn 침노할 침
[동] ①침노하다. 침범하다. 침입하다. 침략하다. ¶勿使细菌~人身体; 병균이 몸에 침입하지 무하게 해야 한다. ②차츰 가까워지다. 다가오다. ③ **[文]** 어둡다. 침점(侵占)하다. ②(Qīn) 성(姓). [명] ①흉년(荒年). ② **[軍]** 탄두의 관통력. 세력. =[侵晓](浅晓) líng chén.
[侵彻力] qīnchèlì [명] 탄두를 무릎. 세력.
[侵晨] qīnchén [명] 동틀 무렵. (清qīng早)(凌早)
[侵夺] qīnduó [동] **[文]** 빼앗다. 침범하다.
[侵犯] qīnfàn [동] ¶ ~边境; 국경 지대를 침범하다.

[揉] 명 고서(古书)에 나오는 원숭이. =猱náo① ‖ =夔náo
[동] 가볍게 긁다. 긁적거리다. =挠náo01
[採挱] náoshēng [동] 원숭이처럼 나무에 올라가며 떠들썩하다. 장 오르다.
[挠擾] náozá [형] 누지러듦을 해 가며 떠들썩하다.

*挠

náo 어지러울 뇨
[동] ①(가볍게) 긁다. ¶后背痒, 自己~不着; 등이 가려운데 스스로는 긁을 수 없다. /抓耳~腮; 귀를 긁적이고 뺨을 긁기도 하다(喩매우 초조해하다). =~胳; 고라하다. ¶阻~; 가로막다. ②방해하다. ③굽히다. 꿀(복)하다. ¶不屈不~; 백절불굴의 정신; 〈住他的手; 그의 손을 꽉 잡다. ¶他只想~; 그는 도망칠 궁리만 한다. ⑥(논밭의 풀 등을) 뽑다. ¶ ~稻了 [=~秧]; 논(의 김)을 매다.
[挠败] náobài [동] ①실패(戰敗)하다. ②어지럽히다. ¶好臣作朋, ~国政; 간신과 작당하여 국정을 어지럽히고 망치다.

〈표〉 고구려 천도

차수	시기		도읍지	기간
1차	1대 동명성왕 1년	BC 37	졸본	40년간
2차	2대 유리명왕 22년 10월	3년	국내성(國內城)	206년간
3차	10대 산상왕 13년 10월	209년	환도성(丸都城)	38년간
4차	11대 동천왕 21년 2월	247년	평양성(平壤城)	95년간
5차	16대 고국원왕 12년 8월	342년	환도성(丸都城)	1년간
6차	16대 고국원왕 13년 7월	343년	동황성(東黃城)	84년간
7차	20대 장수왕 15년	427년	평양(平壤)	159년간
8차	25대 평원왕 28년	586년	장안성(長安城)	82년간(?)
9차	28대 보장왕 27년 9월	668년	평양성(平壤城)	

북경 北京

고려 통주

고구려 장안성

고구려 신성 : 안동도호부

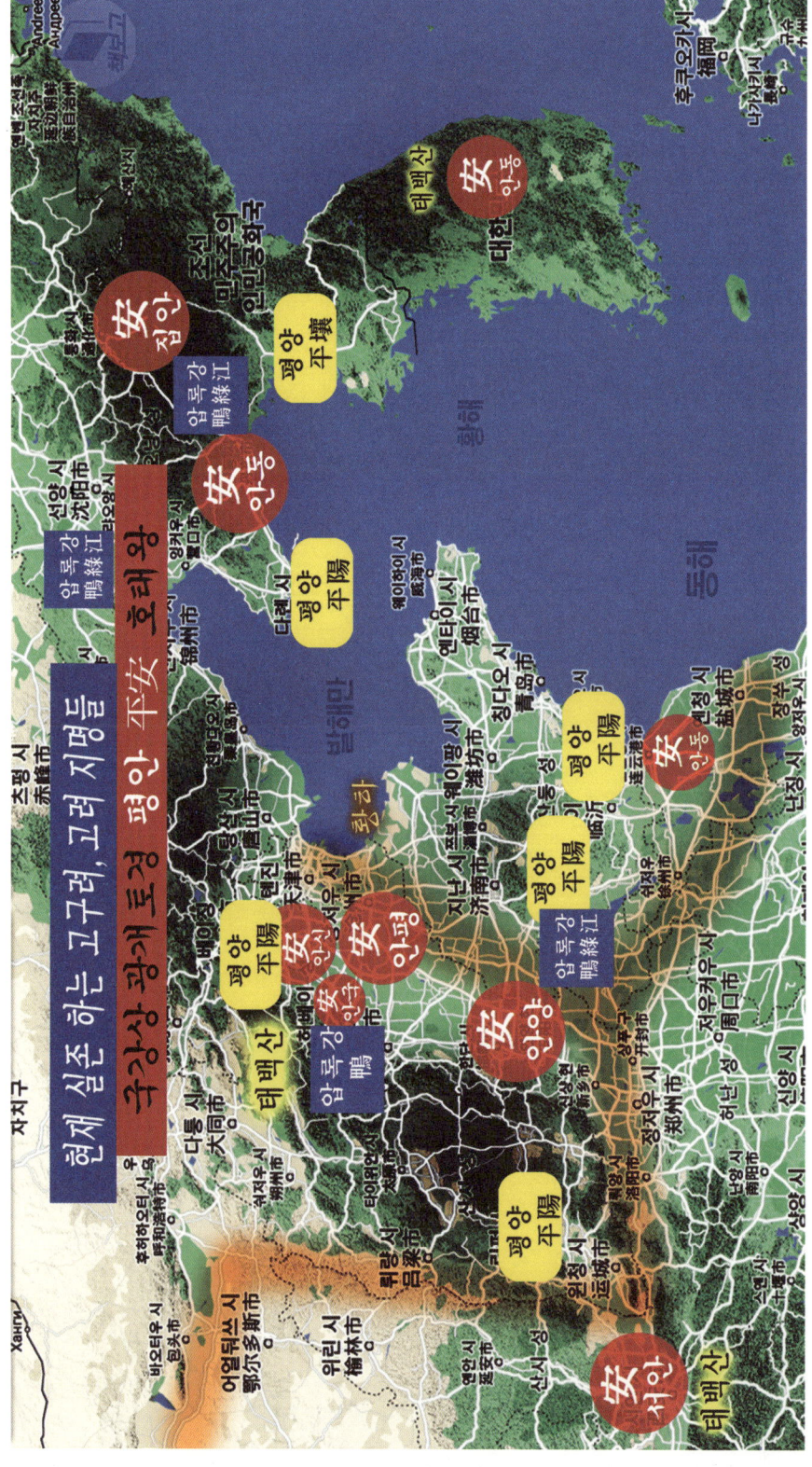

『당서』에 전하는 고구려의 제사 의례
고구려 서쪽에 큰 동굴이 있다.

唐書云, "高句麗俗多淫祠, 祀靈星及日·箕子·可汗等神. 國左有大穴, 曰神隧, 每十月王皆自祭."

『후한서』에 전하는 고구려의 제사 의례
고구려 동쪽에 큰 동굴이 있다.

『후한서(後漢書)』[주 208]에는 "고구려에서는 귀신(鬼神)과 사직(社稷)[주 209], 영성(零星)[주 210]에 제사지내기를 좋아하였다. 10월에 하늘에 제사지낼 때에 크게 모였는데, 이름하여 동맹(東盟)[주 211]이라 불렀다. 그 나라의 동쪽에 큰 굴이 있어[주 212] 수신(隧神)[주 213]이라 불렀으며, 또한 10월에 이름 맞이하여 제사지냈다.[주 214]"라고 하였다.

구리(句麗)는 굴(穴)의 소리다.

- 고구려 추모경

北京市 延慶縣 古崖居

49년. 고구려가
장수를 출동시켜

북평, 어양, 상곡, 태원을
습격하였다.

그곳의 요동태수가
고구려의 성은을 받들며,
맹세하고 대접하므로

화친을 수락했다.

– 삼국사기 권2

號爲閔中王
慕本王諱解憂一云解愛婁大武神王元子閔中王
薨繼而即位爲人暴戾不仁不恤國事百姓怨之
元年秋八月大水山崩二十餘所冬十月立王
子翊爲王太子
二年春遣將襲漢北平漁陽上谷太原而遼東太
守蔡彤以恩信待之乃復和親三月暴風拔樹
夏四月隕霜雨雹秋八月發使賑恤國內饑民
四年王日增暴虐居常坐人臥則枕人人或動

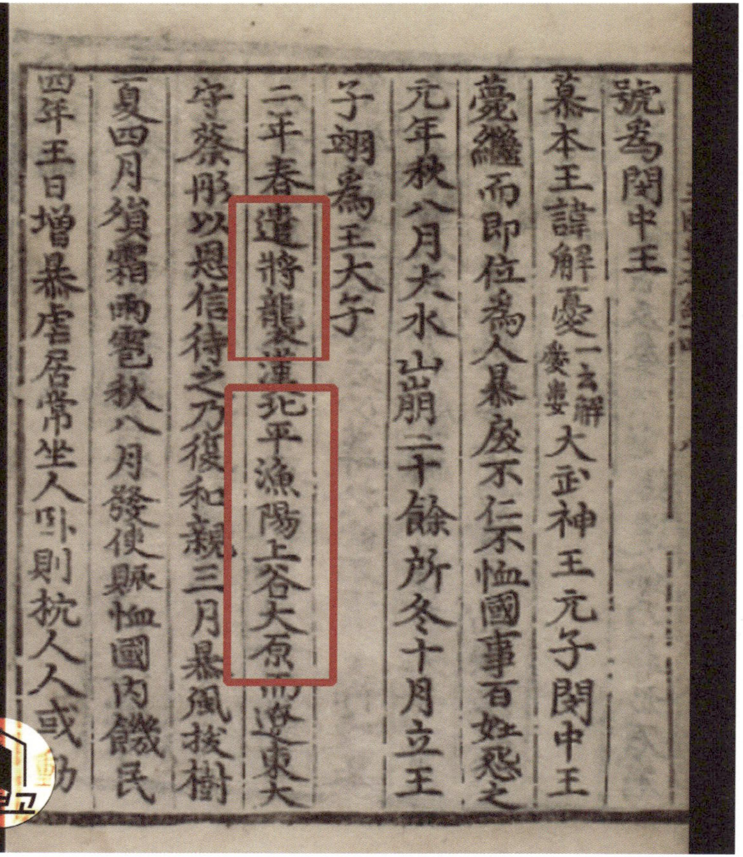

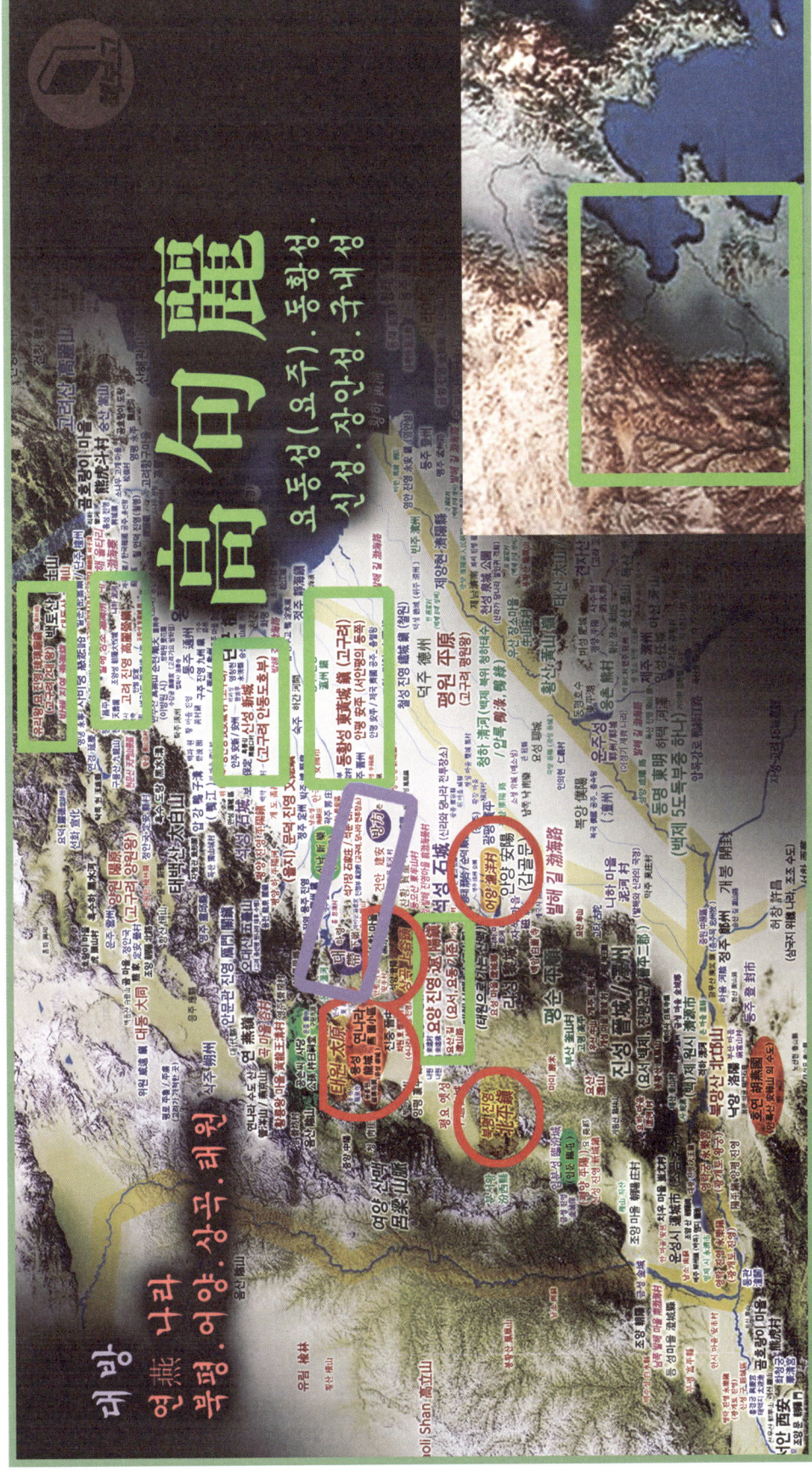

오나라가 보낸 사신을 참수하여 위나라에 보내다 (236년 02월)

10년(236) 봄 2월에 오(吳)나라 왕 손권(孫權)[註 001] 이 사신 호위(胡衛)[註 002] 를 보내 사이좋게 지내기를 청하였다. 왕은 그 사신의 목을 베어 머리를 위(魏)에 보냈다.[註 004]
가을 7월에 이르러 목을 베어 머리를 위(魏)에 보냈다.[註 004]

삼국지 시대 : 236년, 오나라가 동맹을 위해 고구려에 사신을 보내자, 고구려는 오나라 외교 사신의 목을 베어, 이미 제후국인 위나라에게 보냈다.

[註 001]	오(吳)나라: 중국 삼국시대의 삼국 중 하나로, 존속 기간은 222~280년이다. 도읍은 건업(建業: 현재의 중국 장쑤성[江蘇省] 난징시[南京市])이다. 233년 요동의 공손씨 정권에 파견되었다가 약탈된 일부가 고구려로 탈출하고 동천왕이 이들을 오에 귀환시킴으로써 양국의 외교 관계가 시작되었다. 235년에는 오가 동천왕을 선우(單于)로 책봉하는 등 양국의 우호 관계가 진전되었다. 그러나 공손씨 정권을 공격하기 위해 고구려는 위와 손을 잡음으로써, 고구려는 이 기사의 내용과 같이 236년에는 오의 사신단을 역으로 이들을 참수하여 위에 보냈다. ↩
[註 002]	손권(孫權): 중국 삼국시대 오의 초대 황제로서 재위 기간은 222~252년이다. 시호는 대제(大帝)이고 능호는 장릉(蔣陵)이다. 『삼국지』 권47 오서(吳書)2 오주전 주12 손권전 참조. ↩
[註 003]	오(吳)나라 왕 손권(孫權)이 … 청하였다.: 이 무렵 오의 손권(孫權)은 위를 협공하기 위하여 요동의 공손연(公孫淵), 고구려 등과의 연결을 꾀하였다. 자세한 내용은 『삼국지』 권3 위서3 명제기 청룡(青龍) 원년(233)조 및 권47 오서2 오주2 손권전 가화(嘉禾) 2년(233)조 참조. ↩

중공이 주장하는
오나라 수도 건립, 건강이 남경이 아니라는 유적

고구려
백제
신라
위 (45년 생존)
형주망 점벽
오 (58년 생존)
촉 (42년 생존)

오나라 왕성 유적터
吳王城遺址
양자강 중류 존재.
무한 바로 옆 악주시
(오나라 수도)

사기(史記)

옛날 고구려의 땅

우(禹)는 기주(冀州)에서부터 [치수를] 시작하였다

사마천의 《사기》 원문에는 "우(禹)는 기주(冀州)에서부터 [치수를] 시작하였다. [집해], 정의, 색은] 3명의 지역적 해석이 길게 적혀있다.

우(禹)는 기주(冀州)에서부터 [치수를] 시작하였다. [集解] 공안국(孔安國)이 말했다. "요(堯)가 도읍으로 삼았던 곳이다. 먼저 공급과 부역을 시에 기록하였다." 정현(鄭玄)이 말했다. "두 하(河)의 사이를 기주라 한다." 註 001 [正義] 『괄지지(括地志)』에서 말했다. "설사(薛史)에 따르면, 기주의 공주(貢州), 치수의 남쪽에 이르러, 동쪽으로 남쪽으로 흘러간다, 동북으로 흘러 바다로 들어간다. 동북 황하의 서쪽, 서쪽 황하의 동쪽, 남쪽 황하의 북쪽이 모두 기주이다." 註 003 에 이르렀다가, 동북으로 흘러 하주(河州) 註 004 의 남쪽에 이르며, 동쪽으로 흘러 평주(平州) 註 005 에 이르러 바다로 들어간다. 동북 황하의 서쪽, 서쪽 황하의 동쪽, 남쪽 황하의 북쪽이 모두 기주이다." 정현이 말했다. "지리지에 따르면, 호구산(壺口山) 註 009 은 하동군(河東郡) 註 010 북굴현(北屈縣) 註 011 의 동남에 있고, 양산은 좌풍익(左馮翊) 註 012 하양현(夏陽縣) 註 013 에 있고, 기산

은 우부풍(右扶風) 註 014 미양현(美陽縣) 註 015 에 있다." [索隱] 정현이 말했다. "『괄지지』에서 말했다. "『괄지지(括地志)』에서 말했다. "호구산은 자주(慈州) 註 016 길창현(吉昌縣) 021 의 동북 10리에 있고, 기산은 기주(岐州) 註 017 의 서남 50리 기주의 경 (壤陽縣)에 있고, 기산은 우부풍(右扶風) 註 022 의 경계이

계에 있다. 양산은 동주(同州) 註 018 한성현(韓城縣) 註 019 의 동남 19리에 있고, 태원은 병주(井州) 註 023 을 정비한 후 [集解] 공안국이 말했다. "동쪽에서 산을 따라가 치수하면서 서쪽으로 간 것이다. 산의 남쪽을 양(陽)이라고 한다." [索隱] "黑은 태아산이니, 기주의 진산(鎭山)인 곽태산(霍太山)이 "태원은 지금은 군명(郡名)이 되었다." 註 024 태아산註 025 의 태원 남쪽에 있다.

대청광여도

대방, 연나라 公孫 공손 중심지

Gongsunchujiu Shrine

公孙杵臼祠堂 명승지

공손 절구 사당 公孫 杵臼 祠堂

저장 　주변 　휴대전화로 보내기 　공유

중국 Shanxi, Xinzhou, Xinfu District, Xinzhou, 50, 米正南方向160米 邮政编码: 036199

비즈니스에 대한 소유권 주장

연나라 산 燕嶺

Yanling
燕嶺
산봉우리

한나라 중심지 漢中

삼국사기

한국 고대 사료 DB

삼국사기 > 권 제18 고구려본기 제6 > 고구려양왕(故國壤王) > 요동군과 현도군을 빼앗기다

고구려본기 제6

고구려본기 제3
고구려본기 제4
고구려본기 제6
- 선천(善天)
+ 고국원
+ 소수림
- 고국양왕(故國壤王)

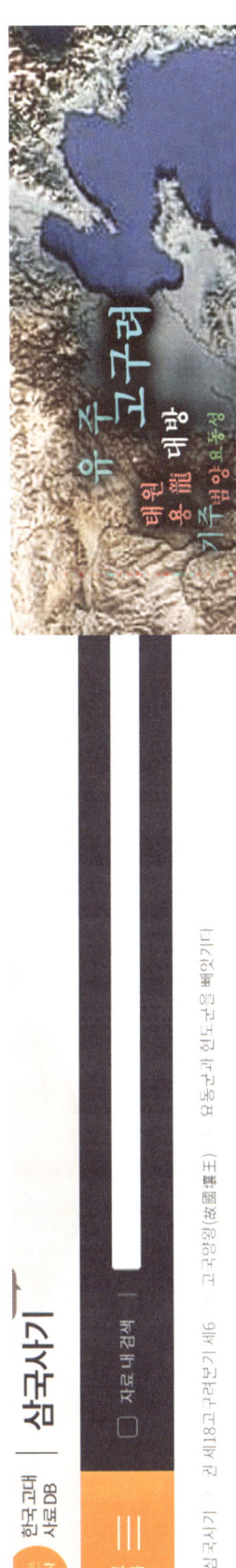

범양 范陽

요동군과 현도군을 점령하다 (385년 06월)

원년 11월 고국양왕이 즉위하다

2년 (385) 여름 06월 고구려가 요동과 현도군을 점령하다

2년 (385) 겨울 11월 연나라가 요동과 현도를 다시 회복했다

2년 (385) 유주와 기주의 사람들이 연나라로 많이 넘어왔기에

3년 (386) 범양 사람들 요동태수로 임명해 그들을 받기며 위로해 주었다

3년

385년 고구려가 요동을 습격하여, 주[001] 내어 요동을 습격하였다. 이에 앞서 연[001] 이 왕 [모용] 수[002] 가 대방왕(帶方王)주[003] [모용좌(慕容佐)]를 보내어 용성(龍城)을 지키게 하였다. 모용좌는 아군이 요동을 습격하였다는 것을 듣고 사마(司馬)주[006] 학경을 보내어 막게 하였으나, 아군이 맞서 싸워 이를 깨뜨리고 승세를 타고 마침내 요동과 현도를 함락하고 남녀 10,000명을 포로로 삼아 돌아갔다.

연나라가 용(龍)성을 지키려 했지만, 고구려는 요동과 현도를 점령하고, 연나라 포로 만명을 잡아 돌아갔다.

[2년(385)] 겨울 11월에 연(燕)의 모용농(慕容農)주[001] 이 병력을 거느리고 침공하여 와 요동·현도 두 군을 다시 차지하였다. 처음에 유주(幽州)[005] 를 지키는 아군이 요동을 습격하였다는 것을 듣고 사마(司馬)[006]·기주(冀州)의 [모용] [해오므로] 농이 범양(范陽)[004] 사람 방연(龐淵)[005] 을 요동태수로 삼아 이들을 위로해 주었다.

연나라가 요동과 현도를 다시 회복했다.
유주와 기주의 사람들이 연나라로 많이 넘어왔기에
범양 사람들 요동태수로 임명해 그들을 받기며 위로해 주었다. - 삼국사기

범양 范陽 땅

○ 范陽園 漢置河部, 魏文更名范陽郡, 武帝置國, 封帝弟子梭昌王. 統縣八, 戶一萬一千.

범양국은 한나라 때 탁(涿)군으로, 한무제가 설치했다. 위나라 때는 범양군이다. - 진晉 나라 기록.

Fancun Village Yuanzhi Temple

范村圓智寺
불교사찰

범 마을 절
范村圓智寺

Fancunzhen
范村鎮
타이구 현 진중 시 산시
중국
030804

범 마을 진영
范村鎮

Fanyangling
范阳岭
타이구 현 진중 시 산시
중국
030804

범양 산
范陽嶺

북위 (北魏)

탁발 선비 : 다루가지 고조선 민족

386-535, 약 150년 존속

고구려제 / 백제에 기마병 침공

수도 : 성락/평성/낙양/장안

전연/후연, 북하, 북연, 북량 통합

- 전연(前燕) 337-370, 약 30년 존속 수도: 용성, 계, 업
- 후연(後燕) 384-407, 약 25년 존속 수도: 중산, 화룡성
- 북하(北河) 407-431, 약 25년 존속 수도: 통만성
- 북연(北燕) 407-436, 약 30년 존속 수도: 화룡성
  고구려 친척 교체 / 별칭: 황룡국, 동연
- 북량(北凉) 397-439, 약 40년 존속 수도: 장예

북위(北魏)의 고조(高肇, 흘밑는 본래 고구려 사람이어서 당시 세력이 있는 사람들은 그를 경시했다. <자치통감>

梁紀 무제 천감 3년 3월 高肇本出高麗 時望輕之

북위의 효문 소왕후 고씨는 고조의 여동생이다. <위서>

魏書 권13 황후열전 孝文昭皇后高氏 司徒公肇之妹也

북연(北燕)을 건국한 고구려계 고운(高雲, 모용운)은 고씨로 고화(高和)의 손자였고, 고발(高拔)의 아들이다. <삼국사기>

고구려 광개토태왕

연호. 영락 永樂

[영락 마을] 북위 시대 생겼다.
옛날 성곽이 있다. 현재 산서성이다.

[영락 진영] 산서성에 있다.
영제현 동남쪽 120리에 있다.

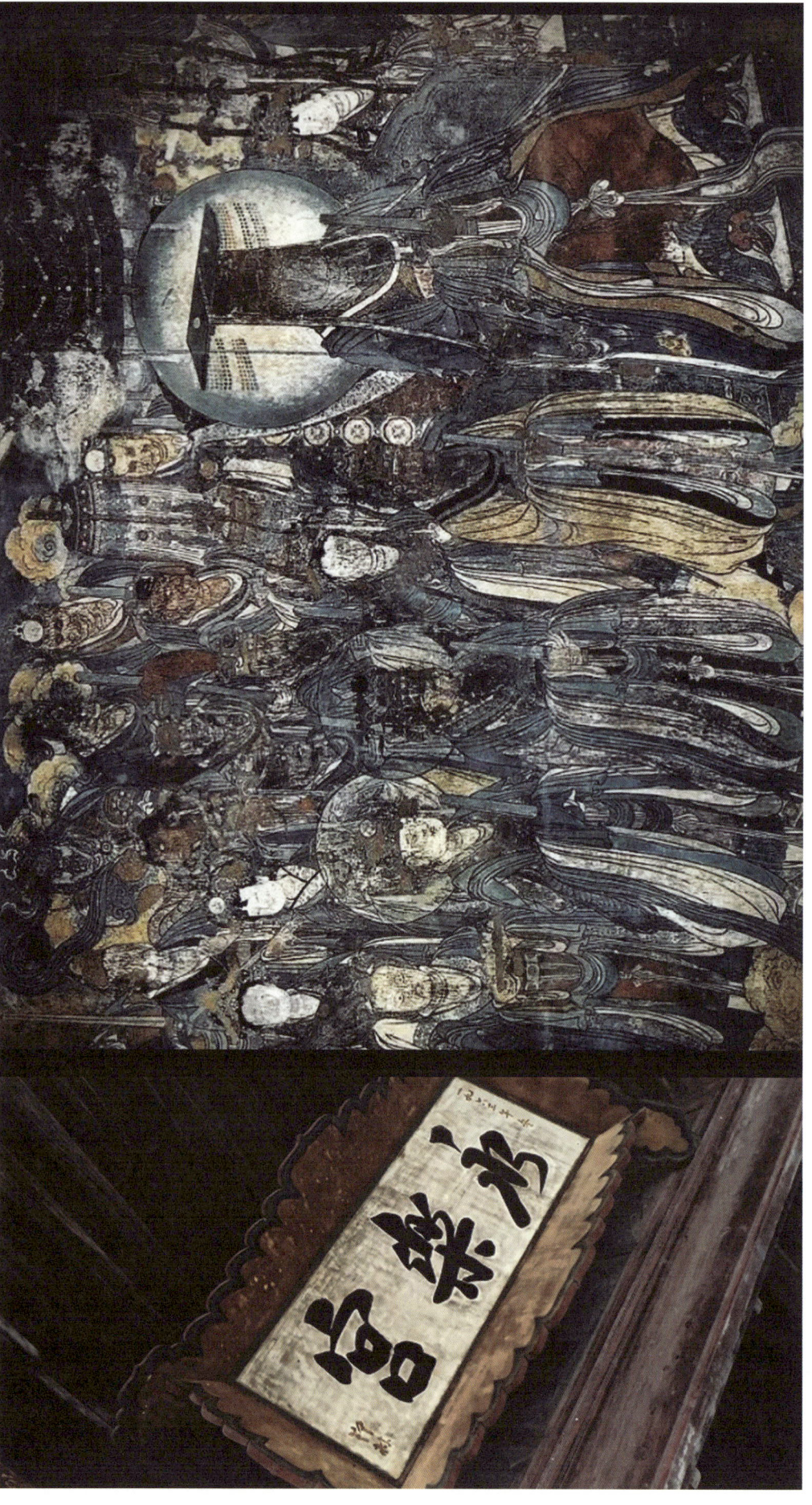

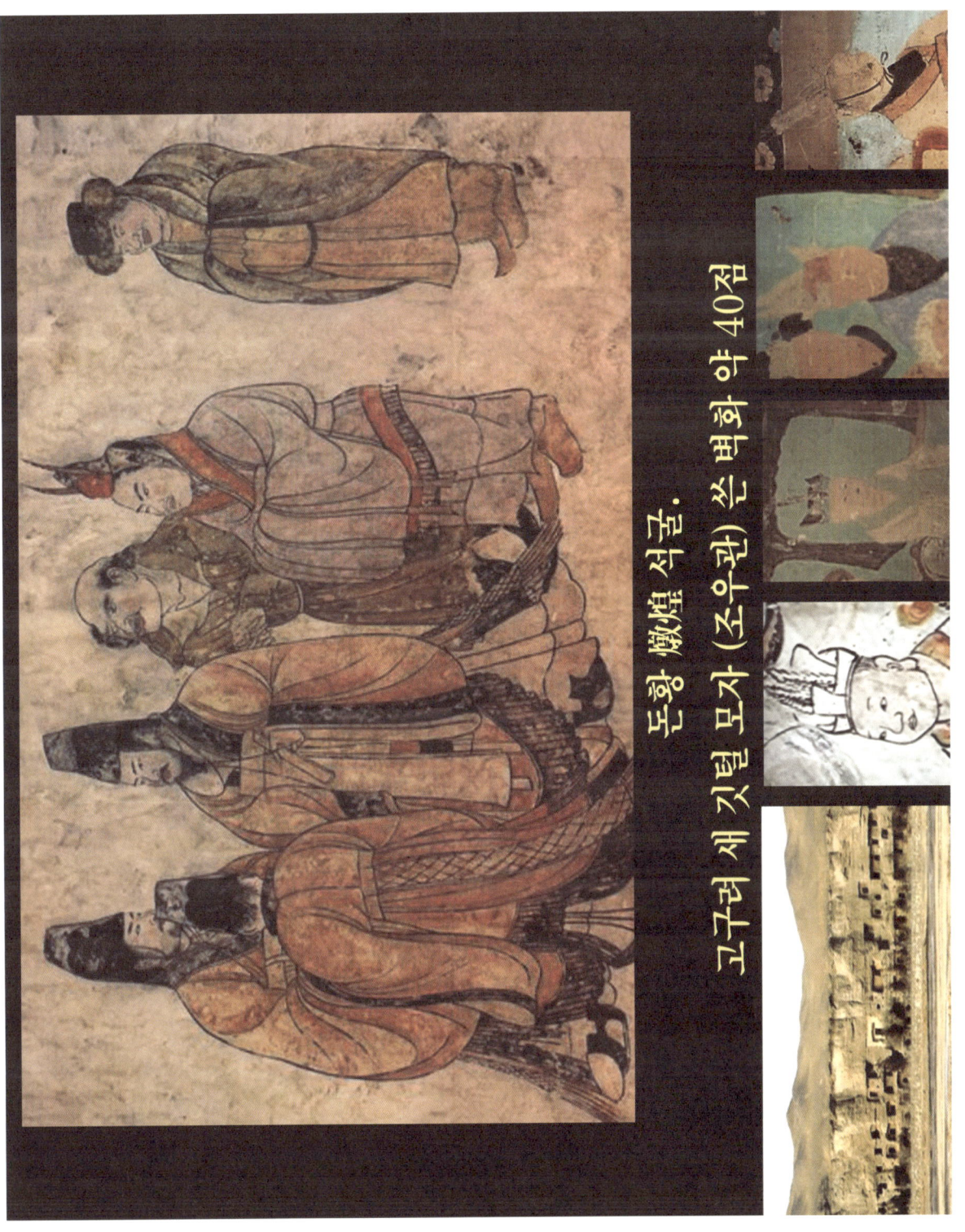

돈황 敦煌 석굴,
고구려 새 깃털 모자(조우관) 쓴 벽화 외 40점

고구려 장수왕시기
고구려 외교사신이 북위에 체류 (당시)

북위에 사신을 파견하다 (484년 10월)

72년(484) 겨울 10월에 사신을 보내 [북] 위[魏]에 가서 조공하였다.[001] 그때 위인(魏人)이 우리나라가 강하다고 여겨, 여러 나라의 사신 숙소를 두는데, 제(齊)의 사신을 첫 번째로, 우리 사신을 그 다음에 두었다.[002]

고구려본기 제6

- 69년 남제에 사신을 파견하다
- 72년 10월 북위에 사신을 파견하다
- 73년 05월 북위에 사신을 파견하다
- 73년 10월 북위에 사신을 파견하다
- 74년 04월 북위에 사신을 파견하다
- 75년 05월 북위에 사신을 파견하다
- 76년 02월 북위에 사신을 파견하다
- 76년 04월 북위에 사신을 파견하다
- 76년 08월 윤에 북위에 사신을 파견…
- 77년 02월 북위에 사신을 파견하다
- 77년 06월 북위에 사신을 파견하다
- 77년 09월 신라의 호산성을 함락…
- 77년 10월 북위에 사신을 파견하다
- 78년 07월 북위에 사신을 파견하다
- 78년 09월 북위에 사신을 파견하다
- 79년 05월 북위에 사신을 파견하다
- 79년 09월 북위에 사신을 파견하다
- 79년 12월 장수왕이 사망하다

역사서 속의 고구려 한자표기 표기

高句麗 삼국사기, 삼국유사,
후한서, 삼국지, 진서, 북사, 남사 등

高句驪 후한서, 삼국지, 진서, 송서, 양서 등

高麗 후한서, 삼국지, 진서, 위서,
송서, 남제서, 양서, 진서,
주서, 북사, 남사, 수서, 구당서, 신당서 등

高驪 송서, 양서 등

순서, 양서는 같은 책에 고구려를 3가지 다른 한자로 표기했다.
즉 다른 시기에 여러 명이 첨삭, 편집한 것.

| 晉高句麗率善퓨長 | 晉高句驪率善伯長 |
| (「集存」 No.2030) | (「集存」 No.2031) |

印文 晉高句驪率善伯(仟) 長

3c말 兩晉과 고구려 양립시기에 제 3국을 공격하기 위해
고구려에서 제작한 인장으로 추정 됨(발견지: 집안).
제 3국을 도모하려는 나라에서 협조해주는 나라를 우대하여
국명을 앞에 넣어 제작했을 가능성이 있다.

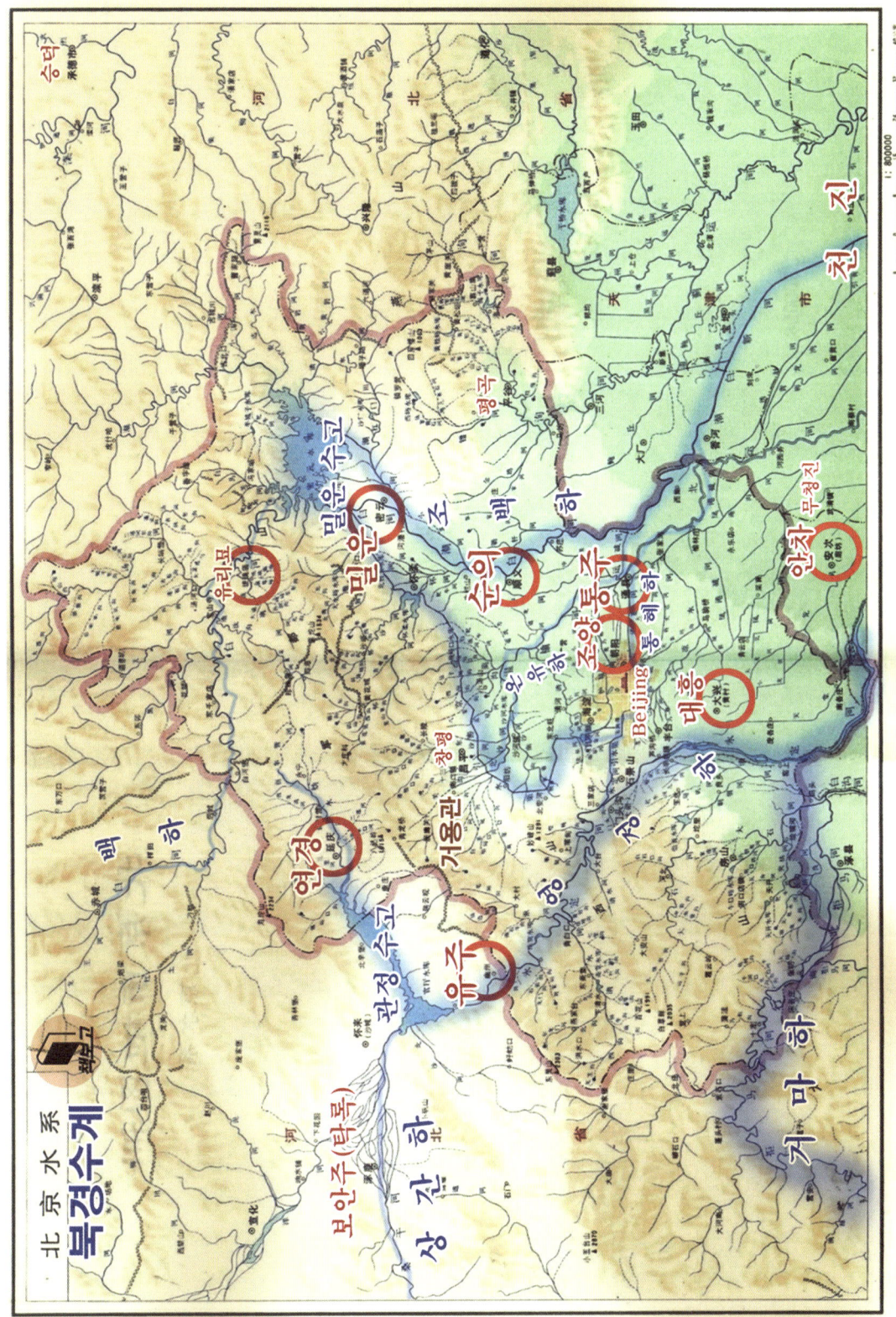

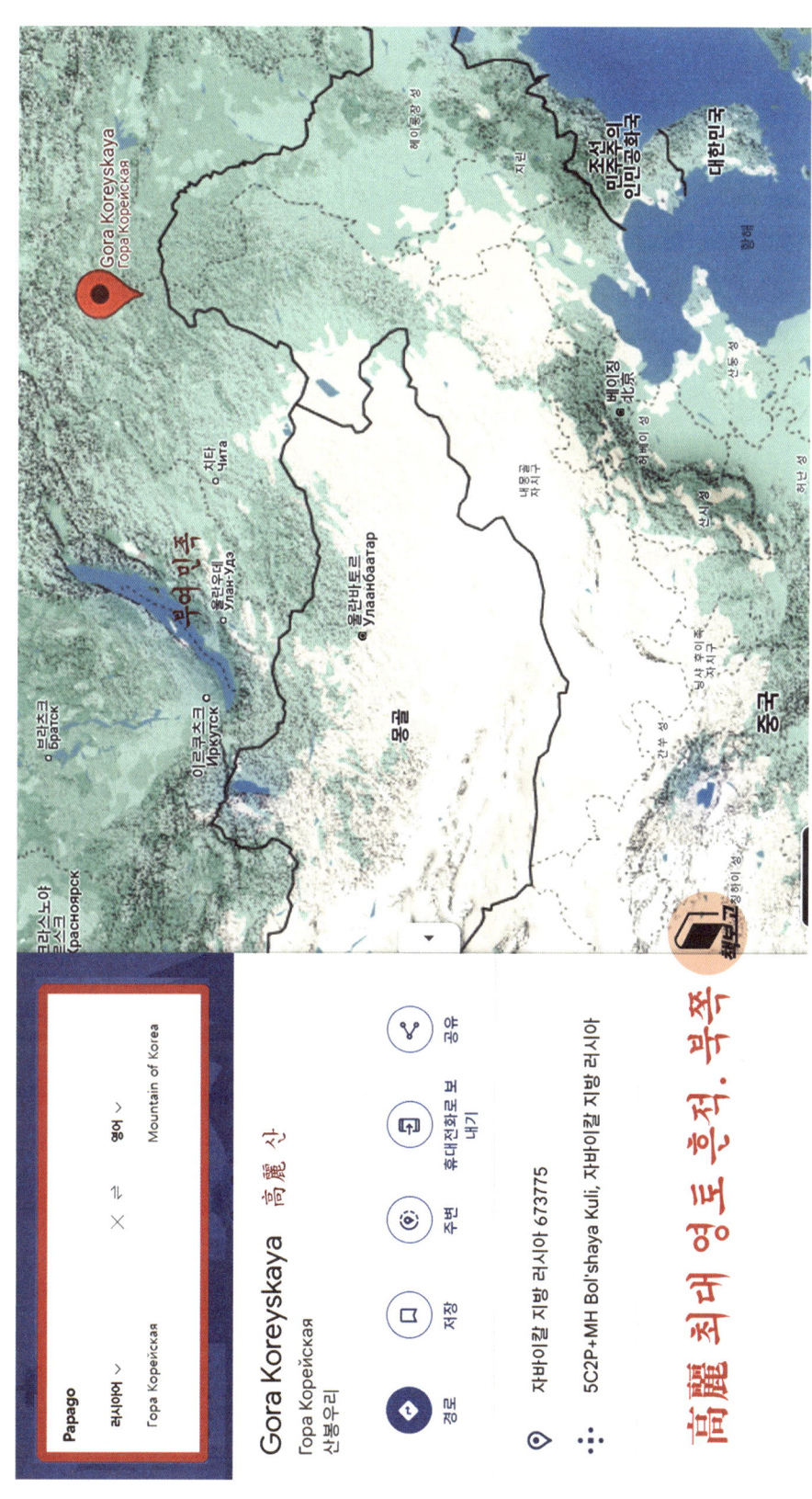

高麗 최대 영토 흔적. 북쪽

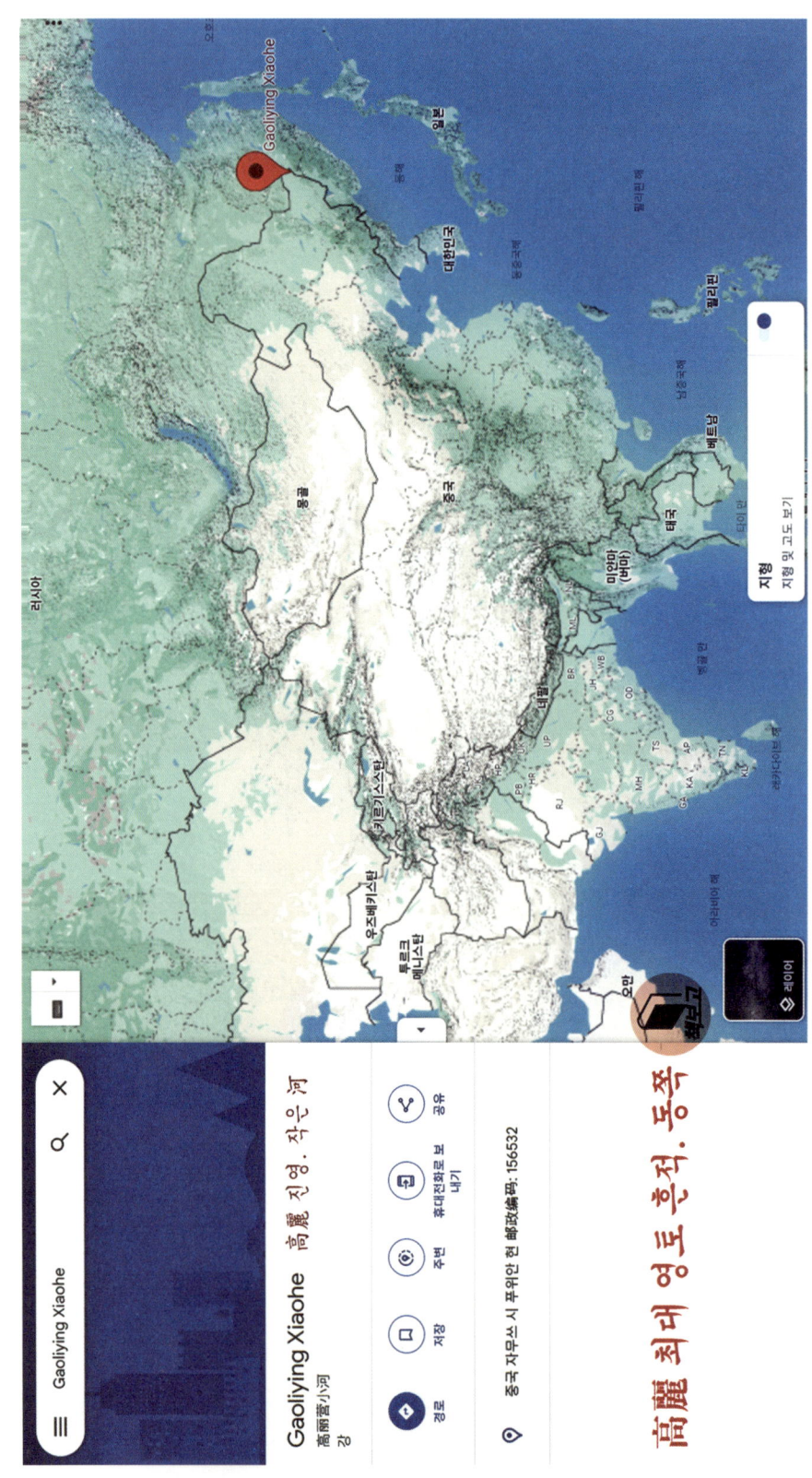

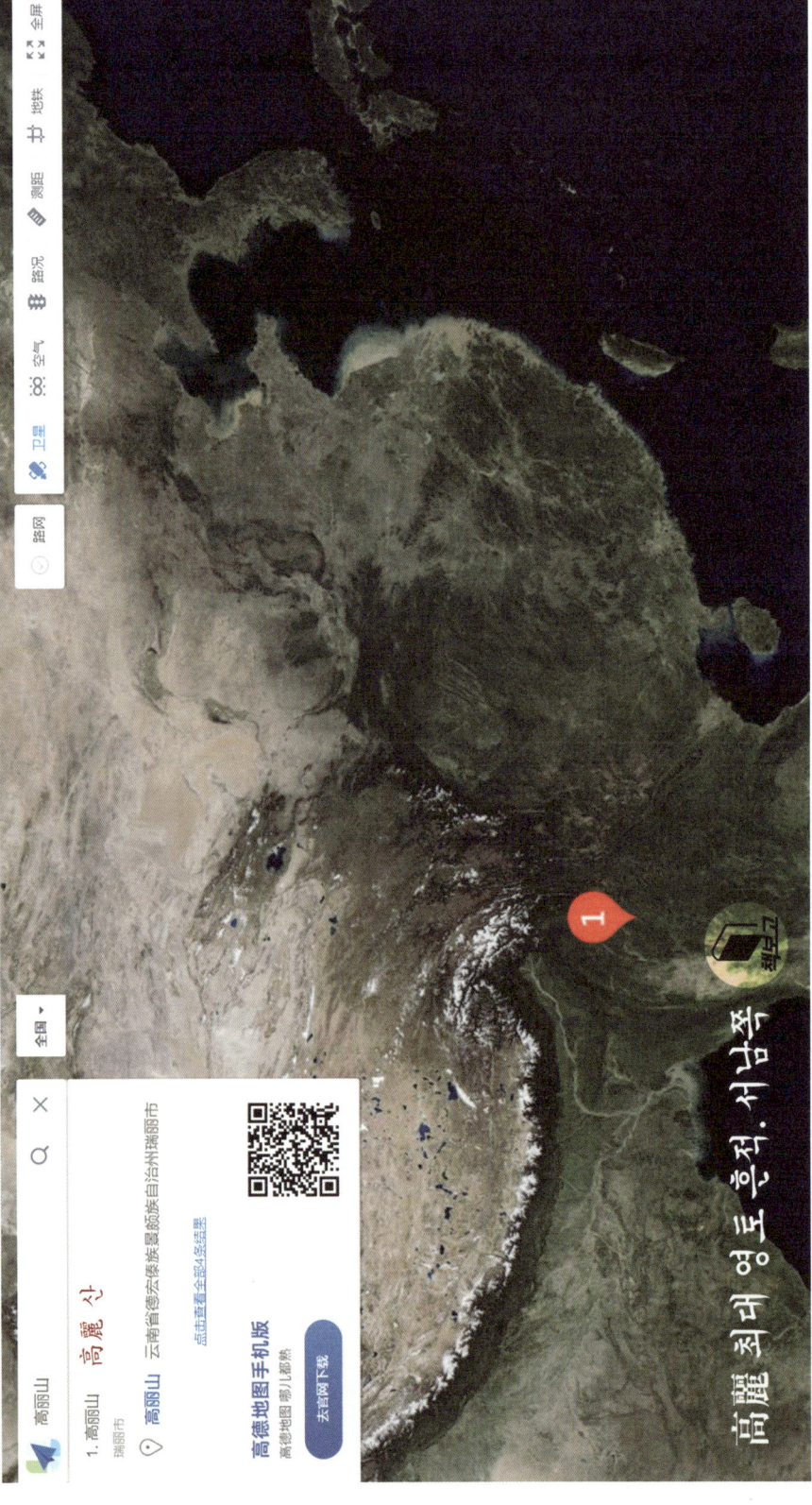

Ancient KOREA

고구려본기 제8

- 6년 12월 당에 사신을 파견하다
- 7년 02월 당에 역서의 반포를 요청...
- 7년 02월 당의 책봉을 받고 『도덕...
- 7년 12월 당에 사신을 파견하다
- 8년 당에 불교와 도교의 가르침을 ...
- 9년 당에 신라·백제와 화평하기를 ...
- 11년 09월 당에 봉역도를 보내다
- 12년 08월 신라 김유신이 낭비성...
- 12년 09월 당에 사신을 파견하다
- 14년 당이 경관을 헐어다
- 14년 02월 천리장성 축조를 시작...
- 21년 10월 신라 칠중성 공격에 실...
- 23년 02월 당에 태자 환권을 보내...
- 23년 02월 당에 자제의 국학 입학...
- 23년 09월 당에 태양이 3일 동안 빛을...
- 24년 당의 진대덕이 사행을 와서 ...
- 24년 전대덕이 당 태종에게 사행을...

천리장성 축조를 시작하다 (631년 02월)

고구려가 맞기 쌓은 장성.

(14년(631)) 봄 2월에 왕이 많은 사람을 동원하여 장성(長城)[주 001]을 쌓았는데 동북쪽으로 부여성부터[주 002] 으로 바다에 이르기까지 천 리(里) 남짓이었다.[주 003] 모두 16년 만에 공사를 마쳤다

[주] 002

동북쪽 『구당서』 권199상 열전149상 동이 고려, 『신당서』 권220 열전145 동이 고려,『책부원귀』권957 외신부2 국읍 1 고구려, 『삼국유사』 권3 제3 흥법 보장봉로보덕이암 등에 서남쪽으로 나온다. 번거역으로 동남쪽은 서남쪽의 오기로 이해된다.

東北自扶餘城, 西南至海

동북쪽엔 부여성이 있고, 서남쪽은 물에 닿는다.

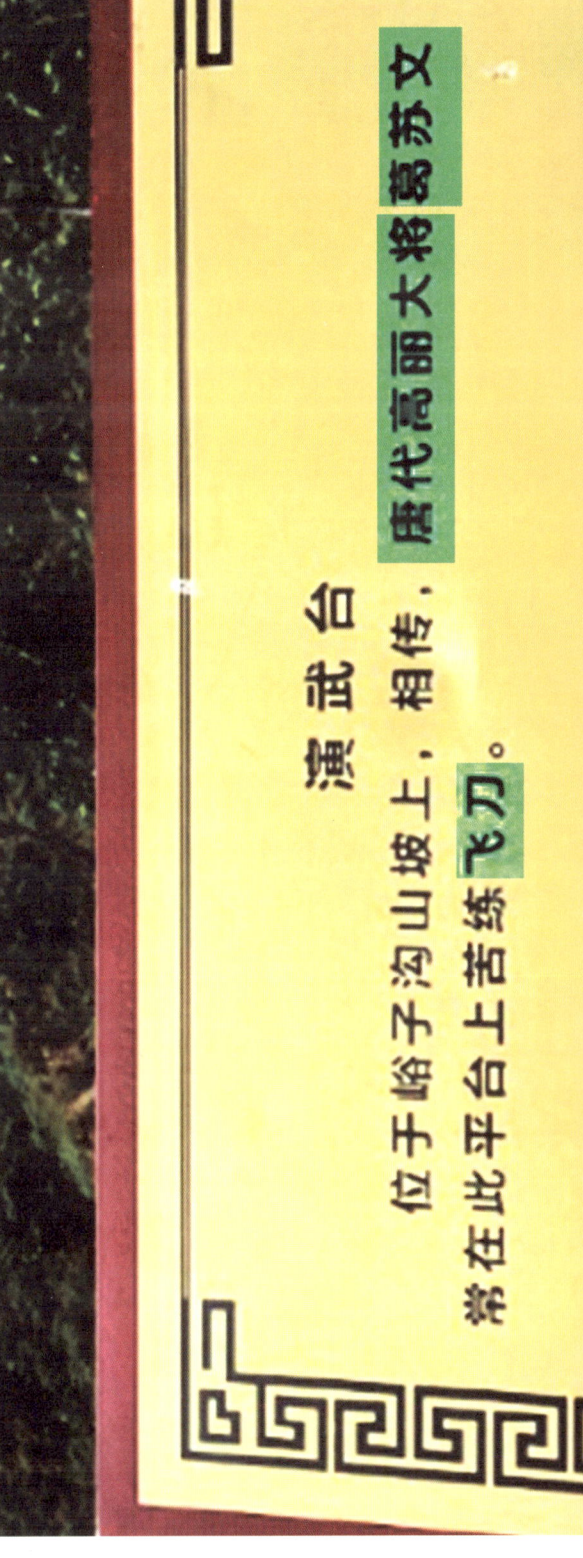

당나라왕 고구려 연개소문

十二洞 연개소문

相传，唐王东征时，薛仁贵扬鞭跃马，奔驰在岭子沟的山岭之中，奋力追赶葛苏文。薛仁贵瞅准时机，拔出弓箭，"嗖"地向葛苏文射去，但没有击中目标，薛仁贵紧追不舍。突然黄石崖挡住了他的追路，情急之下，他一箭射向黄石崖，"轰"的一声巨响，黄石崖断开了一个缺口，薛仁贵打马冲了过去，接着又跃过了十二洞，葛苏文擒获。从此，留下了"英雄箭前射黄石崖，马跳十二洞"的传说。

终于将 葛苏文 擒获.
마침내 이곳에서 연개소문을 붙잡았다.
(베이징 순의구 옥차구)

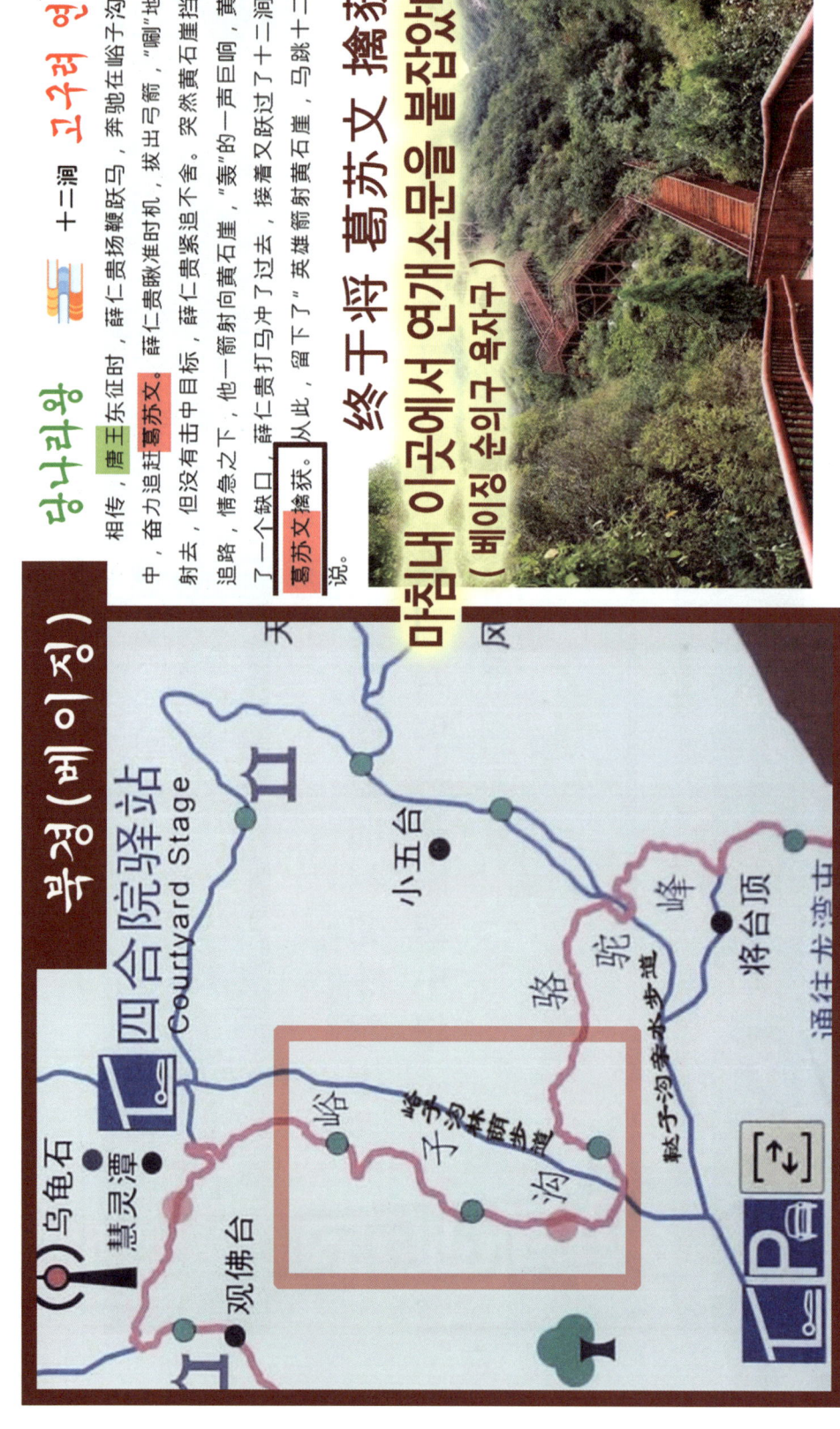

북경 (베이징)

四合院驿站 Courtyard Stage

乌龟石 慧灵潭 观佛台 小五台 峪子沟 骆驼峰 将台顶 耗子沟栗木水步道 通往龙潭壶

중국 동해 강소성 고구려 당기 연개소문이 당태종을 잡으러 쫓아간 곳

연개소문은 왜 투르크에 사신을 보냈나 [역사스페셜] - 1부 / KBS 20091031 방송

천소안 [56, 물통탑 관리인]

중국 중원 동쪽에 연개소문이 있었는데 그는 전쟁을 일으켜 중원을 공격했다.

그가 중원을 공격할 때 당왕 이세민이 그를 추격했는데, 이곳까지 추격하다가 연개소문에게 도리어 쫓기게 되었다

그래서 여기 지하로 숨었는데 우물 위에 거미가 갔다 연개소문이 와서 보니까 거미줄이 있어서 가버렸다.

그래서 당왕 이세민은 살게 되었고 그 자리에 이 보탑을 세웠는데 이름이 물통탑이다

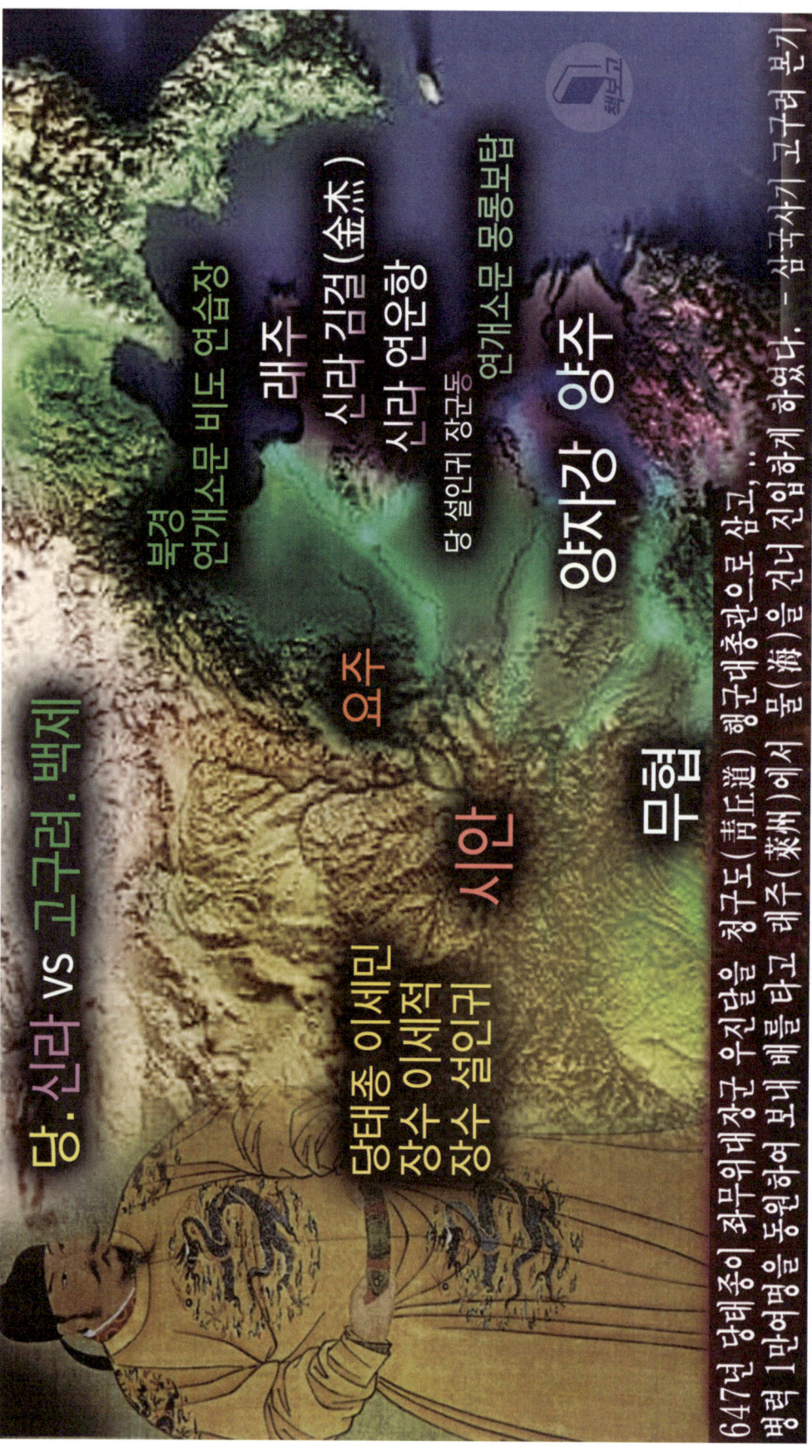

당.신라 vs 고구려.백제

- 북경 연개소문 비도 연습장
- 래주 신라 김겸(金柒) 신라 연운항
- 당 설인귀 장군도 연개소문 물통보탑
- 양자강 양주
- 요주
- 시안
- 무협
- 당태종 이세민 장수 이세적 장수 설인귀

647년 당태종이 좌무위대장군 우진달을 청구도(靑丘道) 행군대총관으로 삼고,.. 배편 1만여명을 동원하여 보내 배를 타고 래주(萊州)에서 문(浿)을 건너 진입하게 하였다. 삼국사기 고구려 본기

군사력

1. 신, 구당서 (唐書) : 당나라 이세적은 밤낮없이 12일간 요동성을 공격하였다.
...고구려 요동성(遼東城)이 무너지자,
군사 1만명, 4만명의 주민, 50만섬의 양곡을 노획하고,
그 땅을 노획하고, 요주(遼州)로 삼았다.

2. 삼국사기 (三國史) : 당나라는 고구려 1만명군사와 4만명의 주민을 생포하고,
50만섬의 양곡을 노획하였으며,
고구려 요동성(遼東城)을 요주(遼州)로 개칭하였다.

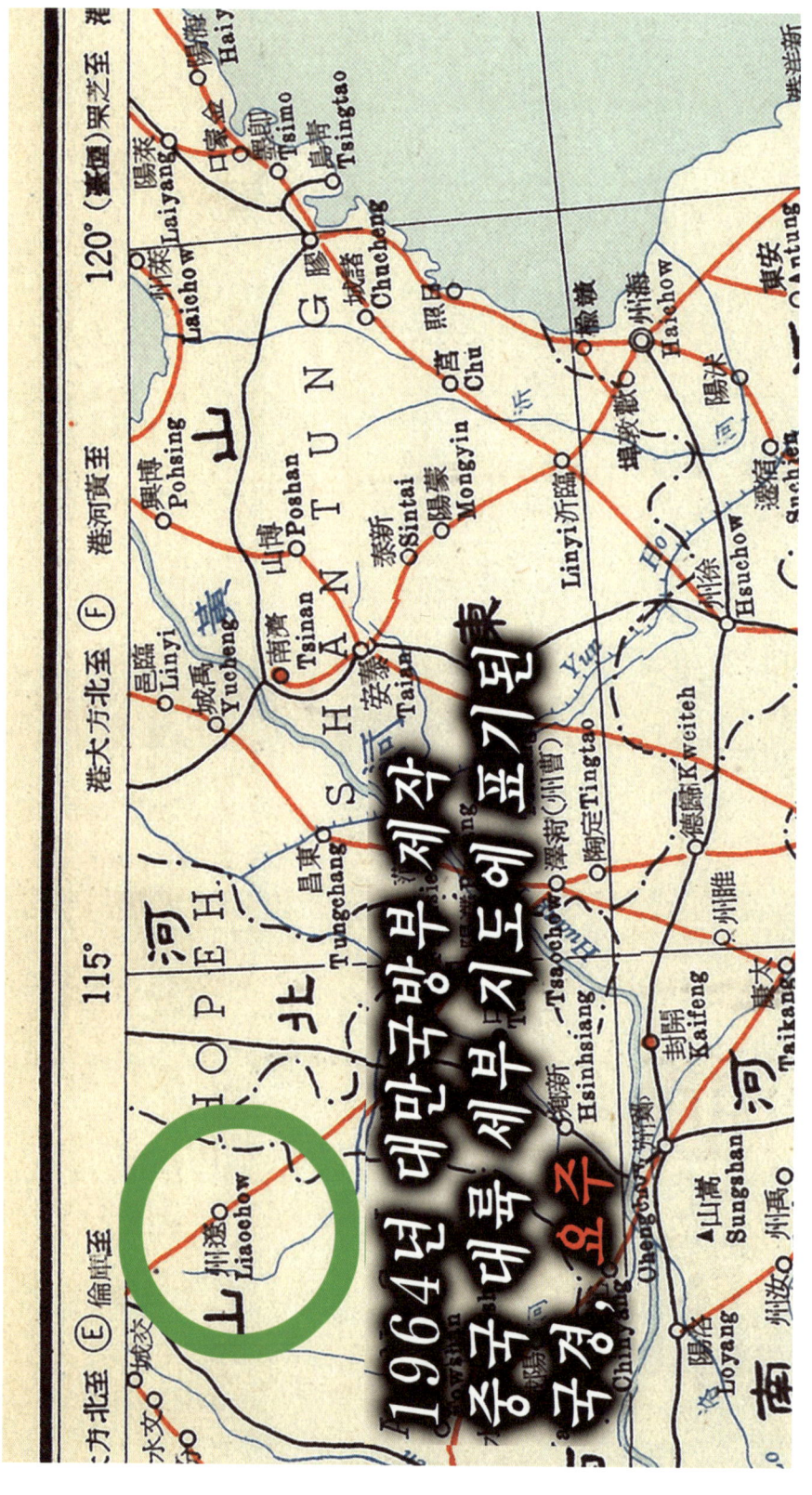

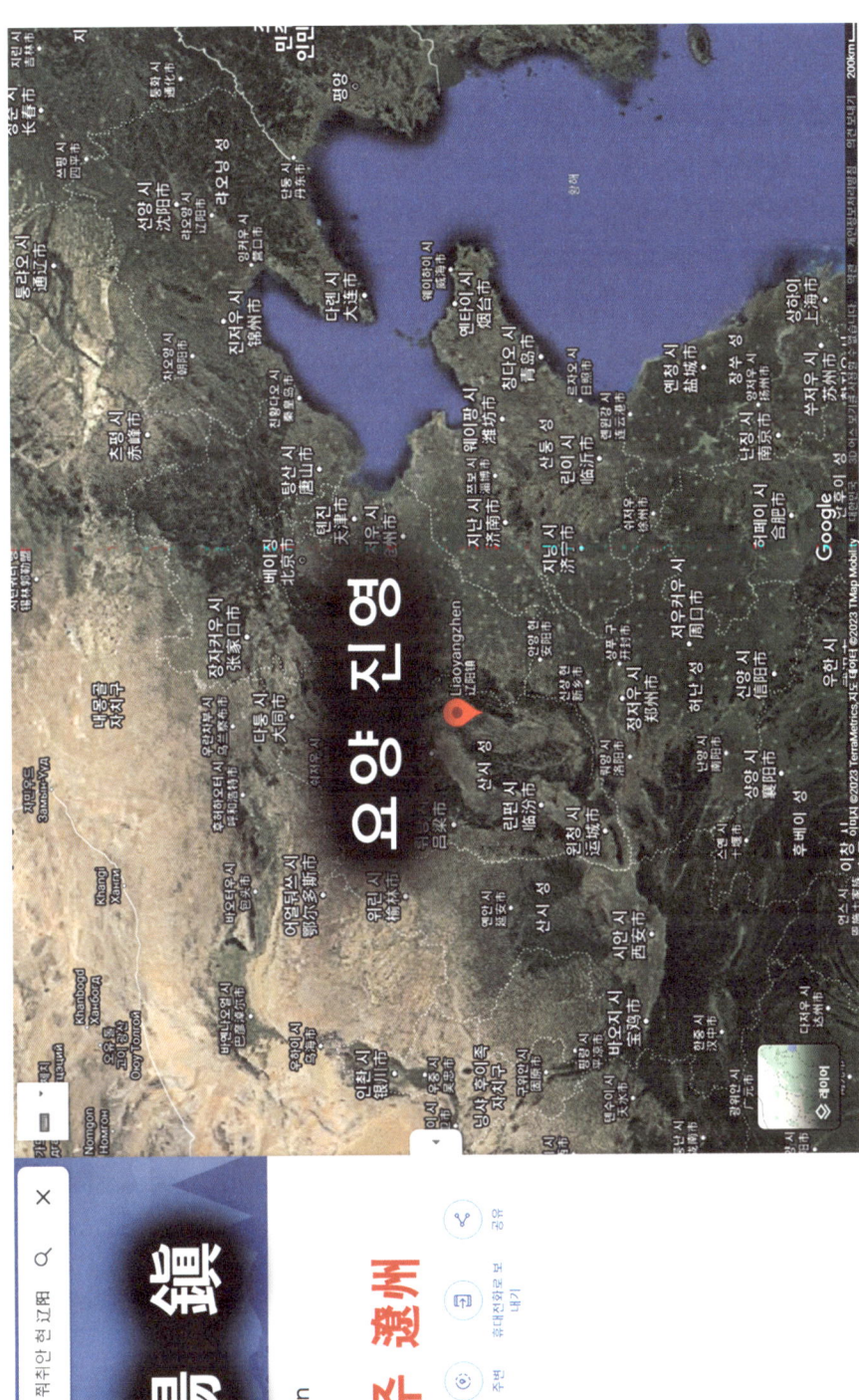

고구려본기 제10

- 20년 09월 남생이 당군에게 패하다
- 21년 01월 당군이 평양 전투에서 ...
- 25년 태자 복남이 대신 제사에 참 ...
- 25년 연개소문이 죽고, 아들들이 ...
- 25년 06월 남생이 당에 항복하다
- 25년 08월 남건이 막리지가 되다
- 25년 09월 당 고종이 남생을 책봉 ...
- 25년 12월 당 고종이 고구려 원정 ...
- 26년 09월 이적 당군이 신성을 빼 ...
- 27년 01월 유인궤을 요동도 부대 ...
- **27년 02월 이적이 당군이 부여성 ...**
- 27년 04월 혜성이 나타나다
- 27년 09월 부여성이 항복하다
- 27년 10월 당군 이적이 장안으로 ...
- 27년 12월 당 고종이 고구려 정복 ...
- 당 고종 총장 2년 02월 안승이 신 ...
- 당 고종 총장 2년 04월 당 고종이 ...

당나라 이세적과 900년 역사 고구려

이적의 당군이 부여성을 빼앗다 (668년 02월)

(27년(668)) 2월에 이적(李勣) 등이 우리의 부여성 [주 001] 을 쳐서 빼앗았다. 설인귀(薛仁貴)가 이미 금산에서 아군을 격파하고 승세를 이용하여 3,000명을 거느리고 부여성을 공격하려고 하였는데 여러 장수들은 병력이 적음을 이유로 만류하였다. (설) 인귀가 말하기를, "병력은 많을 필요는 없으며 그것을 어떻게 사용할 것인가에 달려있을 뿐이다."라고 하고, 드디어 선봉이 되어 나아와 아군과 싸워 아군을 죽이고 사로잡았다. 마침내 부여성을 쳐서 빼앗으니, 부여천(扶餘川) 안의 40여 성이 모두 항복하기를 청하였다. [주 002] 이 사명을 받들고 있던 가언충(賈言忠)이 요동에서 돌아오니 황제가 묻기를, "군대 안은 어떠한가?"라고 하였다. (가언충이) 대답하여 말하기를, "필시 이길 것입니다. 예전에 선제(태종)께서 죄를 물으려다 뜻을 이루지 못한 것은 오랑캐에게 틈이 없었기 때문입니다. 군대에 긴장이가 없으면 중도에 돌아온다. 라고 하였습니다. 지금은 남생이 형제가 서로 싸워 우리의 길잡이가 되어서 오랑캐의 진정과 거짓을 우리가 모두 알고, 장수는 충성되며 병사는 힘을 다하기 때문에 신이 대장이 명당시킬 것이다. 라고 말씀드린 것입니다. 또 『고구려비기(高句麗秘記)』 [주 004] 라고 하였는데, 그씨(高氏)가 한(漢)나라를 세워 지금 900년이 되고, 이것의 나이가 80입니다. 오기 전에 팔십(八十) 대장이 멸망시킬 것이다. 라고 하였으니, [주 005] 』에 말하기를, '900년이 되지 오랑캐는 거둡되는 흉년으로 사람들이 서로 빼앗아 먹고, 땅이 흔들리고 갈라지고, 이리와 여우가 성으로 들어오고, 두더지가 문에 구멍을 뚫고, 인심이 두려워하고 놀라니, 이 전쟁을 다시 일으키지 않게 될 것입니다." [주 007] 라고 하였다

高句麗고분壁畵平壤서발굴

被葬者는 廣開土大王때 幽州지방 長官

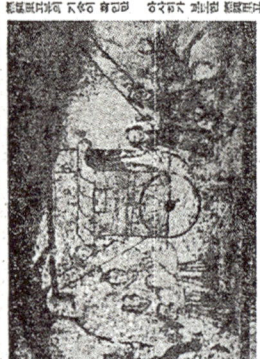

墓誌에 死者의 出身·官職 明記
壁엔 婦人像·수렵行列 그림도

韓國 古代史 일부 修正 가능성

고구려영토 北京부근까지 있듯

1978년 11월 22일 수요일 신문

고구려도 북경부근까지 있듯.

묘지에 사자의 출신, 관직 명기.
벽엔 부인상 - 수렵행렬 그림도.

한국 고대사 일부 수정 가능성

유주자사 진 무덤 - 일본 아사히 신문 보도

- 한국 서울대 김원룡 교수 日 -
고분의 주인공이 유주자사였다는 기록만으로
고구려의 영토가 북경까지 있었다고 말하는
북한학자와 일본 사이토 교수의 주장은
액면 그대로 믿기 어렵다.

집안시 적석총떼

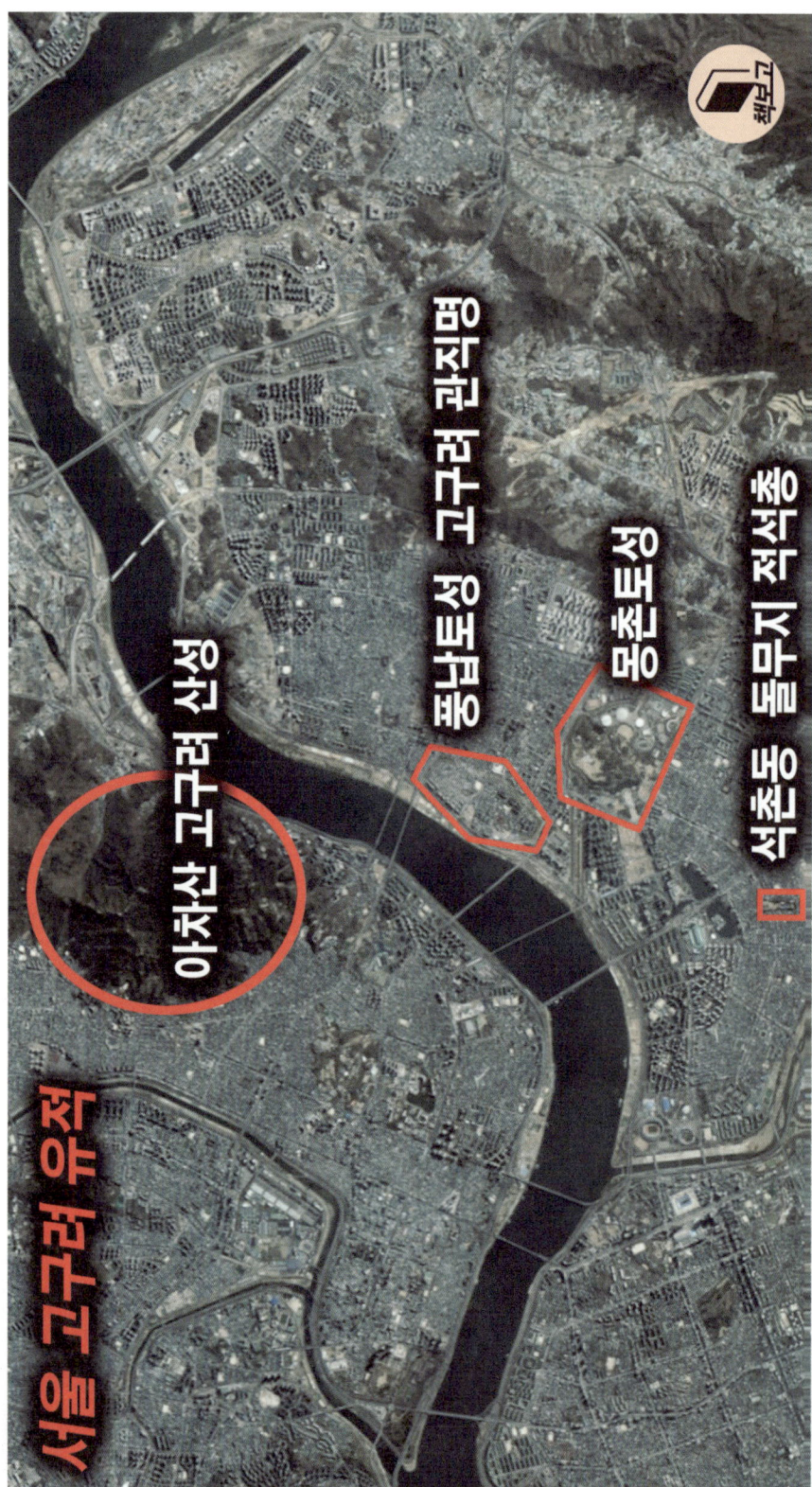

서울 강남 잠실역 롯데타워(서)울 (동)촌

출처: 한성백제박물관

광개토대왕릉비

충주 중원 고구려비

<해석>

오월에 고려태왕의 상왕공이 신라매금(寐錦)과 금을 ○하고 대사로 함께 아래로 와 만나 보려 하였으나 신라매금이 오지 않아 실행되지 못하였다. 이에 태자 공○루(가)~ 대형 비등(?)을 시키어 신라영토내의 주민 300명을 (신라)토내에 두었다. (신라)토내의 제중인(諸衆人)을 신라영토에 놓아주게 하였는데 (매우 후하게 대접한 것 같다). ~ 매금의 의복을 내리고 (매금의) 상하에게 의복을 주도록 교를 내리셨다. 제위에 있는 여러 사람에게 교를 내려 절교사(?)로 내왕하게 하였다. ~ 12월 23일 갑인에 동이(東夷)매금의 상하가 우벌성에 와서 교를 내렸다. 전부 대사자 다우환노(多亐桓奴)로 하여금 이곳에 주둔하는 (신라)영토내의 주민을 신라토내 당주(幢主)가 된 하부 발위사자 금노(錦奴)로 하여금 신라토내의 주민을 모아서 (이곳으로 옮겨와 살게) 하였다.

未來하였다 ~

고구려 광개토의 땅 廣開土地

대한민국 경상도 경주발굴

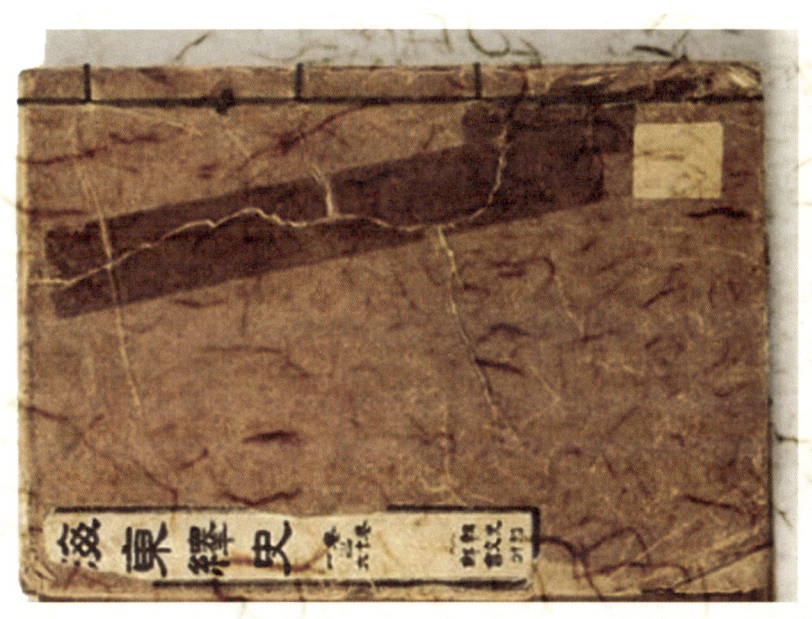

"생산되지 않는 것은
중이로부터 받아서 많이 사용한다.
당나라 사람들의 시 속에
'만전'(蠻牋 : 오랑캐 중이(만전)를 많이 사용했다."
여기엔 다 이유가 있다.
고(구)려가 해마다 중이(만전)를 주었다.
책을 만들 때는 고(구)려 중이(高麗紙)를 많이 사용했다."

– 조선후기 한치윤 『해동역사』 권27 문방류(文房流) 종이편

가야? 주인을 알기 힘든 무덤들

울퉁불퉁, 경상도 경주 원성왕릉

경주 들어가는 길 경상북도 경주

출토유물로 본 충청의 역사와 문화

장군총 내부 돌방과 천장

경주 남산동 동서 삼층석탑

경주 불국사 경덕왕릉 서원사지

경상북도 경주 사천왕사지 조각

한국 경주 신라 무열왕 주장비서

음영 비석 탑

대불이 이전을 미서 행궤

신라 태종무열왕 비석?

비석 몸통 없음, '용', '구', '환'이 불가

한국뉴스 정주시

王代鍊石築 瞻星臺

신라 선덕여왕 때
돌을 쌓아 첨성대를 만들었다.
— 삼국유사

유일한 첨성대 기록

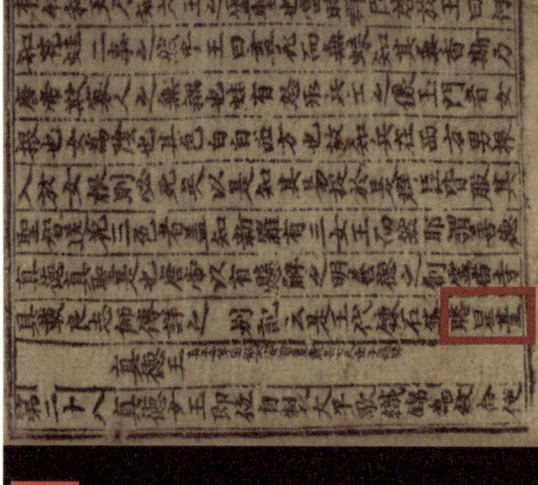

대륙 양자강.
신라 옛 양주(楊州) 부근.
자금산(紫金山) 천문대(天文臺)

한반도 경상북도 경주. 무덤베에 있는 1층에 입구 자체도 없는 돌탑(첨성대 늘씨 없음, 무덤 지킴이, 무덤베에 있는 건물)

첨성대는 언제나 산 정상에 건축한다.
평지에 존재하는 천문관측대는 없다.

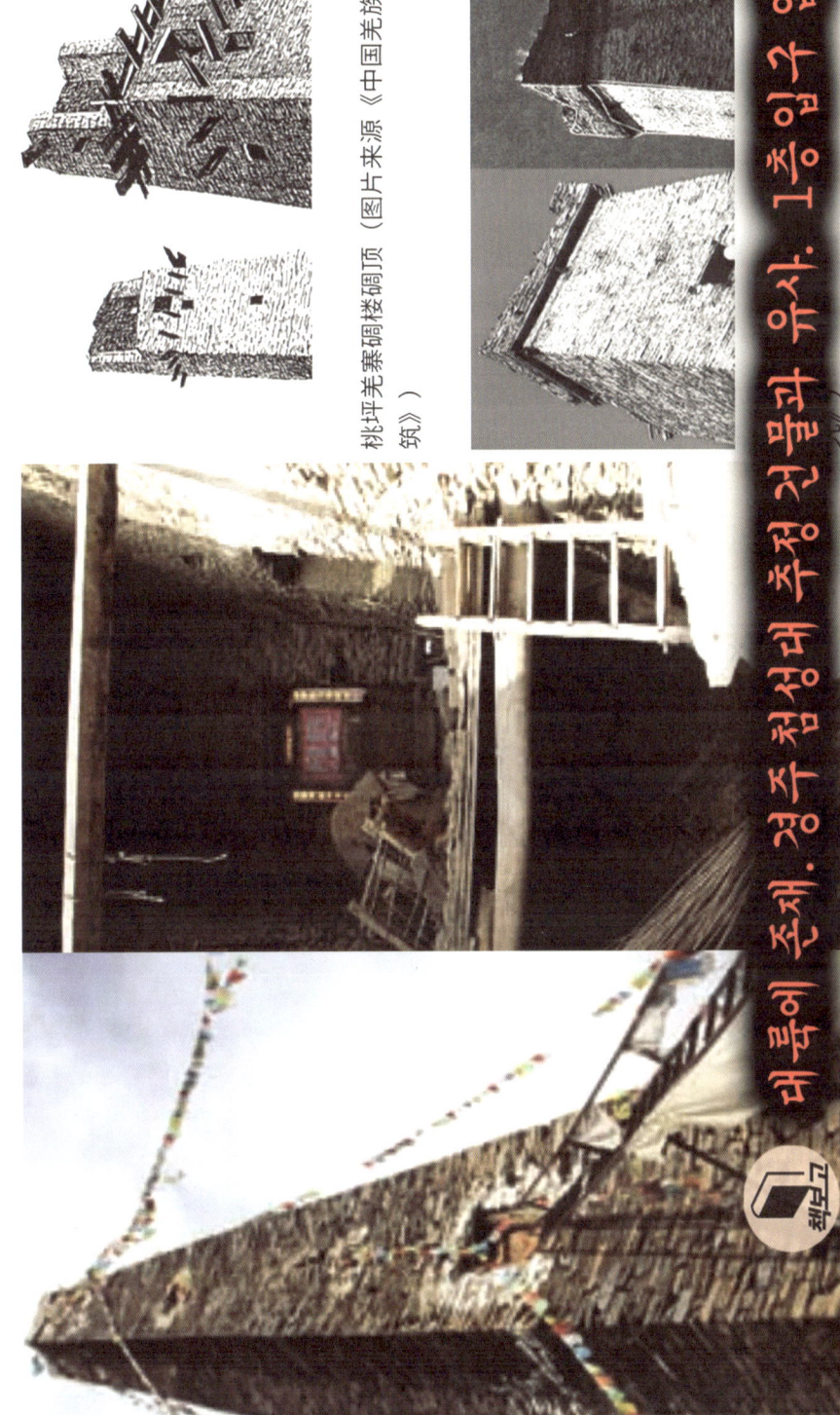

桃坪羌寨碉楼碉顶 (图片来源《中国羌族建筑》)

대들이 존재. 경주첨성대 주청 건물과 유사. 1층입구 없음

경주 첨성대 추정 건축물
천체 관측 건물이 1층 임구가 있음

출처 : 경주 첨성대 무료 배포지

新羅는 그 선조가 본래 辰韓의 종족이었다.

○ 新羅 註126

新羅 註127 는 그 선조가 본래 辰韓의 종족이었다. 진(秦)나라 유망인들이라 진(辰)한 秦 = 辰 음가

진(秦)시황 때 진(秦)나라 사람들이 役을 피하여 [役亡人] 流亡人들이 東으로 도망하여 [馬韓]의 동쪽 지경을 분할하여 그들을 살게 하고, 그 땅은 高[句麗] 동남쪽에 있는데, 漢나라 때의 樂浪 지역이다. 辰韓을 秦韓이라고도 한다.

新韓 註127 는 그 선조가 본래 辰韓의 종족이었다. 진(秦)시황 때 진(秦)나라 사람들이 役을 피하여 [役亡人] 流亡人들이 東으로 도망하여 [馬韓]에서는 그 동쪽 지경을 분할하여 그들을 살게 하고, 그들이 秦나라 사람인 까닭에 그 나라 이름을 秦韓이라 하였다고한다.

대대로 전해오는 말에 의하면 秦나라 때 流亡人들이 役을 피하여 [役亡人] 가자, 馬韓에서는 그 동쪽 지경을 분할하여 그들을 살게 하고, 그 들이 秦나라 사람인 까닭에 그 나라 이름을 秦韓이라 하였다고한다.

그들의 언어와 물건 이름은 중국 사람이 쓰는 것과 비슷하니 나라(國)를 邦이라 하고, 활(弓)을 弧, 도둑(賊)을 寇, 연회석에서 술잔을 돌리는 것(行酒)을 行觴이라 한다. 서로 부르는 데는 모두 徒라고 하여 馬韓과 같지 아니하다.

또 辰韓의 王은 항상 馬韓 사람을 세워 대대로 이어가고, 辰韓은 스스로 왕을 세울 수 없었으니, 그들이 본명이 흘러 들어와 선 사람이기 때문이다. [따라서 辰韓은] 항상 마한의 지배를 받았었다.

辰韓은 처음 6國이었다가 차츰 나뉘어져 12국이 되었는데, 註128 신라는 그 중의 한 나라이다.

진한은 열두 개 작은 나라가 있어 각각 1만 호로 나라를 일컫다

진한은 열두 개 작은 나라가 있어 각각 1만 호로 나라를 일컫는다

진한(辰韓) 또한 진한(秦韓)이라고도 한다.

진시황 진나라 秦

《후한서》에 이르기를 '진한의 늙은이(耆老)들이 스스로 말하기를 '진나라 망명자들이 한국으로 오매 마한이 동쪽 지역 땅을 떼어 주었다.
서로를 부를 때 도(徒)라고 하니, 진나라 말과 비슷하였으므로 혹은 진한(秦韓)으로 이름했다.' 그도 하며 열두 작은 개 나라가 있어 각각 1만 호로써 나라를 일컫었다.' 라고 하였다.

또 최치원 [주 391] 이 말하기를 "진한은 본래 연나라 사람으로서 도피해 온 자들이다. 그러므로 탁수(涿水)[주 392] 의 이름을 따서 그들이 사는 고을과 동리 이름을 사탁(沙涿)[주 393]·점탁(漸涿)[주 394] 등으로 불렀다." "신라 사람들의 방언에 탁(涿) 자를 읽음을 도(道)라고 한다. 그러므로 지금도 혹 사량(沙梁) 이라 쓰고, 양(梁) 을 또한 도(道)라고 읽는다.

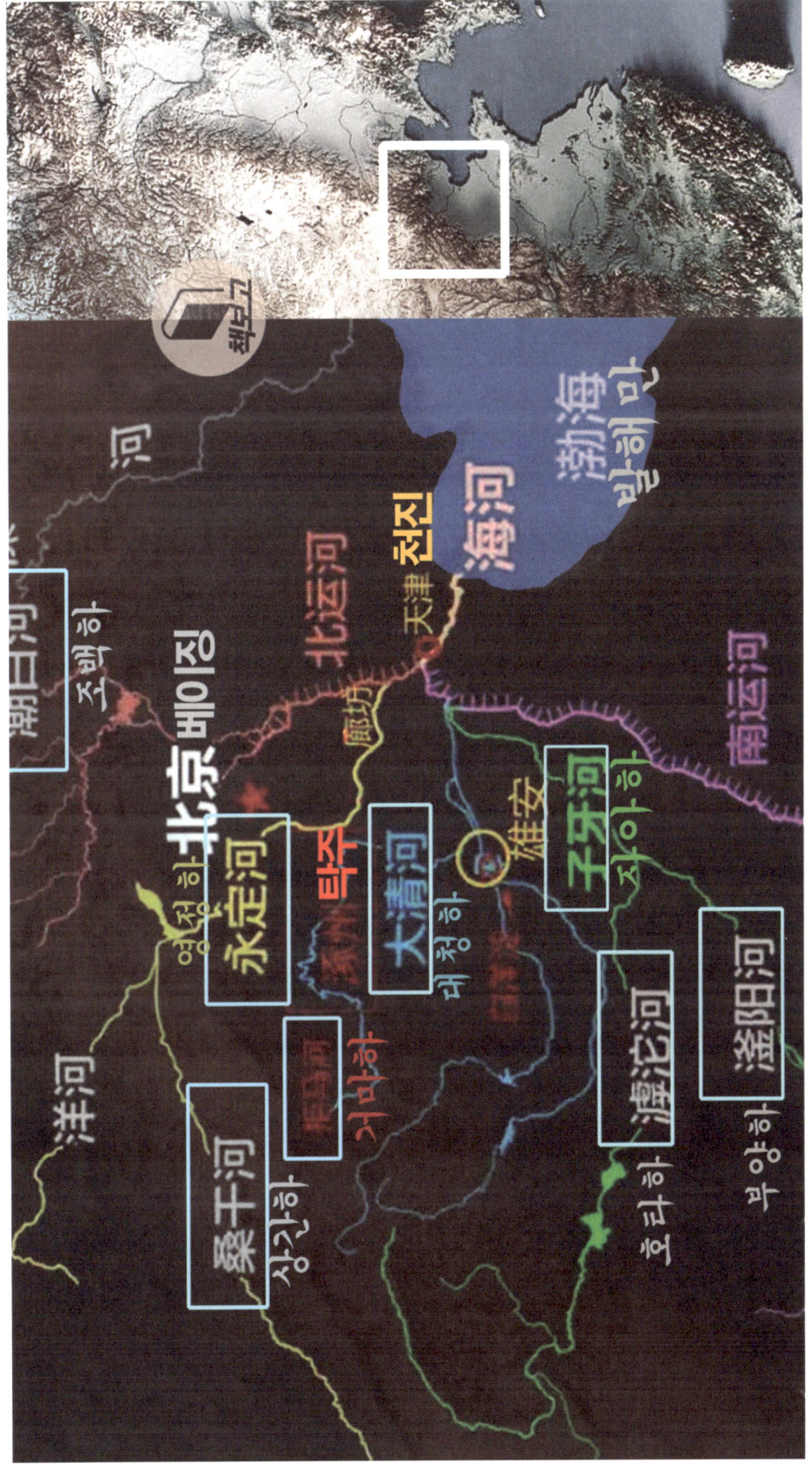

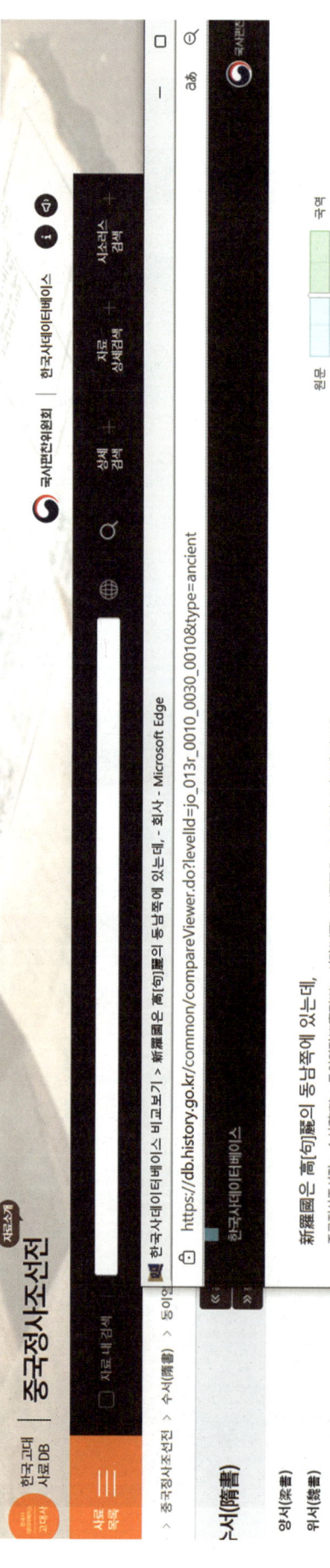

수나라 사서 기록.

신라 왕은 원래 백제인이다.

其王本百濟人

新羅

이웃 역사기록 신라 新繼 위치

<양서 梁書>
백제의 동남쪽 5천리 밖에 신라가 있다.
백제가 통역을 해줘야 소통이 가능하다.

<북사 北史>
고구려의 동쪽에 신라가 있다.
신라의 언어는 마한과 같지 않다.
진한의 왕은 마한사람으로 삼는다.

<남사 南史>
백제의 동남쪽 5천리 밖에 신라가 있다.
신라의 북쪽과 남쪽은 고구려, 백제다.
521년에 신라왕은 사신을
백제사신 뒤를 따라 양나라에 보냈다.

<수서 隋書>
고구려의 동남쪽에 신라가 있다.
신라의 언어는 마한과 같지 않다.
신라의 왕은 원래 백제인이다.

희(淮)수에서 건국한 신라

계(雞)림
알지가 태어나고 계림을 국호로 삼다 (65년 03월)

9년(65) 봄 3월에 왕이 밤에 금성(金城)[주 001] 의 서쪽 시림(始林)[주 002] 이 나무 사이에서 닭이 우는 소리를 들었다. 날이 밝자 호공(瓠公)[주 003] 을 보내 살피게 하니 금빛의 작은 궤짝이 나뭇가지에 걸려 있고, 흰 닭이 그 아래에서 울고 있었다. 호공이 돌아와 보고하니, 왕이 사람을 시켜 궤짝을 가져다가 열어보았다. 작은 사내아이가 그 속에 들어 있었는데, 모습이 뛰어나고 훌륭하였다. 왕이 기뻐하며 좌우 신하들에게 이르기를, "이 아이는 어찌 하늘이 나에게 좋은 후계를 보낸 것이 아니겠는가?"라고 하고, 거두어 길렀다. 장성하자 총명하고 지략이 많았다. 이에 이름을 알지(閼智)[주 004] 라고 하고, 금궤에서 나왔기에 성을 김(金)씨라고 하였다.[주 005] 시림의 이름을 계림(雞林)이라고 바꾸었는데, 이로 인해 계림이 국호가 되었다.[주 006]

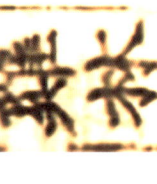

나라 이름을 서라벌 또는 서벌이라 하다

원문의 회(淮)수에서 건국한 신라
계(鷄)림을 계(鷄)림으로 왜곡

徐羅伐) 또는 서벌(徐伐)이라고도 하였다. 처음에 왕이 계정(鷄井)에서 났으므로 혹은 일러서 계림국(鷄林國)註423 이라고 하였으니 계림(鷄林)이란 이름은 이 때문이다. 일설(一說)에는 탈해왕(脫解王)註424 때에 김알지(金閼智)註425를 얻을 때 숲속에서 닭이 울었으므로 나라 이름을 계림(鷄林)으로 고쳤다고 한다. 후세에 와서는 드디어 신라라고 이름...

국호를 신라로 확정하고 임금을 왕이라고 부르다 (503년 10월)

4년(503) 겨울 10월에 여러 신하들이 아뢰기를, "시조(始祖)께서 나라를 세우신 이래, 나라 이름[國號]을 정하지 않고 사라(斯羅)라고 부르고, 혹은 사로(斯盧)라고 부르고, 혹은 신라(新羅)라고도 말하였습니다.[주 001] 신들이 생각하건대, '신(新)'은 '덕업(德業)이 날로 새로워진다.'는 뜻이고, '라(羅)'는 '사방(四方)을 망라한다.'는 뜻이니, 이를 나라 이름으로 삼는 것이 마땅합니다.[주 002] 또한 살펴보건대, 예로부터 국가를 가진 이는 모두 '제(帝)' 또는 '왕(王)'이라고 칭하였습니다. 우리 시조께서 나라를 세우시고부터 지금 22세(世)에 이르기까지 단지 방언(方言)으로 부르고 존귀한 호칭으로 바로 잡지 못하였으므로, 이제 여러 신하들이 한 뜻으로 삼가 '신라국왕(新羅國王)'이라는 호칭을 올립니다."[주 003] 라고 하니, 왕이 이를 따랐다.

사斯 + 나(羅) 주
사斯 + 노(盧, 盧) 주

새 쥬_淮

황하 黃河
회(淮)수에서 건국한 신라 新羅
계(鷄)림을 계(雞)림으로 문자 왜곡
회수 淮水

신라, 나라 이름의 비밀

새 추 雀
회(淮)수
계(雞)림
신라 新羅

갈대 : 로 蘆 _ 사로국
비단 : 라 羅 _ 사라국

문화 문화일반

한겨레 · 12면 TOP · 2012.01.10. · 네이버뉴스

중 장수성의 떼무덤...백제인일까 신라인일까

한·중 공동조사 600여기 발견
7~9세기 굴식 돌방무덤 확인
한반도 이주민 실체 첫 증명

수정 2019-10-19 20:29 | 등록 2012-01-10 08:24

중 장수성의 떼무덤...백제인일까 신라인일까

롄윈강(연운항)에서 1400~1100년 전 한반도 이주민들 무덤으로 추정되는 공동묘지가 무더기로 발견됐다. 박순발 충남대 고고학과 교수는 롄윈항을 둘러싼 야산 기슭에서 지난 1980년대 말부터 최근까지 신라인 도...

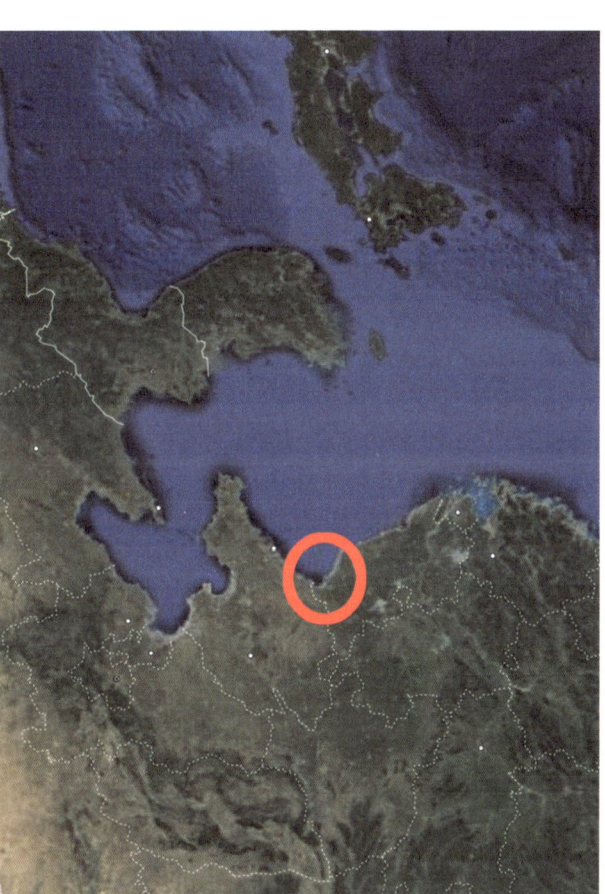

서해와 잇닿은 중국 장수성 향구도시 롄윈강(연운항)에서 1400~1100년 전 한반도 이주민들 무덤으로 추정되는 공동묘지가 무더기로 발견됐다.

사원탑 산 기슭에서 최근 이렇게 발견된 돌방무덤. 박순발 교수는 돌방무덤 방향을 비롯해 백제 돌방무덤과 거의 일치한다며 백제인들이 묻힌 것으로 추정했다.

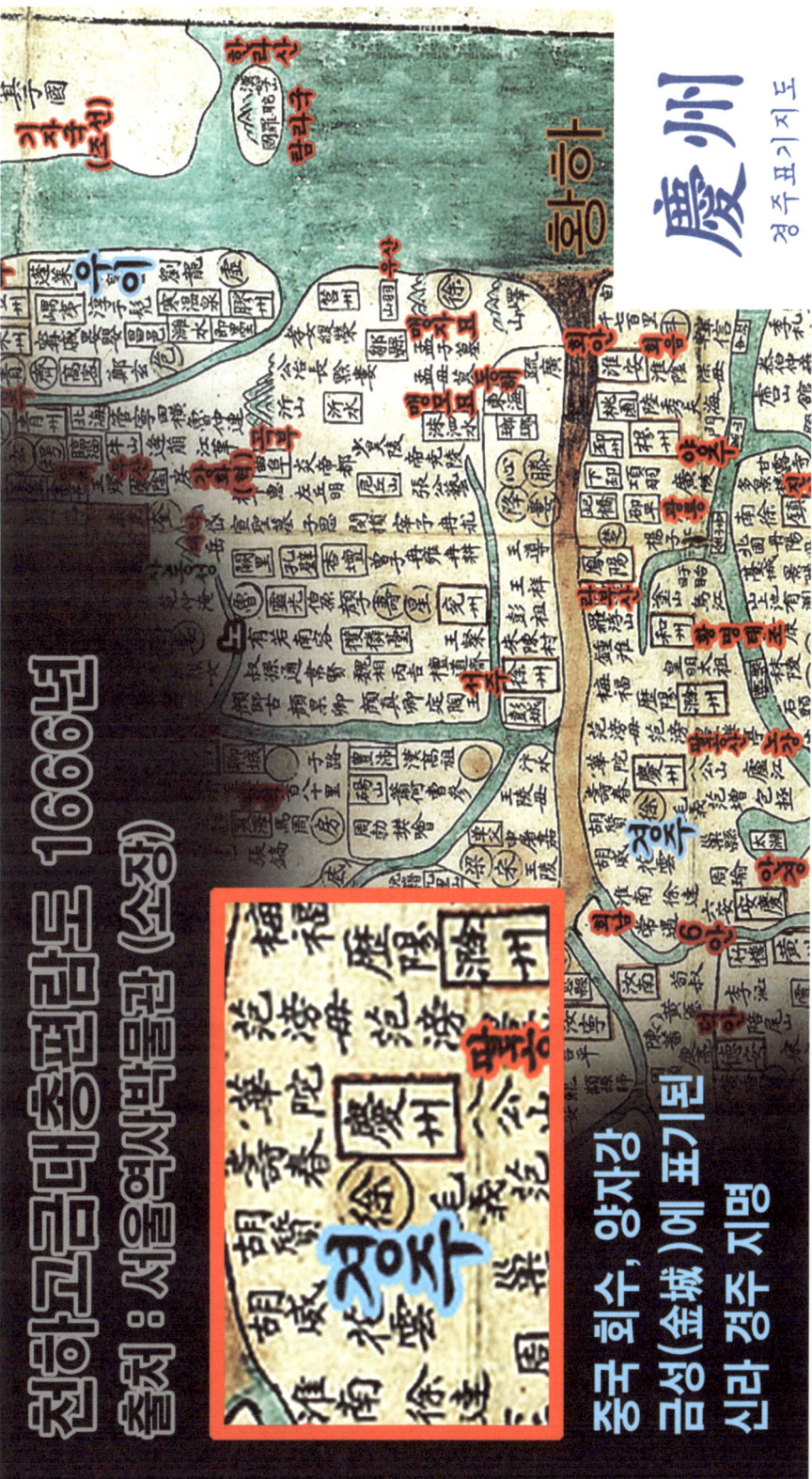

新羅 신라
양지보도와 한반도남부

503년 신라 지증왕 : 국가 이름을 신라로 통일하고, 왕의 호칭을 사용하다.
505년 신라 지증왕 : 선박(배)을 활용하여 교통과 운반이 편하도록 선박법을 만들다.

운하, 수로(水路) 법

삼국사기 신라본기

新羅國은 본래 弁韓의 후예이다. 그 나라는

○ 新羅

新羅國은 본래 弁韓의 후예이다. 그 나라는 漢代의 樂浪 땅에 있으니, 동쪽과 남쪽은 모두 큰 바다에 연하여 있고, 서쪽은 百濟와 접하였으며, 북쪽은 高[句]麗와 인접하였다. 동서로 1천리, 남북으로 2천리이다. 城邑과 村落이 있다. 王이 사는 곳은 金城으로, 둘레가 7·8리이다. 衛兵은 3천명으로, 獅子隊를 설치하였다. 文武官은 모두 17등급이 있다.

신라국은 변한의 후손이다.
왕이 사는 곳은 (금성)이고, 수비 병사가 3천명이며,
사자 부대를 설치했다.
문인, 무인은 모두 17계급이 존재한다. - 구당서 동이 신라편

우산국 구비 현재 존재

512년 신라 장군 이사부가
나무로 사자를 만들어
우산국을 위협하며 정벌했다.

여러 재이가 일어나다 (657년 07월)

신라 수도

4년(657) 가을 7월에 일선군(一善郡)[註 001]에 홍수가 나서 물에 빠져 죽은 사람이 3백여 명이었다. 동쪽 토함산(吐含山)[註 002]의 땅이 불탔는데, 역어보
3년 만에 꺼졌다.[註 003] 흥륜사(興輪寺)[註 004]의 문이 저절로 무너졌다. [註 005]의 북쪽 바위가 무너지면서 부서져 쌀이 되었는데,
니 곳간의 묵은 쌀과 같았다.

3년 불탄 토함산

산 토함산 석탄 주위 산악 지형 가스 분출 발화 경우 1

1. 메탄가스 또는 지하가스 분출

- 지하에 매장된 유기물이 분해되며 메탄가스가 생성되고, 이 가스가 지표면으로 분출되다가 점화되면 화재가 발생할 수 있습니다.
- 특히 석탄층, 퇴적지층, 온천 지대에서 가스 분출 가능성이 있습니다.

실제 사례

- 중국, 인도, 인도네시아 등에서는 석탄광 주변 산지에서 자연 발화가 일어나 오랜 기간 꺼지지 않는 불이 지속되기도 했습니다.
- 한국에서는 드물지만, 강원도 탄광 지역이나 지열 사후 지역에서 유사한 사례가 보고된 적이 있습니다.

챗 > **Chat GPT**

산에서 나오는 천연가스 불, 예를 들어 '영원히 타는 불(Eternal Flame)' 같은 자연 현상은 일반적으로 천연가스가 땅속에서 지속적으로 분출되면서 불꽃이 유지됩니다. 이런 불은 비가 와도 쉽게 꺼지지 않습니다.

그 이유는 다음과 같습니다:

1. **불꽃의 위치**: 천연가스 불꽃은 대부분 바위 틈이나 움푹 한 곳에 위치해 있어 비가 직접적으로 닿지 않거나, 바람과 지형의 영향으로 물이 쉽게 스며들지 않습니다.

2. **가스의 지속 공급**: 불이 꺼져도 가스는 계속 나오기 때문에, 다시 점화되면 쉽게 불이 붙습니다.

3. **화염의 온도**: 천연가스 불꽃은 매우 뜨거워서 약간의 빗물로는 쉽게 식지 않습니다.

하지만, 폭우나 장시간의 강한 비가 내릴 경우에는 일시적으로 꺼질 수 있습니다. 이럴 경우, 가스가 계속 나오는 한, 다시 점화하면 다시 불이 붙게 됩니다.

Chat GPT

로 꺼질 수 있습니다.

2. 하지만 열은 유지됨

석탄은 비가 스며들기 어려운 구조(덩어리 형태)로 되어 있어, **표면만 젖고 내부는 뜨겁고 마른 상태를 유지**합니다.

그래서 시간이 지나 다시 열이 쌓이면 다시 발화될 수 있습니다.

3. 산소와 연료가 계속 존재

바람을 통해 산소가 유입되고, 주변에 석탄이 계속 있는 한 불씨가 남아 있을 가능성이 큽니다. 즉, 비로 잠시 꺼져도 불씨가 살아 있다가 다시 불붙는 경우가 많습니다.

결론

표면의 석탄 화재는 비가 올 경우 일시적으로 약해지거나 일부 꺼질 수 있지만, 완전히 진화되기는 어렵습니다.

특히 건조한 날씨가 이어지면 다시 쉽게 발화될 수 있습니다.

산 통함산 석탄 화재 지형 석탄 발화 경우 2

〈신당서 新唐書 권220, 열전 145〉
신라에는 양은 없고, 노새, 나귀가 적은 대신, 말이 많다.
新羅國 畜無羊, 少驢騾, 多馬

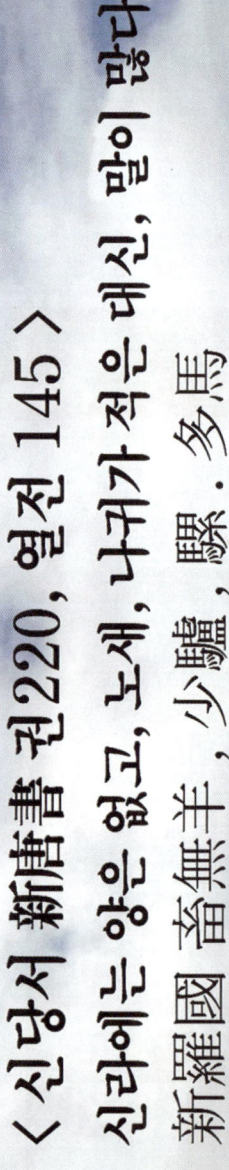

〈송회요 宋會要〉, 〈제번지 諸蕃志〉
신라 땅은 낙타, 물소를 기르는데 알맞다.

신타

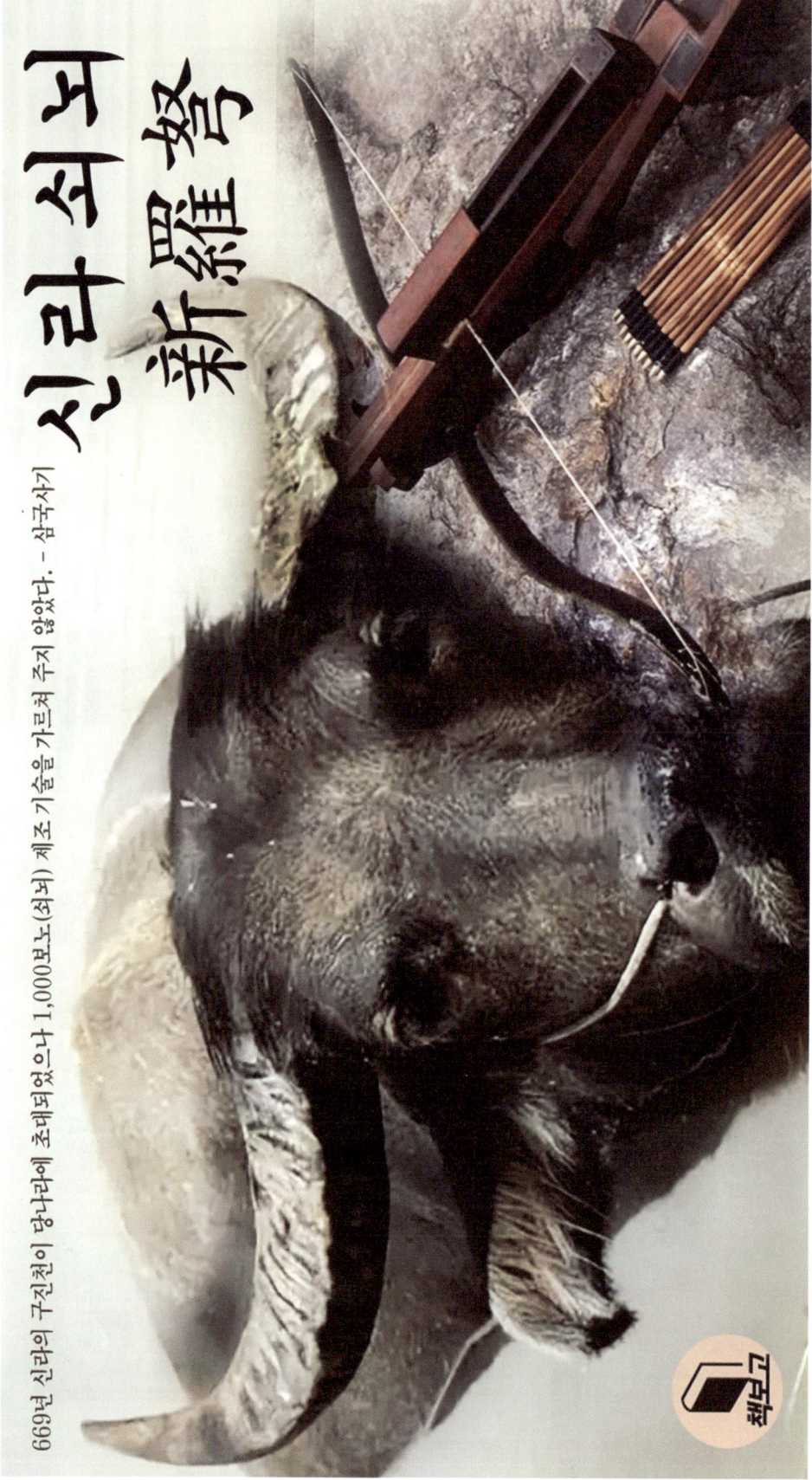

신라쇠뇌
新羅弩

669년 신라의 구진천이 당나라에 초빙되었으나 1,000보노(쇠뇌) 제조 기술을 가르쳐 주지 않았다. - 삼국사기

고구려 문자왕 11년 (501).
11월, 월주(越州)를 공격해 빼고 마을 이름을 바꾸어
송강松江·회계會稽·오성吳城·좌월左越·
산월山越·천주泉州라고 불렀다.

고구려 문자왕 12년 (502).
천주(泉州)에 신라 백성을 옮겨 살게 하여 그곳을 채웠다.

— 태배일사 고구려본기

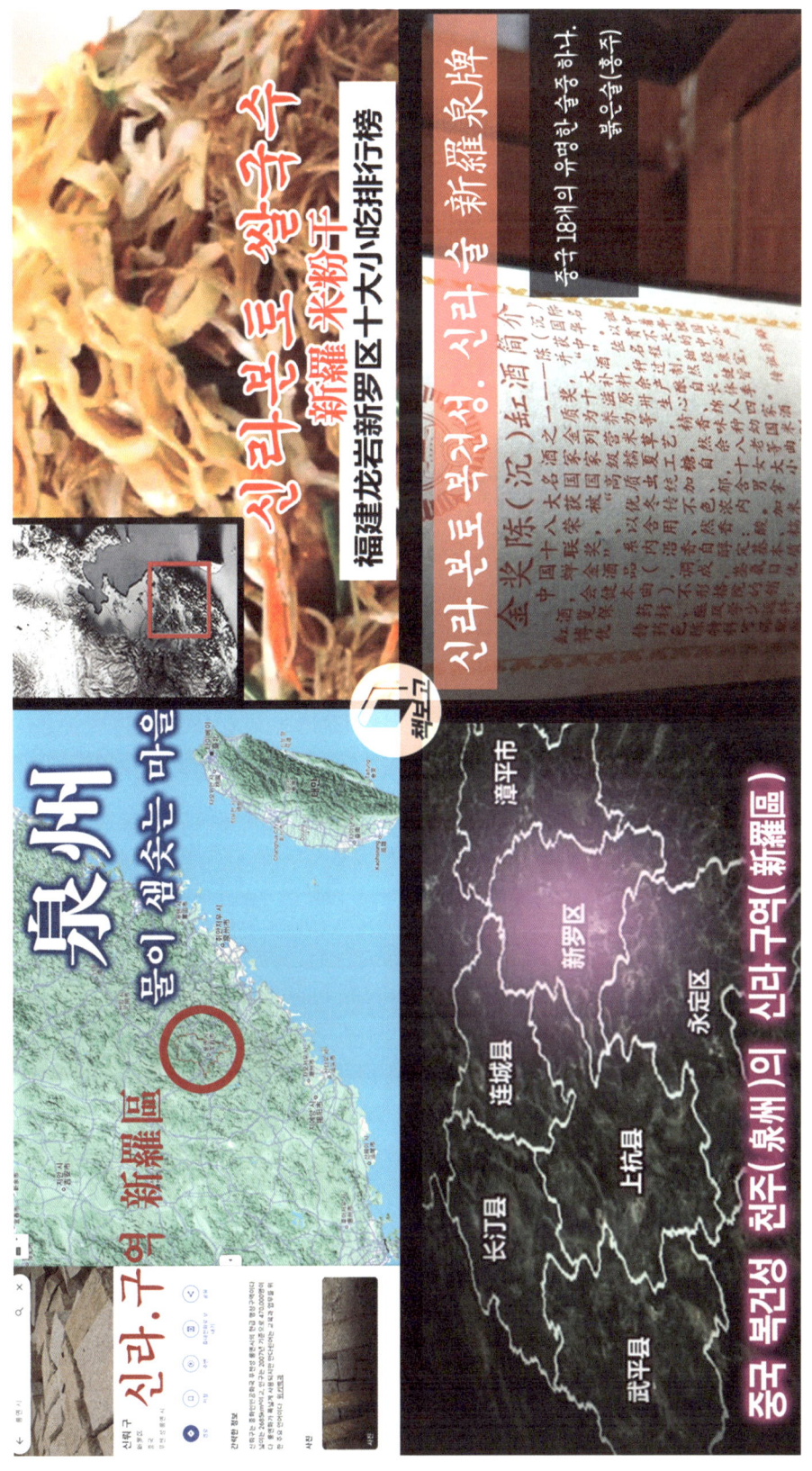

중국 동부에서 무수히 많은 신라인을 만난
일본 에닌 스님의 대륙 여행기 '입당구법순례행기'

대륙 존재 '신라방'을 유일하게 기록

중국에 존재하는 26개 신라 마을 보기

역사기록도 완벽 입증. 천년 왕국. 신라 본토

책보고

---------성해, 강소성
新罗村
中国 上海市青浦区 215325
新罗村
中国 上海市松江区 201603
新罗家
中国 江苏省苏州市常熟市 215523
新罗村遗址公园
中国 江苏省连云港市连云区宿城乡 222044

---------서부
新罗
中国 重庆市彭水苗族土家族自治县 409615

---------동남부 절강성 복건성
新罗村
中国 浙江省台州市仙居县 317312
新罗盂村
中国 浙江省宁波市象山县 315706
新罗家
中国 浙江省绍兴市上虞区 312300
新罗村
中国 福建省龙岩市永定区 364102
新罗村
中国 福建省龙岩市连城县 366214
新罗村公园
中国 福建省龙岩市永定区 203 省道 364102
新罗区
中国 福建省龙岩市
新罗
中国 福建省泉州市南安市 362302

---------계림과 남부
新罗村
中国 广西壮族自治区贵港市覃塘区 537129
新罗村
中国 广东省肇庆市四会市 52623

---------산동
新罗家村
中国 山东省烟台市莱州市 261419

---------호북 호남
新罗家
中国 湖北省黄冈市麻城市 438411
新罗家垱
中国 湖北省武汉市新洲区 430415
新罗家
中国 湖北省咸宁市通城县 437402
新罗家台
中国 湖北省天门市 431709
新罗家
中国 湖北省咸宁市通城县 437402

---------강서
新罗家
中国 江西省吉安市吉安县 343121
新罗舍
中国 江西省吉安市泰和县 343732
新罗屋
中国 江西省赣州市于都县 342331
新罗家
中国 江西省南昌市进贤县 331712
新罗村
中国 江西省赣州市寻乌县 342299

大人廟 대인 大人 사당 廟
711 대만 타이난 구어린 구

신라 동해의 외딴 섬에는 대인국 大人國이 있다.
동쪽으로 장인 長人들과 대치하여,
신라는 쇠뇌(소뿔 활) 수천 명의 군사를 상시 주둔시켜 지켰다. – 삼국사기

영파 - 북경, 2천Km 물길을 가다, 제1부. 해상실크로드, 겨룡이 관문 (KBS_2008.08.04. 방송)

여기요, 여기 신라촌이에요. 그 당시도 신라촌이라고 불렀고, 지금도 신라촌이라고 부릅니다.

상상헌 신라촌

장진귀 상산헌 문화제위원

영파 - 북경, 2천Km 물길을 가다; 제1부. 해상실크로드, 거룡의 관문 (KBS, 2008.08.04. 방송)

예를 들면 시라촌, 시라산, 시라산, 시라초 그리고 시라방 등입니다. 제가 현지 조사한 적이 있습니다.

렌쓰민 영파 대학 교수
영파 지방에도 많은 문화 유산이 남아있습니다.

猿 원숭이 원
猱 원숭이 노

<김樣群鳴>

<삼국유사> 이차돈 순교

원숭이 미(獼)
원숭이 후(猴)

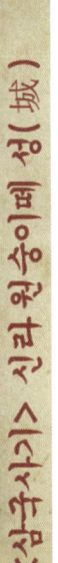

〈삼국사기〉 신라 원성이 폐(城)

신라의 불교

태행산맥 오대산 五臺山

도선, 원효, 아상

구화산 九華山
천태산 天台山
조계산 曹溪山
지제산 支提山

천축 天竺 지평

중국의 10대 차 茶

벽라춘 – 강소성 洞庭山
용정차 – 절강성 抗州
황산모봉 – 안휘성 黃山
무이암차 – 복건성 武夷山
철관음 – 복건성 泉州 옆 安溪縣
기문홍차 – 안휘성 祁門
육안과편 – 안휘성 六安
여산운무 – 강서성 九江

신양모첨 – 하남성 信陽
군산은침 – 호남성 鄱州 옆 君山

828년, 신라 선덕여왕 때도 차가 있었으니, 신라 사신 대렴이 당나라에서 차를 가져와 지리(地理)산에 심어 더 성행했다. ─삼국사기

삼국사기 기록
지리 地理 (智異 山)
쌍계 雙溪 (寺)

벽라춘
용정차
황산모봉
유인과편
기문홍차
무이암차
여산운무
철관음

신양모첨
군산은침

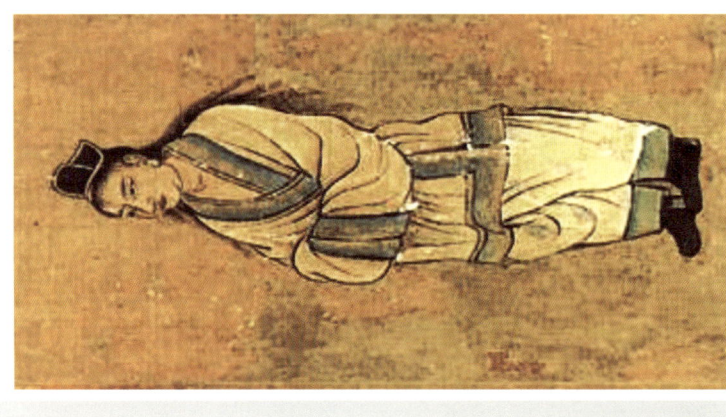

양직공도 신라 외교관

고려 시대의 문인 이인로가 지은 《파한집(破閑集)》에 적혀 있는 이야기다.

3. 출신에 관한 논란 천민녀 天民女 山 天音女

천관녀의 출신에 대해 기녀설과 신녀설이 있다. 기녀설이건 신녀설이건 그 출신을 해석하는 근거는 고려시대에 쓰인 이인로의 《파한집》이다. 《동국여지승람》, 《낙하생집》, 《동경잡기》 등 조선시대의 사료도 있으나 너무 후대의 사료라서 생략한다.[7] 사료 해석을 위해 파한집 원문을 기재한다.

김유신이 젊었을 때 어머니인 만명부인은 날마다 엄한 가르침을 더하여 교유(交遊)함에 있지 말도록 하였다. 하루는 천관의 집에 머무르게 되었다. 만명부인은 얼굴을 마주하며 말하기를 "나는 이미 늙었다. 주야로 너의 자라남을 바라보고 있다. 공명을 세워 군친(君親)의 영광이 되길 기대하거늘 지금 너는 술을 파는 아이와 함께 음방에서 유흥을 즐기며 숨자리를 벌이고 있느구나" 하면서 울기를 그치지 아니하였다. 김유신은 즉시 어머니 앞에서 스스로 맹세하기를 "다시는 그 집앞 문을 지나지 않겠다" 고 하였다. 하루는 피로에 지쳐 술을 마신 후 집으로 돌아오고 있었다. 김유신이 탄 말은 옛길을 따라서 잘못하여 창가(倡家)에 이르고 말았다. 김유신은 한편으로는 기뻐하고 한편으로는 원망스러웠다. 천관이 눈물을 흘리면서 나와 맞이하였다. 그러나 공은 이미 깨달은 바가 있어 타고 온 말을 베고 안장은 버리고 되돌아왔다. 천관이 원망하는 노래를 한 곡 지었는데 지금까지 전하고 있다. 경주에 천관사(天官寺)가 있는데 즉 그 집이다.[8]

천관촌 天官村
김유신 도로 頂信

Tianguanshan

天官山
광더 현 쉬안청 시 안후이 성
중국 김유신과 천관녀
242208

신라 금석자

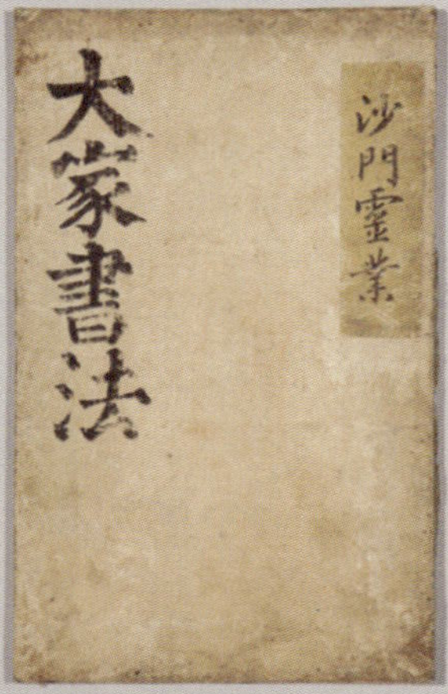

김씨동경

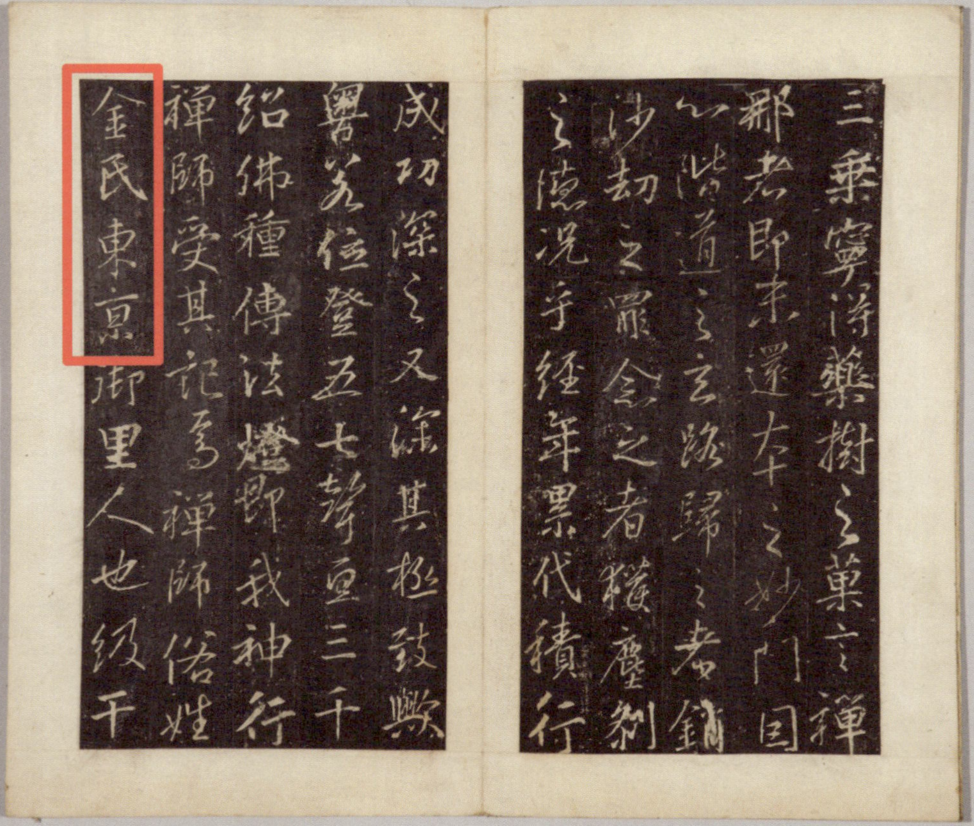

신라 단속사 斷俗寺
신행선사 神行禪師
비석 탁본책

출처 : 국립중앙박물관

신라가 4년 내내 1만 명의 당나라 병사에게 옷을 제공해 주고, 식량을 먹였으니, 당나라 병사들이 태어난 곳은 당나라지만, 피와 살은 신라의 것입니다.

– 삼국사기. 신라본기 제7

당조릉도관 / 정양지도권중

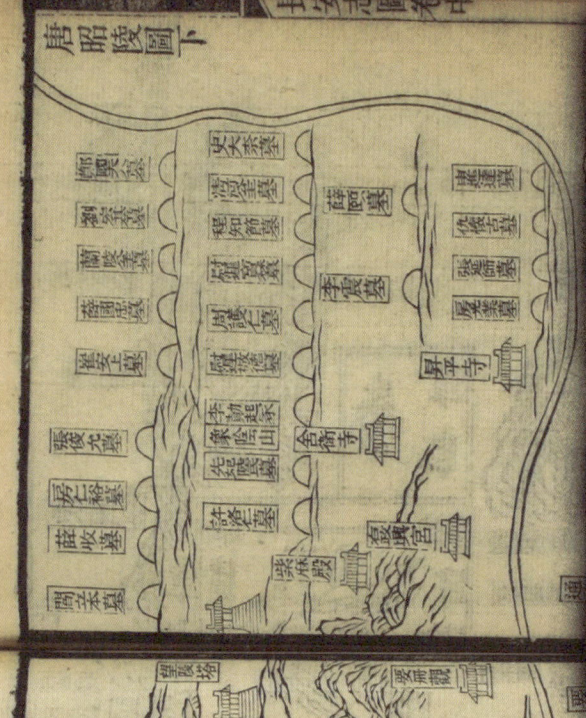

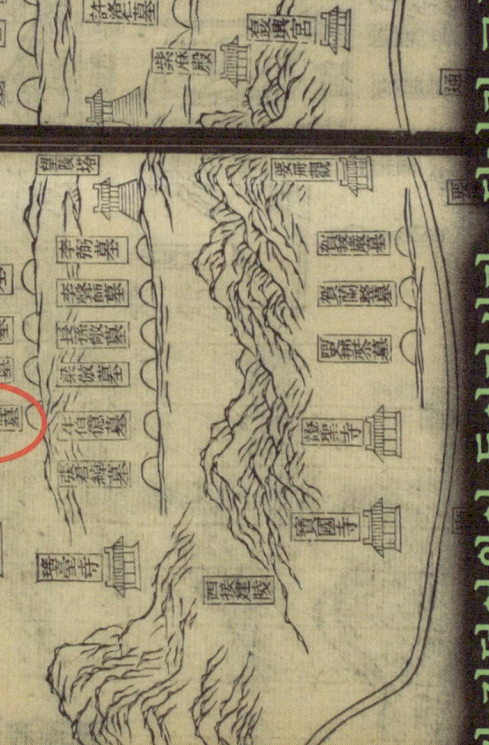

신라 신문왕묘

- 652년 신라 진덕여왕이 돌아가시자, 당나라 고종이 크게 거애(擧哀)을 있다.
- 692년 신라 신문왕이 돌아가시자, 무주(당) 측천무후가 크게 거애(擧哀)을 있다.
- 702년 신라 효소왕이 돌아가시자, 무주(당) 측천무후가 크게 거애(擧哀)을 있으며 2일간 무주(당) 나라 조정을 중지시켰다. - 구당서

―≪당서(당나라기록)≫

812년 신라 중흥이 죽고, 김언승이 현덕왕이 되니, 신라의 외교사신 김창남을 당나라에 보내어 당나라에 슬퍼하라고 일렀다.

816년 당나라에서 출발한 신라왕자 김사신이 풍랑으로, 초주 楚州 (회안 淮安)의 염성 鹽城 까지 표류해서 갔다고 회남 淮南 절도사가 보고했다.

그 해, 신라에 흉년이 들자 신라사람 170명이 절강성 동쪽 浙東 에서 먹을것을 찾아 다녔다.

바 　 다

이적기
제나라 이사도

회남 절동
초주 영성

당나라 말기 신라 말기

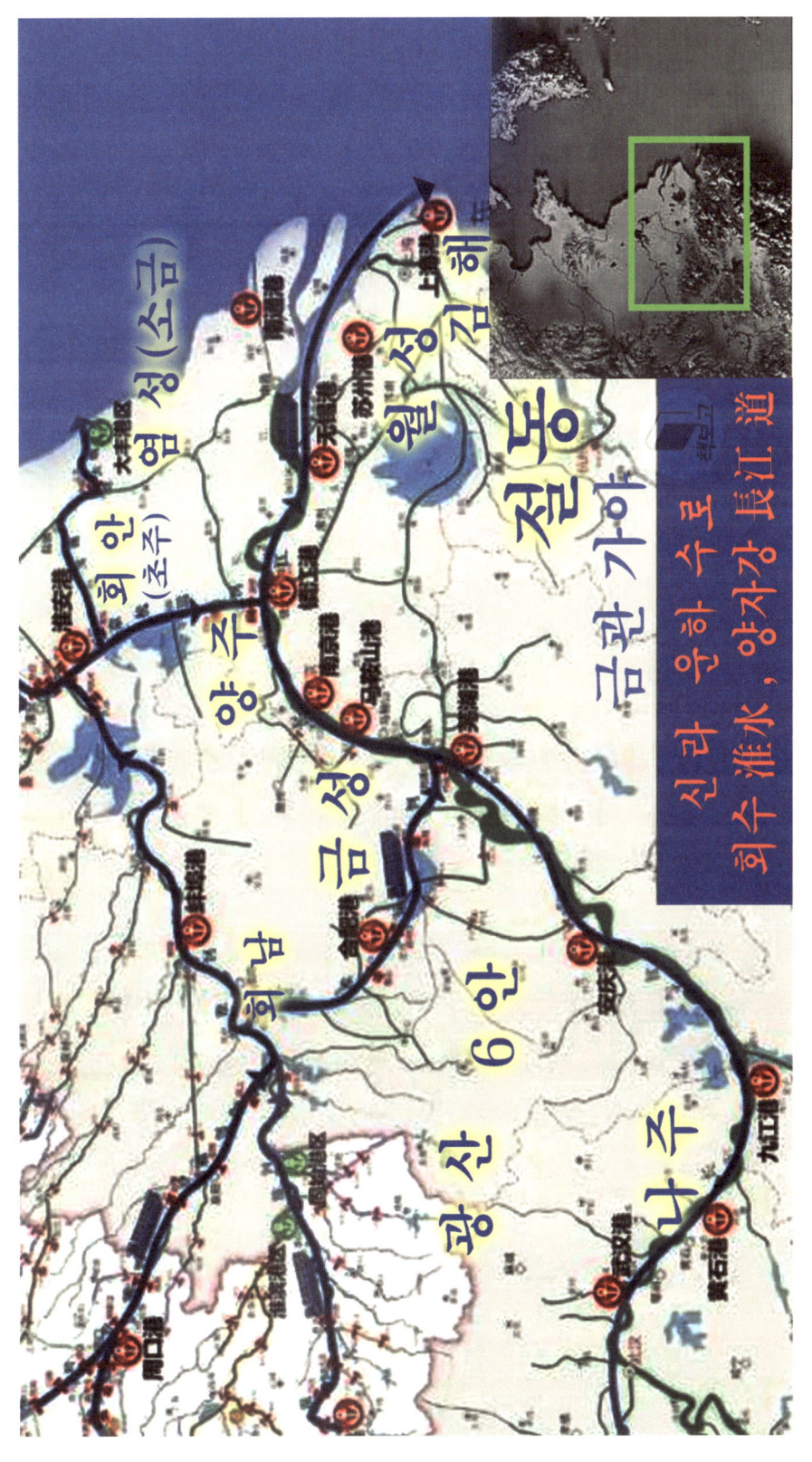

절강세보

장백익 자는 대호 벼슬은 중랑장우복야
본래 중국 절강성 소흥부 용흥 사람이다
浙江 蘇興 龍興

보고 자는 정집 어렸을때 자는 궁복 당나라 관직을 지내다
신라 경덕왕때 청해진 대사로 왔다

길 원 우 첨

신라 장보고 청해 적산법화원 (산동반도)

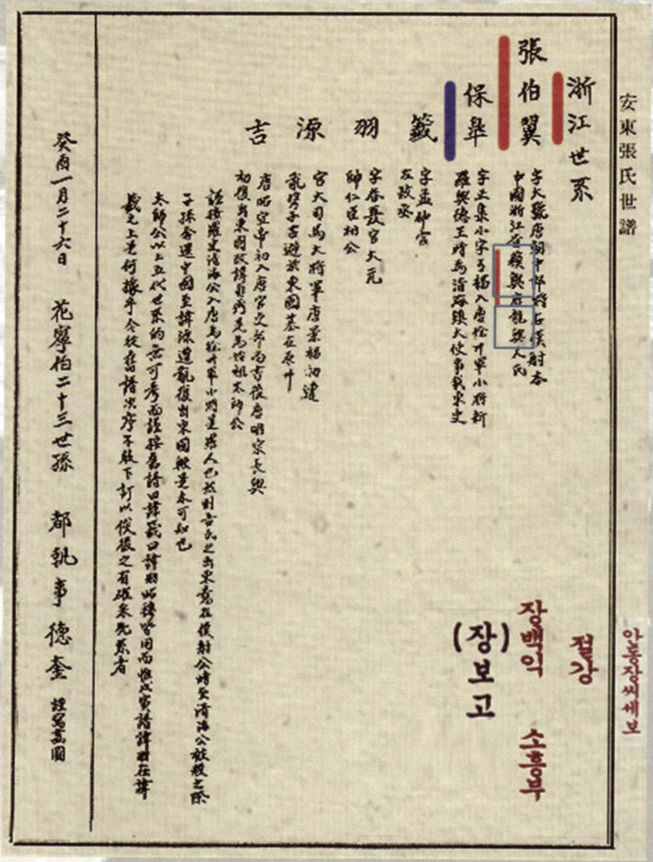

安東張氏世譜
浙江世系
張伯翼
保皐
鐵
翊
源
吉
안동장씨세보
절강
장백익 소흥부
(장보고)
癸酉一月二十六日 花學伯二十三世孫 郡執事 德奎

구당서 지리지

歸義州. 總章中置, 處海外新羅, 隷幽州都督.

귀의주는 당나라 고종 때 설치된 곳으로, 물 밖의 신라인들이 머물던 곳이다. 유주 도독에 속하며, 옛날 현 1개에 해당한다. 195호, 624명이다.

○ 歸義州. 總章中置, 處海外新羅, 隷幽州都督. 舊領縣一, 戶一百九十五, 口六百二十四. 歸義. 在良鄕縣之古廣陽城, 州所治也.

귀의주는 양향현의 옛 날 광양성으로, 주의 치소다.

키워 - 신라촌

주제분류
정치>행정>군현>주·부

《축소 》확대

舊唐書

- 愼州. 武德初置, 隷營州, 領涑沫…
- 玄州. 隋開皇初置, 處契丹李去閭…
- 崇州. 武德五年, 分饒樂都督府…
- 黃龍州. 乾封中, 於營州界內置, 處…
- 師州. 貞觀三年置, 領契丹室韋部…
- 鮮州. 武德五年, 分饒樂部都督府…
- 帶州. 貞觀十九年, 於營州界內置,
- 黎州. 載初二年, 析慎州置,
- 沃州. 載初中, 析昌州置, 處契丹松…
- 昌州. 貞觀二年置, 領契丹松漠部落…
- **歸義州. 總章中置, 處海外新羅, 隷**…
- 瑞州. 貞觀十年, 置於營州界, 隷營…
- 信州. 萬歲通天元年置, 處契丹失…
- 靑山州. 景雲初置松漠府隱…

신라 장보고 청해 적산법화원 (산동반도)

산둥반도 신라 신라 장보고 적산법화원(赤山法華院)

완도 법화사지 莞島 法華寺址

- 지 정 번 호 : 전라남도 기념물 제131호
- 지 정 년 월 일 : 1990년 02월 24일
- 면　　　　적 : 8,497㎡
- 지　　　　번 : 완도읍 장좌리 461
- 소유 및 관리자 : 완도군
- Classification : Cultural Property Material of Jeollanam-do, No. 131

법화사는 법화사상을 중심으로 한 천태종 계열의 사원이다. 이 사원은 청해진 세력과 무역상인들, 당나라로 가는 구법 순례자들이 예배당이자 휴식처의 기능을 하였다.

국립문화재연구소에서 총 2차(1990년)에 걸쳐 발굴조사를 실시하여 옛 절터(건물지 7곳)와 통일신라시대 주름무늬 병· 해무리굽 청자편· 벽자편과 고려시대 기와편 등의 유적과 유물을 발굴하였다. 이후 완도군에서 2017년부터 2019년까지 3차에 걸쳐 정밀 발굴을 실시하였고, 고려· 조선시대 유물과 전체 사원 구역 담장· 우물지· 출입시설 등을 추가로 발굴하였다.

한국. 전라남도. 완도. 청해진 추정지 역
적산 법화사 추정 유적지.
(법화사는 기록에 없음. 오직 적산 법화원만 기록)

신라의 궁성과 기타 왕도의 성 (기원전 37년)

처음 혁거세(赫居世) 21(기원전 39)년에 궁성(宮城)[주 035]을 쌓아 이름을 금성(金城)[주 036]이라 하였다. 파사왕(婆娑王)[주 037] 22년(101)에 금성 동남쪽에 성을 쌓아 월성(月城)[주 038] 혹은 재성(在城)이라고 불렀는데, 둘레가 1,023보였다. 신월성(新月城)[주 039] 북쪽에 만월성(滿月城)[주 040]이 있는데 둘레가 1,838보였다. 또 신월성(新月城) 동쪽에 명활성(明活城)[주 041]이 있는데 둘레가 1,906보였다. 또 신월성(新月城) 남쪽에 남산성(南山城)[주 042]이 있는데 둘레가 2,804보였다. 시조(始祖) 이래로 금성(金城)에 거처하다가, 후세에 이르러서는 두 월성(月城)에 많이 거처하였다.

신라 왕성 위치들

금성(金城)
┌ 월성(月城)
└ 만월성(滿月城)
  │
  신월성(新月城) ─ 명활성(明活城)
  │
  남산성(南山城)

향원정 뒤로 솟은 굴뚝

창덕궁 낙선재 앞뜰(모란)의 굴뚝

인도 Ayodhya 아유타국
허황옥 許黃玉
금관가야 황제의 부인. 황후(皇后)

사천성 보주 普州 태후.
허씨마을 許村 다수.

장강 長江을 따라 순행,
양자강 楊子江 하류의
9강 九江, 소호 금진의 청양 青陽,
9화산 九華山 을 지나
황산 黃山 부근.
귀한 땅 귀지 貴地 (9 地, 龜旨) 근처 도착.

김해 金海 김씨의 시조
금관가야 김수로 金首露 와 결혼.
허촌진영 許村鎭 다수.

금성·월성
금관가야   김해
대가야
보주

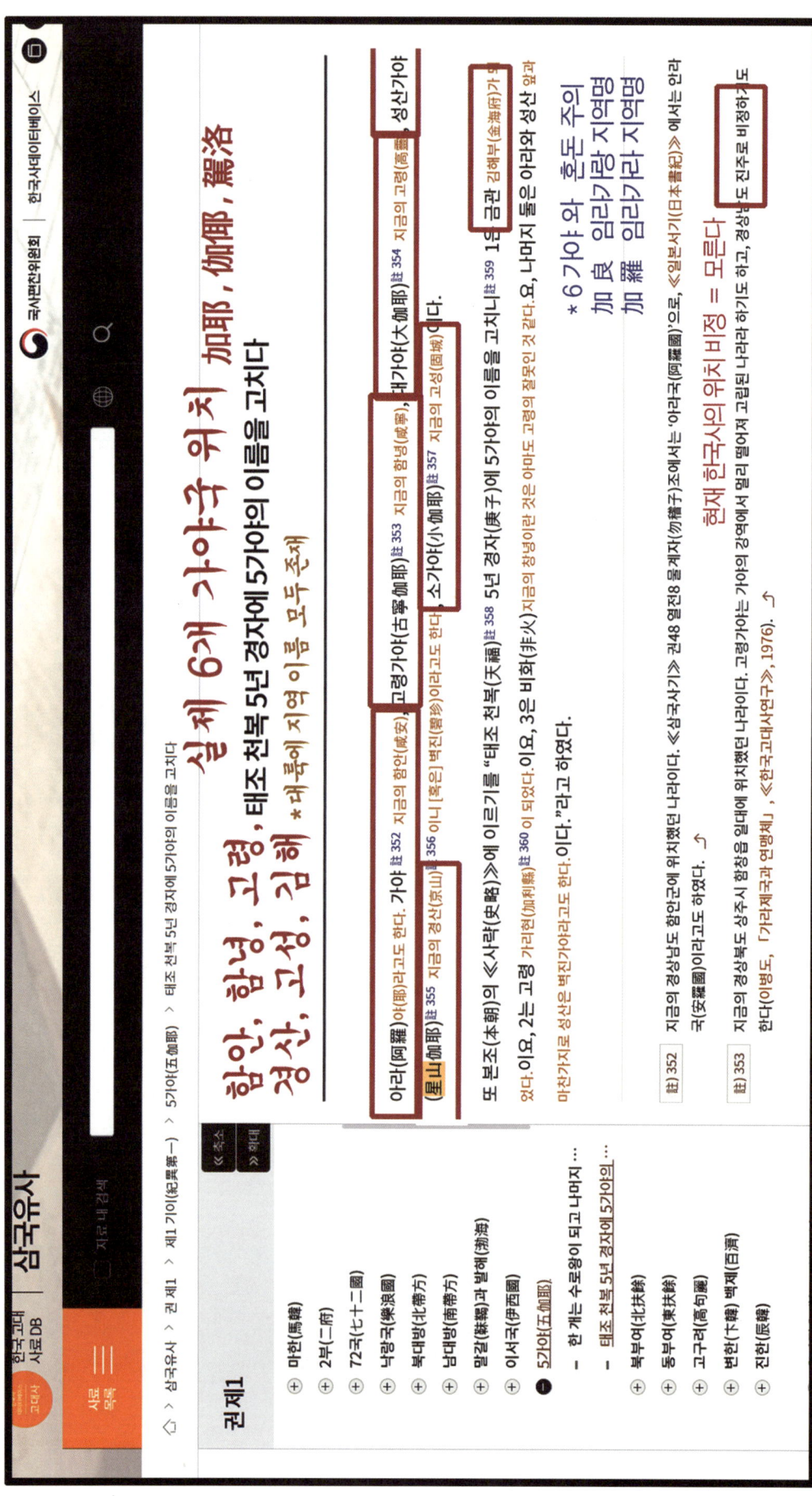

6 가야국. 지명 존재

<금관 가야>
허황후 진영 許村 鎭
김수로 사당 廟首村
마품왕 廟品

<대가야>
고령 高靈
금림왕 錦林
월광태자 月光

<소가야>
대아왕 大阿 鎭
고자 古自
고성 固城

<아라 가야>
함안 咸安
진덕왕 眞德
순평왕 順平

<고령 가야>
함녕 咸寧

<성산 가야>
경산 京山

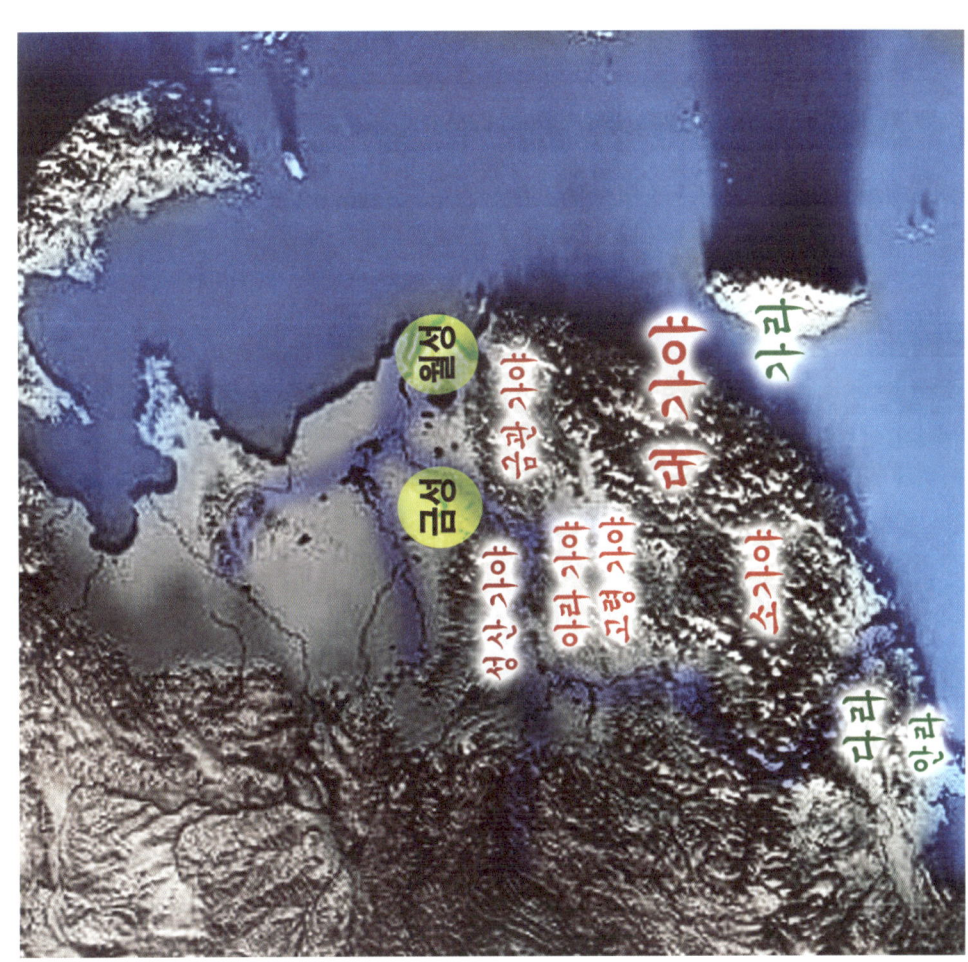

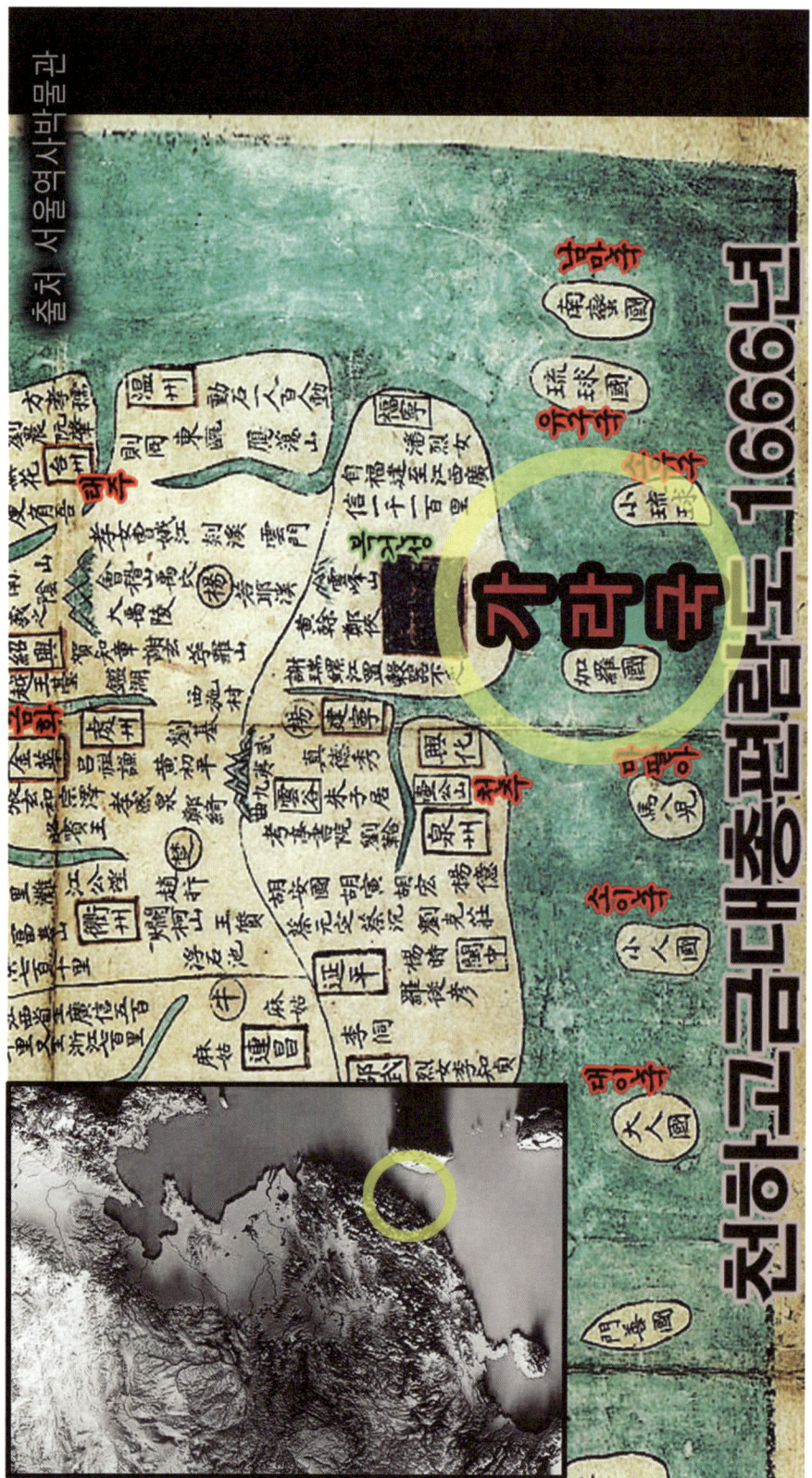

百濟

온조왕(溫祚王) - 다루왕(多婁王) - 기루왕(己婁王) - 개루왕(蓋婁王)

초고왕(肖古王) - 구수왕(仇首王) - 사반왕(沙伴王) - 고이왕(古爾王)

책계왕(責稽王) - 분서왕(汾西王) - 비류왕(比流王) - 계왕(契王)

근초고왕(近肖古王) - 근구수왕(近仇首王) - 침류왕(枕流王) - 진사왕(辰斯王)

아신왕(阿莘王) - 전지왕(腆支王) - 구이신왕(久爾辛王) - 비유왕(毗有王) - 개로왕(蓋鹵王)

문주왕(文周王) - 삼근왕(三斤王) - 동성왕(東城王) - 무령왕(武寧王)

성왕(聖王) - 위덕왕(威德王) - 혜왕(惠王) - 법왕(法王) - 무왕(武王) - 의자왕(義慈王)

이웃 역사기록 백제 百濟 위치

< 양서 梁書 >

백제에는 22 담로가 있고,
왕의 자제와 동족이 다스린다..
백제 가까이에 왜가 있고, 문신한 자가 많다.

< 북사 北史 >

땅이 낮고, 습하며(물이 많고)..

낙타, 노새, 당나귀, 양, 거위, 오리가 없다.
남쪽으로 3달을 가면, 담모라국인데
남북 1천리, 동서 몇백리로 노루, 사슴이 있다.

< 수서 隋書 >

백제는 동서 450리, 남북 900리로
백제 남쪽이 신라에 닿고, 북쪽은 고구려다.
서쪽으로 3일을 가면 맥국貊國이 있다.

< 구당서 唐書 >

백제의 동북은 신라에 접한다.

< 신당서 唐書 >

백제의 서쪽은 월, 남쪽에 왜가 있다. 동북은 신라다.

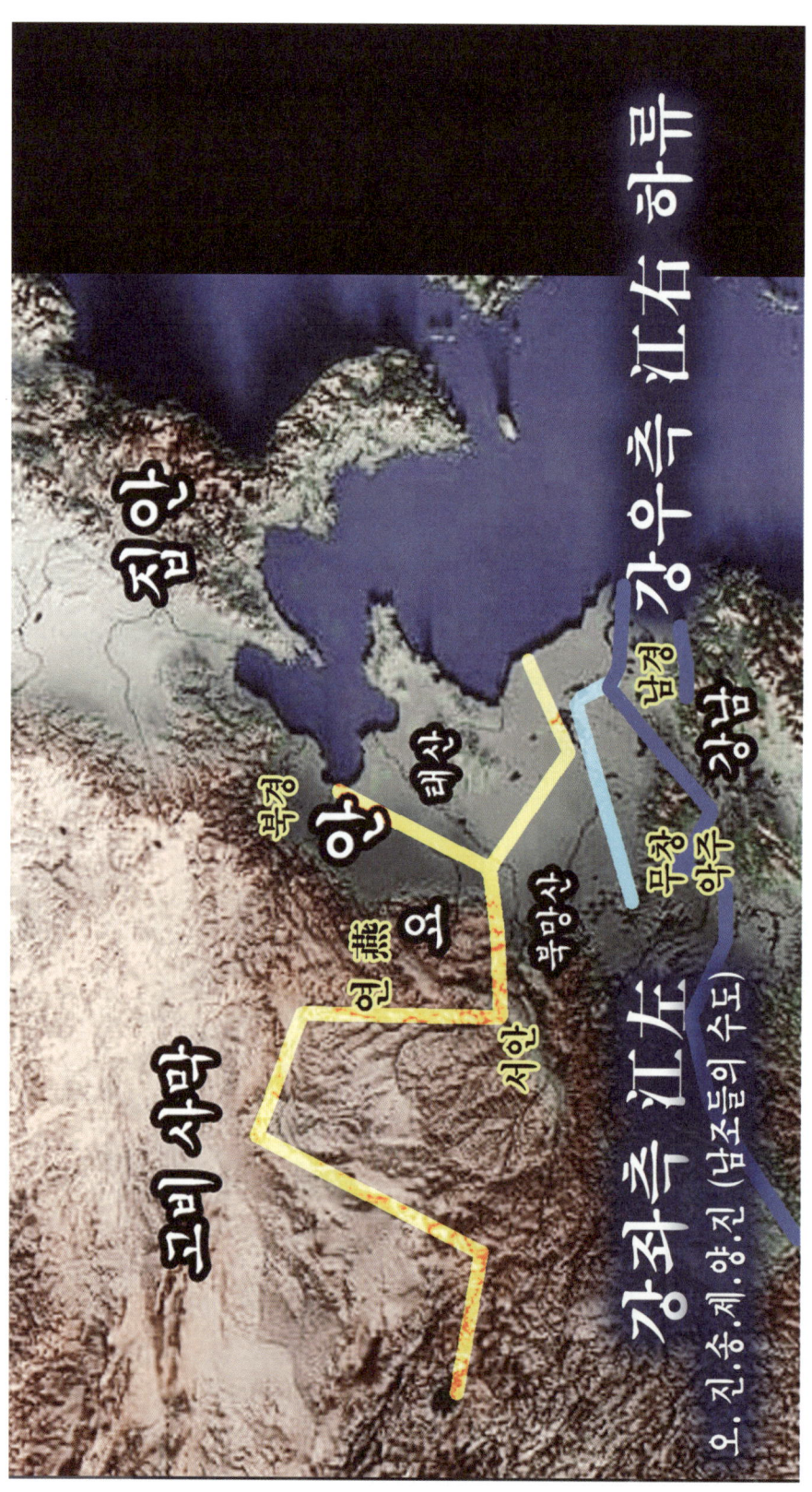

강좌와 강우의 좌, 우 개념이 바뀐 건 땅나라 배부터로, 좌측이 남조 수도를 감추기 위한 것이다.

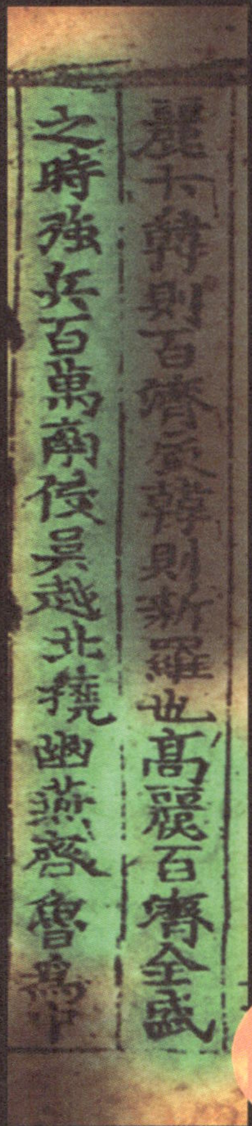

고구려 백제가 강성할 때 강한 병사 백만 명으로
오월을 침략해 가졌고 유인체노를 굴복시켰다

靈不蹄軶音瘠家韓則新繼也萬蹤百靖金議
之膚殘㺚百萬南侵吳越北撓諭流蒸億營字

삼국사 46

탐라

고구려

백제

남조 신라

6가야

왜 담모라
가다
담로

토욕

https://db.history.go.kr/ancient/level.do?levelId=jo_015r_0020_0020_0010

중국정사조선전 | 한국고대사료DB

신당서(新唐書)(1)

- 주서(周書)
- 남사(南史)
- 북사(北史)
- 수서(隋書)
- 구당서(舊唐書)(1)
- 신당서(新唐書)(1)
  - 북적열전(北狄列傳)
  - 동이열전(東夷列傳)
    - 고구려(高句麗)
    - 백제(百濟)
      - ❶
      — 百濟는 扶餘의 別種이다. 京師…
      — 그 나라의 法은 반역한 자는 목…
      — 武德 4년(A.D.621; 百濟 武王…
      — 太宗 貞觀(A.D.627~649; 百濟…
      — 이듬해에 高(句)麗와 連和하여…
      — 高宗이 즉위하자 使臣을 보내…
      — 顯慶 5년(A.D.660; 百濟 義慈…

당나라 기록 : 신당서 唐書

백제 위치

百濟는 扶餘의 別種이다. 京師에서

백제는 당나라 수도에서 동쪽으로 6천리 물가 바른 곳.

백제의 서쪽은 월越

남쪽은 왜倭

○ 百濟[주 321]

百濟는 扶餘의 別種이다.[주 322] 京師에서 동쪽으로 6천리 남짓한[주 323] 바닷가 양지쪽에 위치해 있다. 서쪽은 越州[주 324] 남쪽은 倭, 북쪽은 高(句)麗와 경계를 이루고 있으니, 모두 바다를 건너야 간다. 그 나라의 동쪽은 新羅이다.[주 325] 王은 東·西의 2城에 산다.

官[주 326]으로는 內臣佐平은 王命을 出納하고, 內頭佐平은 財政事를 관장하며, 內法佐平은 禮를 주관하고, 衛士佐平은 衛兵을 관장하며, 朝廷佐平은 刑獄事를 주관하고, 兵官佐平은 外兵을 관장한다.[주 327]

6方을 두어 1万이 10郡을 통솔케 하였다.[주 328] 大姓으로는 沙氏·燕氏·劦氏·解氏·貞氏·國氏·木氏·苩氏의 여덟이 있다.[주 329]

百濟 백제, 요서 진평2군 (송서,양서,남사)

高驪略有遼東, 百濟所治, 謂之晉平郡 晉平縣 (宋書)
고구러는 요동을, 백제는 요서를 차지하였고, 백제의 그곳은 진평군, 진평현이라 하였다. (송서)

百濟亦據有遼西・晉平二郡地矣, 自置百濟郡 (梁書)
진나라 때에 고구러가 요동을 차지하자, 백제도 요서 진평 2군을 차지해 백제군을 설치했다 (양서)

**晋世 句麗旣枝勘 略有遼東,
百濟亦據有遼西・晉平二郡地矣, 自置百濟郡 (南史)**
진나라 때에 고구러가 요동을 차지하자, 백제도 요서의 진평 2군을 차지해 백제군을 설치했다 (남사)

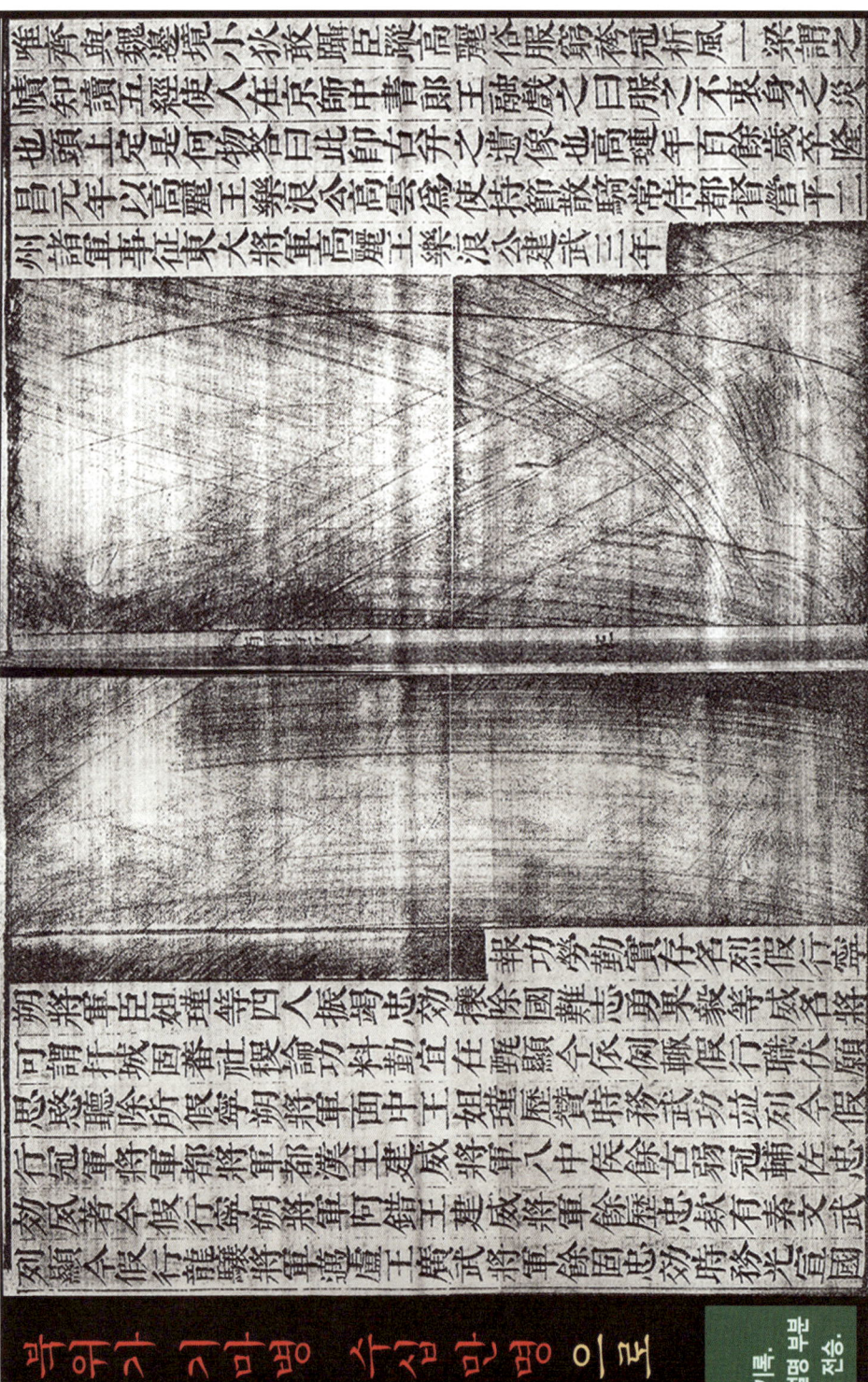

중국 정통사서 남제서(南齊書) 백제편 기록. 백제국 시작, 건국, 위치 설명 부분 2페이지가 고의 삭제되어 전승.

북위가 기마병 수십만명으로 백제의 땅으로 공격하러 갔으나 백제가 크게 물리쳤다.

南齊書卷五十八　列傳　　　　　　　四

乾隆四年校刊

百濟國……為使持節散騎常侍都督營平二州諸軍事征東大將軍高麗王樂浪公。建武三年，此下缺文

……人振旅揚威，忠効懋勤，寶存名烈，侵軼邊場，寧……將軍臣姐瑾等四

남제서 백제편 1

○百濟 JJ 024

[……朱大가 敎文을 올려 말하였다.]

"공에 대하여 보답하고 부지런히 힘쓴 것을 위로하는 일은 실로 그 영성과 공업을 보존시키는 것입니다. 有行 JJ 025 事俾將軍……을 등 4인은 충성과 힘을 다하여 나라의 환난을 막 JJ 026 아 냈으니, 그 뜻의 굳셈과 과감함이 名將의 등급이 될 만하여 나라의 抃城이요……"

중국 정통사서
남제서（南齊書）백제편 기록.
백제국 시작, 건국, 위치 설명 부분
2페이지가 고의 삭제되어 전승.

남제서 백제편 2

원문

"臣이 파견한 行建威將軍 廣陽太守 兼 長史 臣 高達과 行建威將軍 朝鮮太守 兼 司馬 臣 楊茂와 行宣威將軍 兼 參軍 臣 會邁 등 3인은 지조와 행동이 깨끗하고 받으며, 충성과 정성이 일찍부터 드러났습니다. 지난 泰始 연간(A.D.465~471; 百濟 蓋鹵王 11~17)에는 나란히 來朝에 사신으로 갔으니, 그 지극한 공로를 따지면 벼슬이 오르야 합한 파도를 무릅쓰고 바다를 건넜으니, 그 지극한 공훈의 은혜는 신령하고 아름다워 만리 밖까지 미치는 법이니, 하물며 몸소 천자의 뜰을 밟으면서 은혜를 입지 않을 수 있겠습니까? 특별히 삼가 피서에 경식으로 관직을 제수하여 주십시오. 遠는 邊境에서의 공적이 일찍부터 두럿하고 公務에 임고 한결 같이 부지런하였으므로 이제 假行龍驤將軍 帶方太守라 하였고, 茂는 마음과 행동이 맑고 깨끗하여 公務를 항상 놓지 않고 있었고, 遵는 생각이 찬찬하고 빈틈이 없어서 이제 假行廣武將軍 淸河太守라 하였습니다. 엎드려 바라옵건대 天恩을 내려주시어 특별히 벼슬을 제수하여 주십시오." 이에 詔書를 내려서 行寧朔將軍 臣 姐瑾 등 4인에게는 사신을 보내 가서 爵號를 내리게 하고, 동시에 假行職도 인정하니, 이를 허락한다는 詔書를 내림과 더불어 將軍의 號를 賜하였고, 註037 太守도 제수하였다.

광양태수, 조선태수,
대방태수, 광릉태수, 청하태수

남제서 백제편 3

원문

이 해에 또다시 [北]魏가 騎兵 수십만을 동원하여 百濟를 공격하여, 牟大가 장군 沙法名·賛首流·解禮昆·木干那를 파견하여 무리를 거느리고 [北]魏 오랑캐를 기습 공격하여 그들을 크게 무찔렀다.

○ 또 표문을 올리기를,

"신의 사신으로 보낸 行龍驤將軍 樂浪太守 兼 長史 臣 慕遺와 行建武將軍 城陽太守 兼 司馬 臣 王茂와 兼 參軍 行振武將軍 朝鮮太守 臣 張塞와 行揚武將軍 陳明은 관작에 있어 사사로운 것을 잊어버리고 오직 나라만을 위해, 나라가 위태로운 것을 보면 목숨을 내던지고 어려운 일을 당해서는 자기 몸을 돌보지 않습니다. 지금 신의 사신의 임무를 맡아 험한 파도를 무릅쓰고 바다를 건너 그 지성을 다하고 있습니다. 실로 [그들에] 관작을 올려 주어야 마땅하오니 각각 假行職에 임명하였습니다. 엎드려 바라옵건대 聖朝에서는 특별히 정식으로 관작을 제수하여 주십시오."

라고 하였다. 이에 조서를 내려 허락하였으며 아울러 [南]齊軍의 號를 내려 주었다.

북위 기마병 수십 만이 백제에 오다.
낙랑 태수, 성양 태수

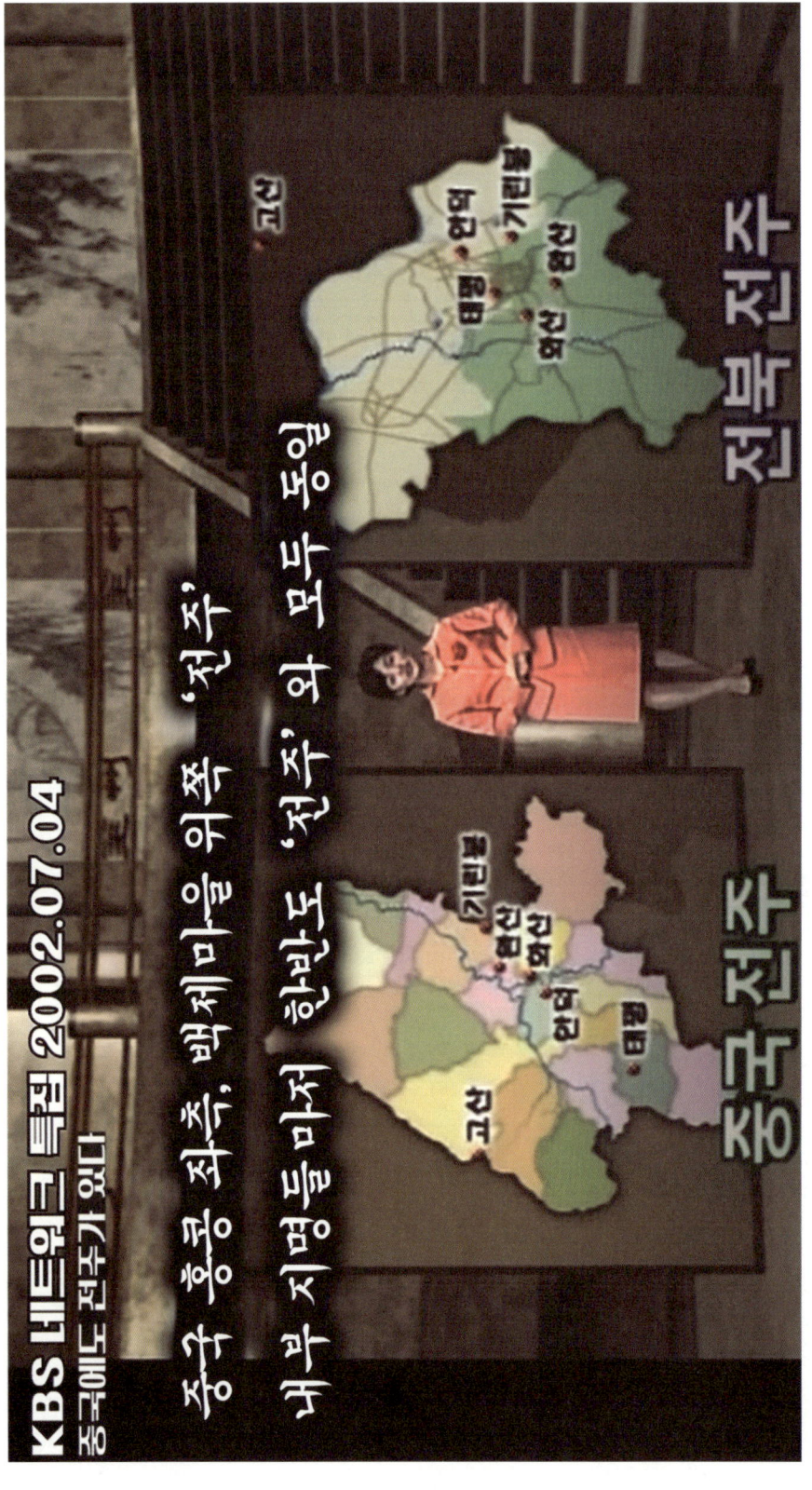

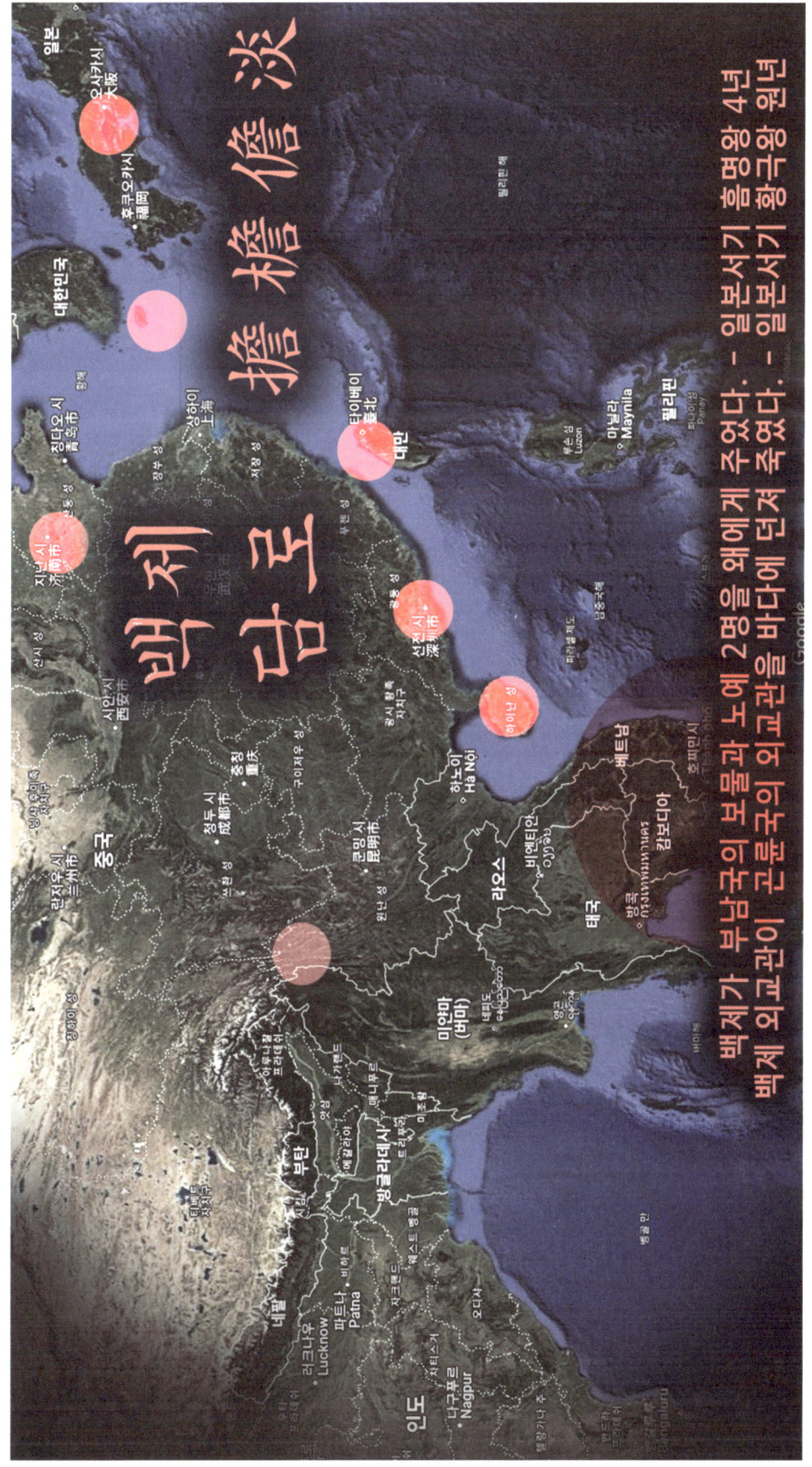

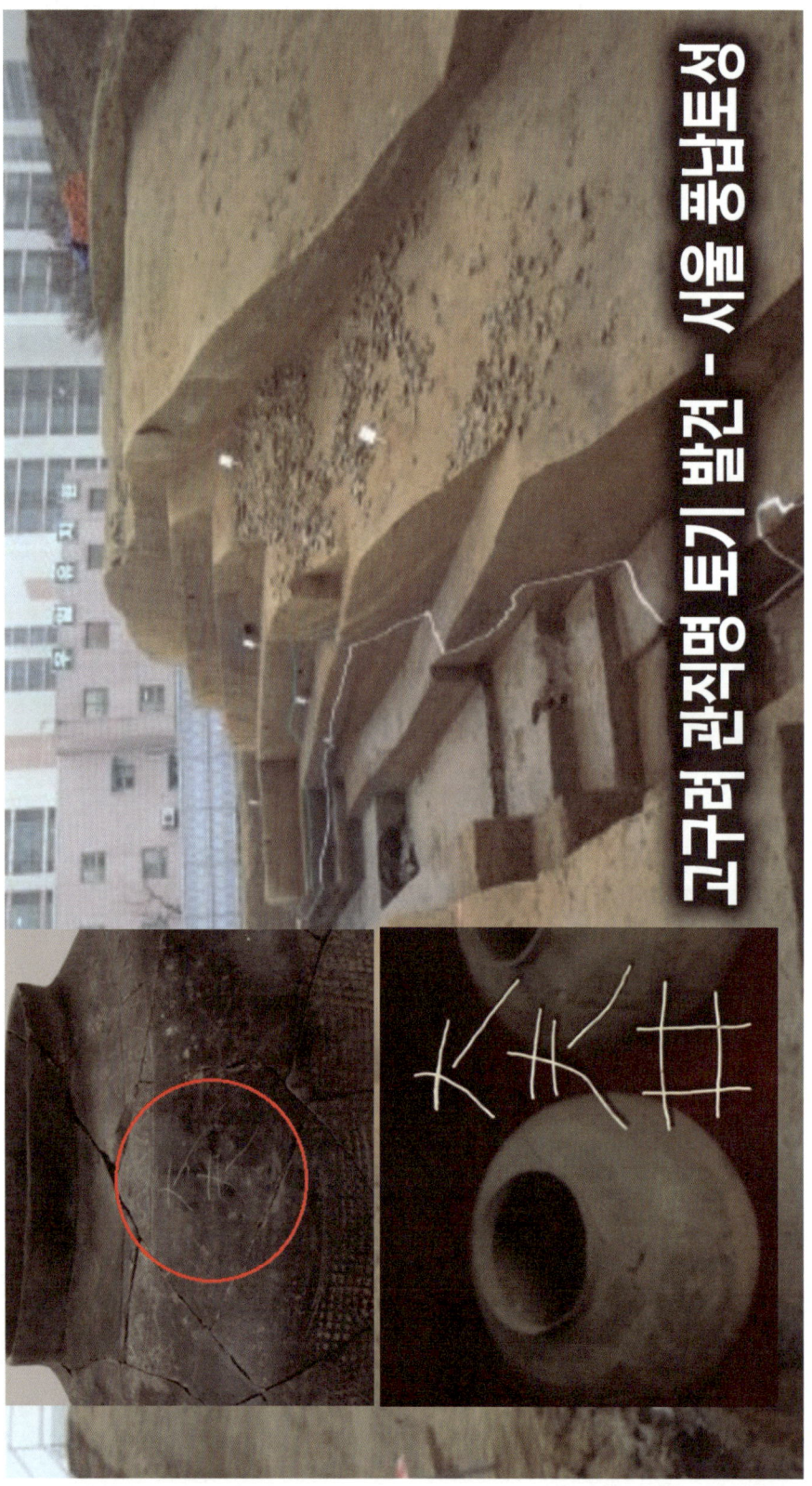

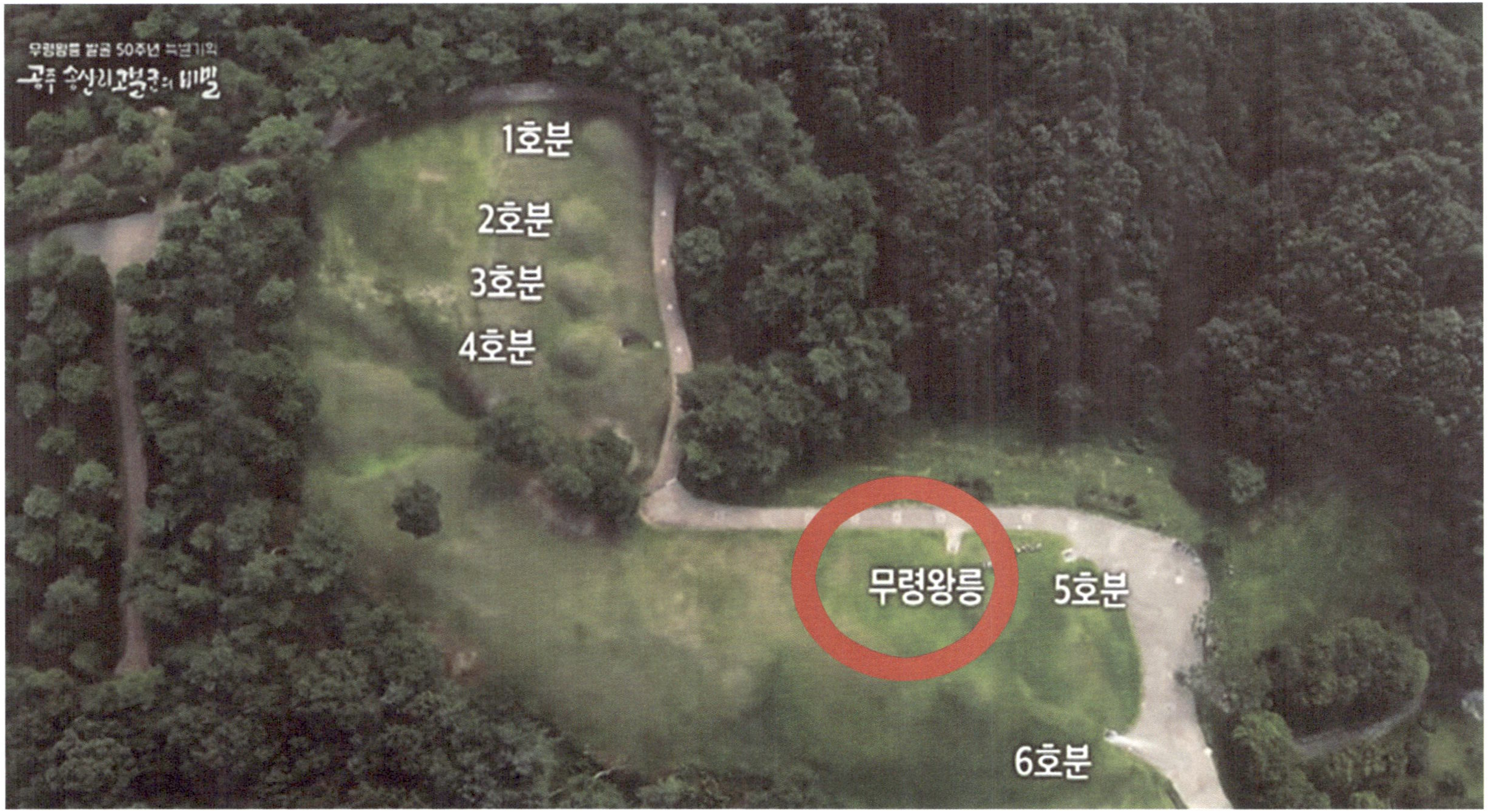
무령왕릉 발굴 50주년 특별기획
공주 송산리고분군의 비밀
1호분
2호분
3호분
4호분
무령왕릉
5호분
6호분

공주 무령왕 주장동 입구. 1971년 개봉 전.
이미 도굴, 조작

흩어지고 엉망인 내부

무령왕릉 개봉 전 상단 배움 흔적·배수로 중간부분 파괴

공주 무령왕릉 출토. 건축자재 용도 중앙주먹 묘지석

斯盧 斯麻

일본의 조작 흔적 _ 사마왕릉

모지석 무령왕릉?

- 구멍이 뻥 뚫린 석판. 근대 건축 자재
- 삼국사기 기록
- 묘지석 표기 (일본사기 기록 동일)

대한화사전(일본제작. 1943년~2000년) 대. 금송(金松)은 중국 절강성 태주(台州)에서 생산된다.

西安碑林

묘지석, 묘비명을 모아놓은 곳

미륵사지 석탑

1969년 해체 중 사리함 발견.

법왕 언급. (무왕)의 왕후가 재물로 세운 절.

시대 (泗沘 시대)	성왕(聖王) - 위덕왕(威德王, 武德) - 혜왕(惠王)
	법왕(法王) - 무왕(武王) - 의자왕(義慈王)

정림사지 5층 불고석탑
(대당 평백제 주비명??)

1층에만 낙서

- 대당 평백제국 비명
- (큰 당나라가 백제를 평정한 비문)
- 660년 7월 18일 백제 의자왕이 잡혀
- 660년 8월 15일 이 글을 남긴다.

양나라 방문 사신도 (양직공도)

웅진 시비 시대
백제는 - 옛날 래이(來夷)

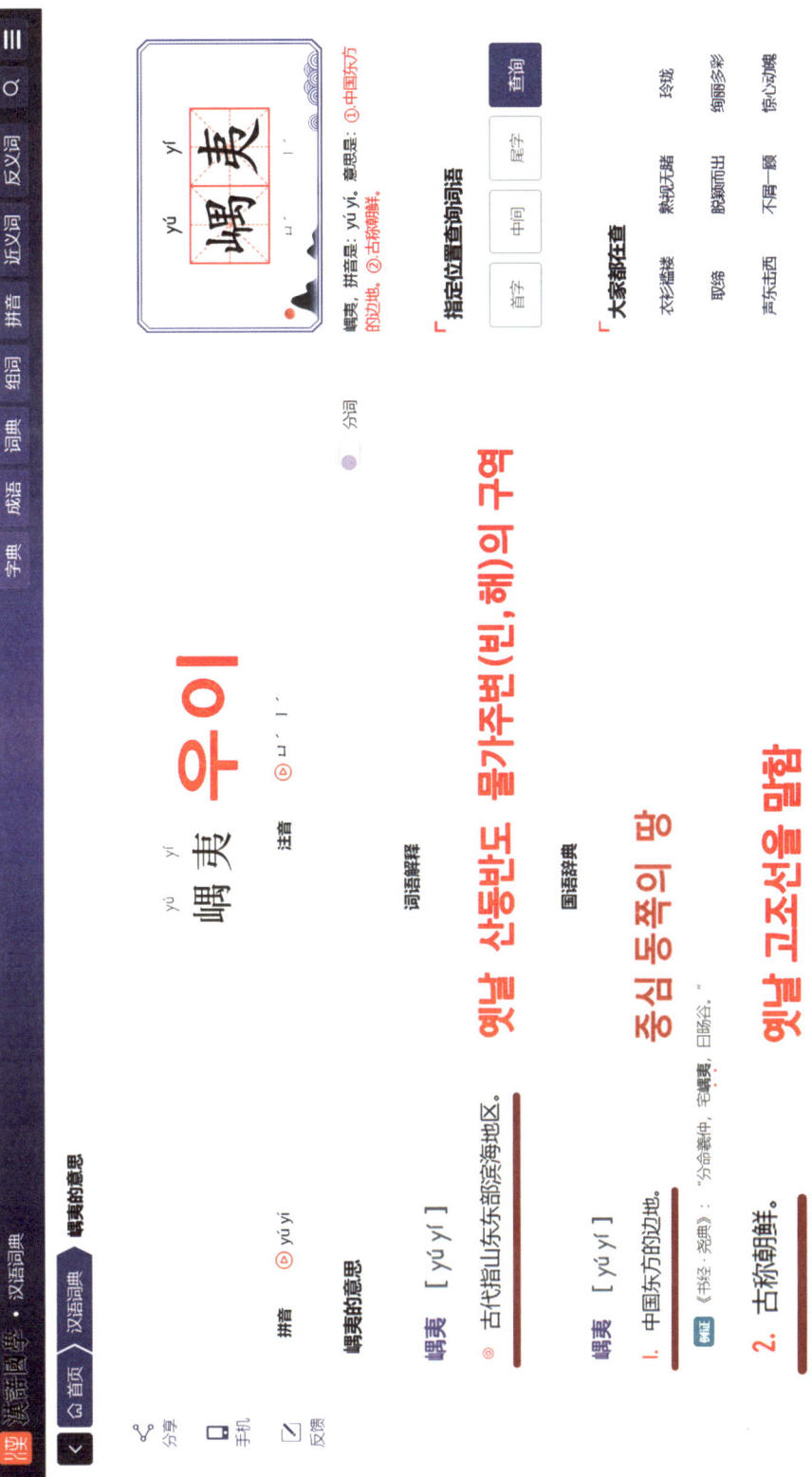

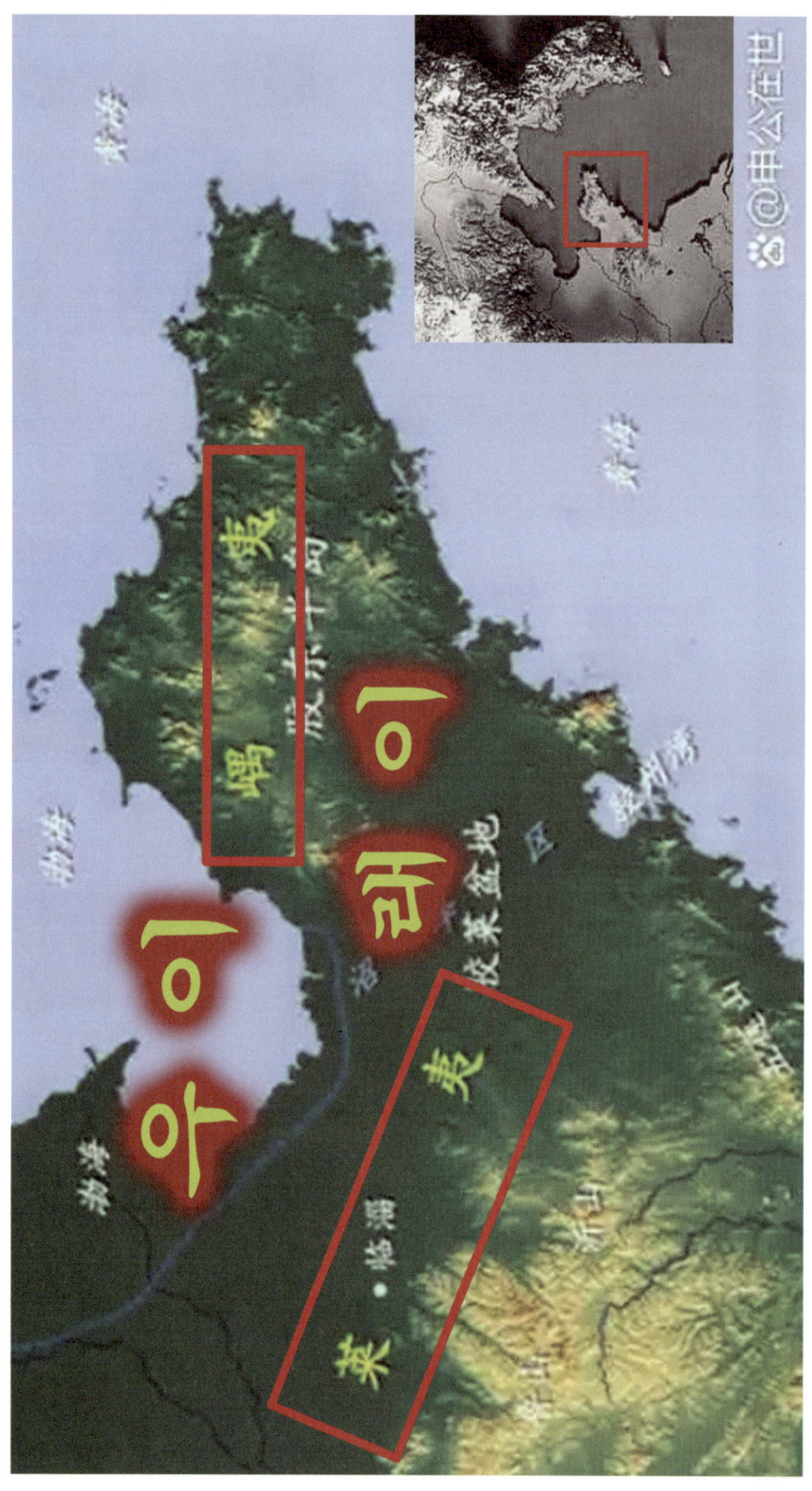

嵎夷

웅이산

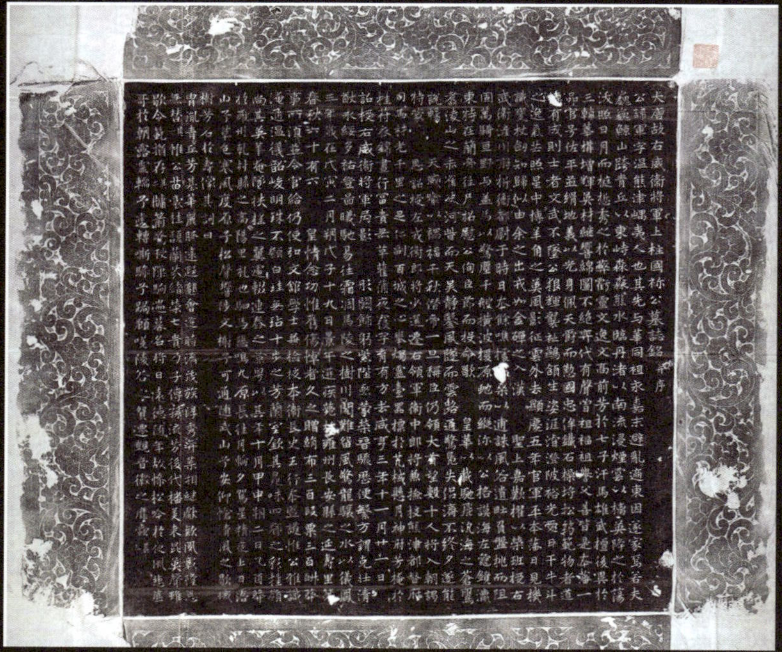

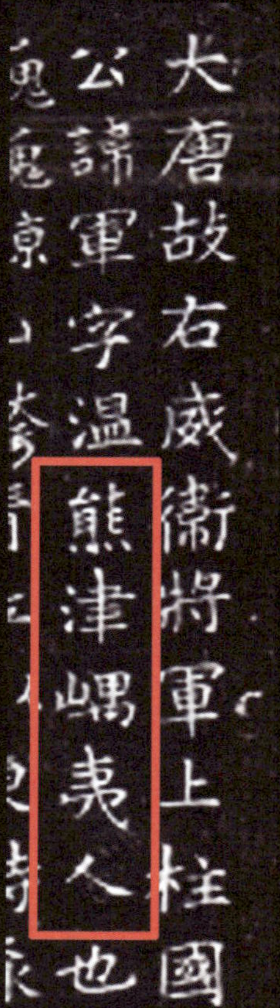

백제 웅진=우이
(산동반도)

大唐故右威衛將軍上柱國
禰公諱軍字溫熊津嵎夷人也

백제 웅진성주 예식진의 형
예군 묘지석

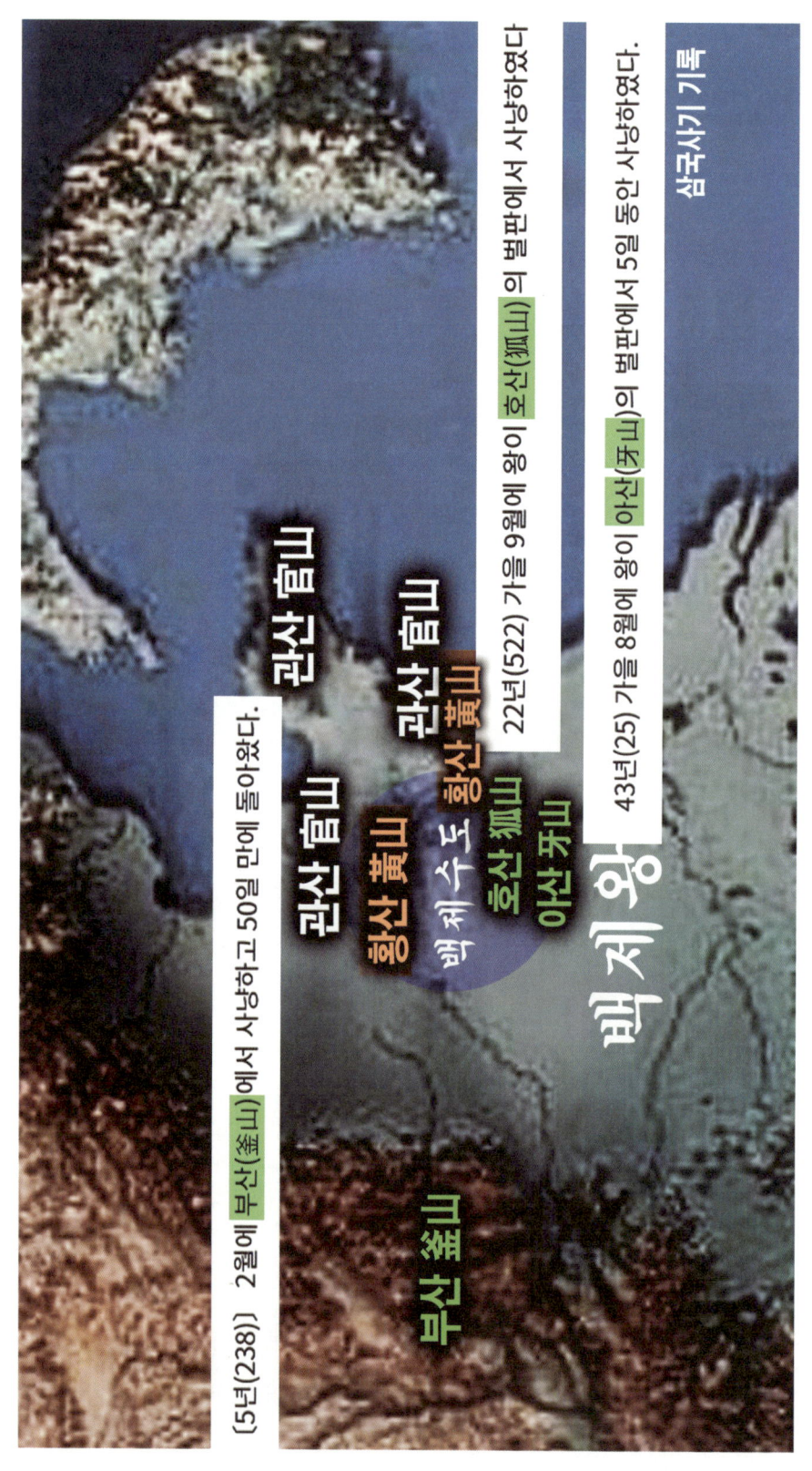

삼국사기 기록

43년(25) 가을 8월에 왕이 아산(牙山)의 벌판에서 5일 동안 사냥하였다.

22년(522) 가을 9월에 왕이 호산(狐山)의 벌판에서 사냥하였다.

[5년(238)] 2월에 부산(釜山)에서 사냥하고 50일 만에 돌아왔다.

백제왕

부산 釜山
황산 黃山
백제수도
호산 狐山
아산 牙山
관산 臣山

백제 임존성

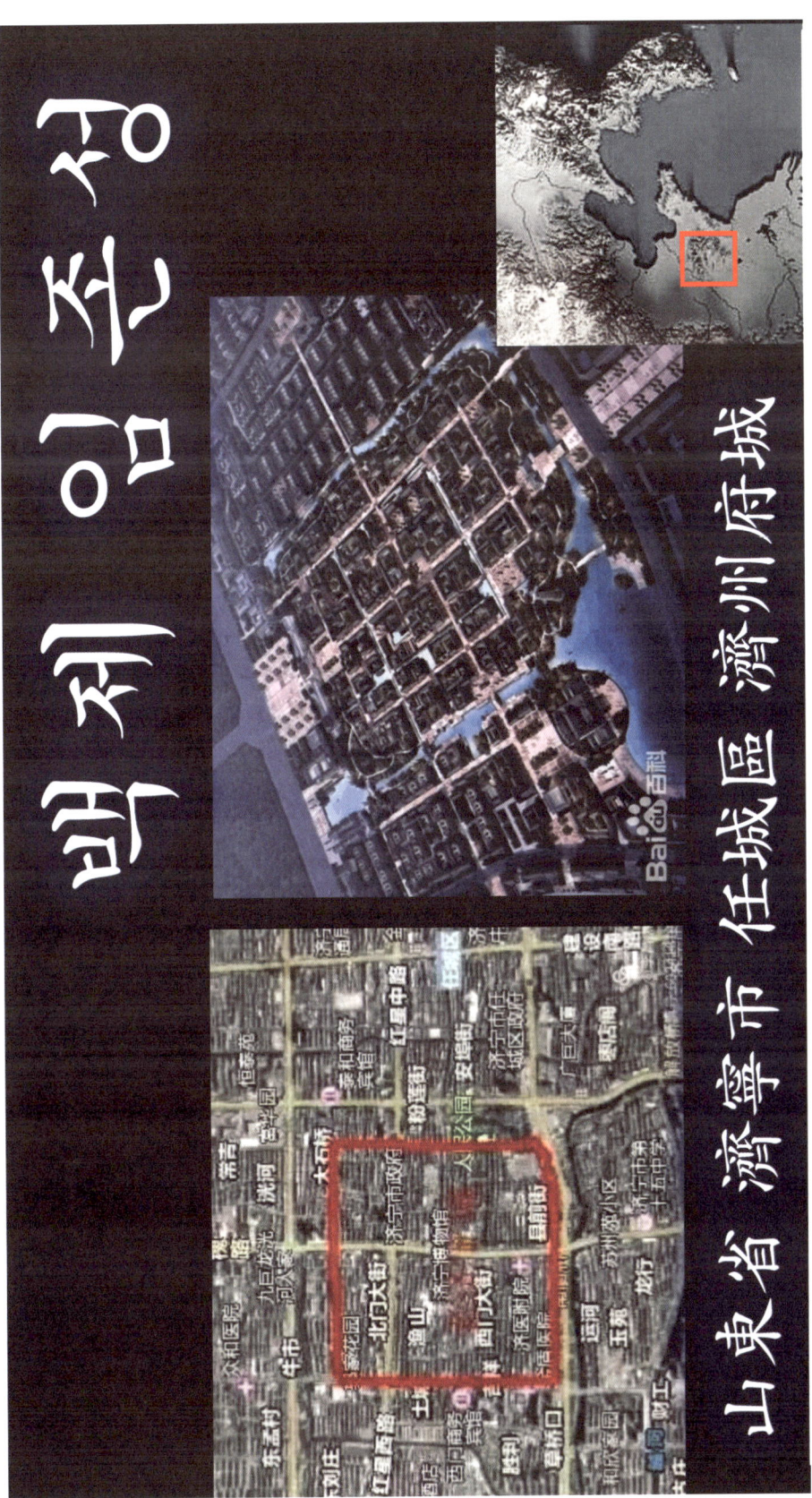

山東省 濟寧市 任城區 濟州府城

임성군(任城郡)註069은 본래 백제(百濟)의 임존성(任存城)註070 이었는데, 경덕왕(景德王)이 이름을 고쳤다.

- 삼국사기

百濟 백제 바둑판
- 소장 日本 奈良縣 東大寺 正倉院

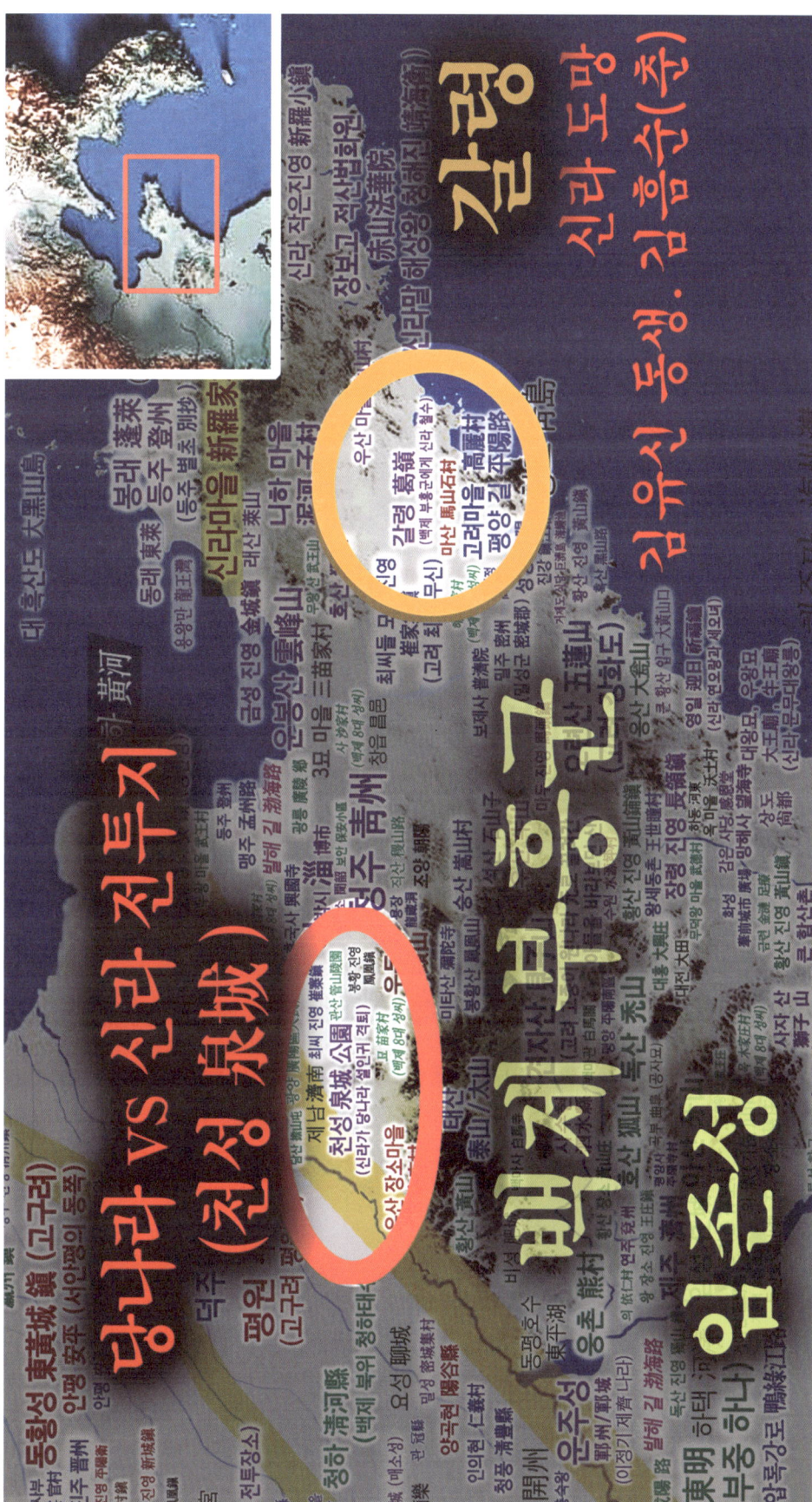

渤海는 본래 粟末靺鞨로서 高[句]麗에 附屬되어

○渤海 註 039

渤海는 본래 粟末靺鞨註 040 로서 高註 041 이다. 高[句]麗가 멸망하자, 무리를 이끌고 挹婁註 042 의 東牟山註 043 을 차지하였다.

그곳은 營州에서 동으로 2천리 밖에 위치하며, 남쪽은 新羅와 맞닿아, 泥河註 044 로 경계를 삼았다. 동쪽은 바다에 닿고, 서쪽은 契丹과 [접하고 있다.] 城郭을 쌓고 사니, 高[句]麗의 망명자들이 점점 모여 들었다.

발해구 남쪽은 신라와 맞닿아 '나하'를 구경으로 한다.

동쪽은 바다며, 서쪽은 거란이다.   -신당서

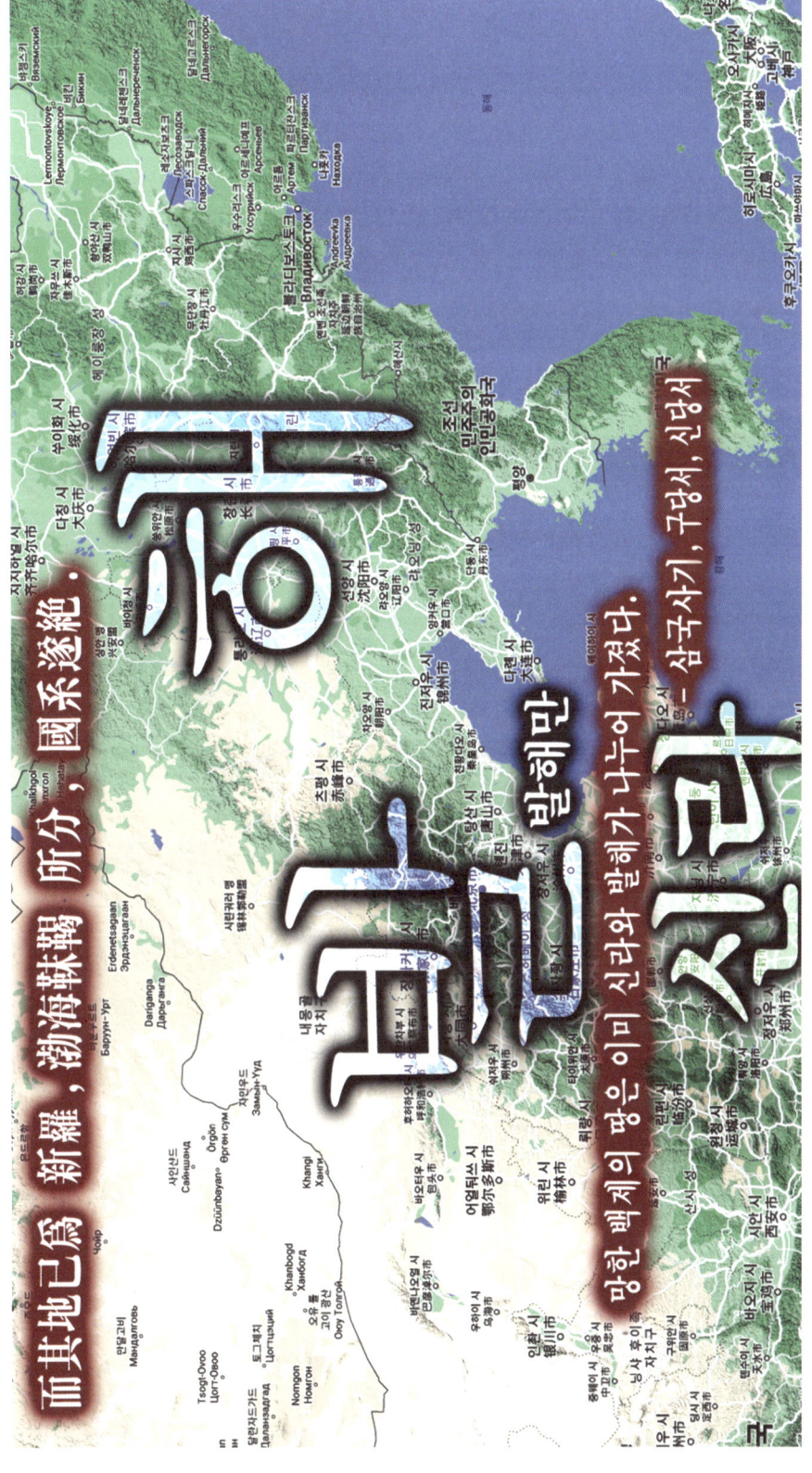

而其地已爲新羅, 渤海靺鞨所分, 國系遂絶.

망한 백제의 땅은 이미 신라와 발해가 나누어 가졌다.

발해만 — 삼국사기, 구당서, 신당서

中華人民共和國

新地圖

光華輿地學社編製
生活・讀書・新知三聯書店發行

100·Q301·16K·P.130·$2200
版權所有 不准翻印

一九五〇年四月第一版
耕光印書局承印
上海初版10001—10000份

中華人民共和國新地圖

總經售處
北京西單舊刑部街二十九號
各地分銷
北京王府井　上海南京路　濟南大明湖　廣州永漢路
天津瀋陽興安西安　武漢口
香港九龍哈爾濱重慶

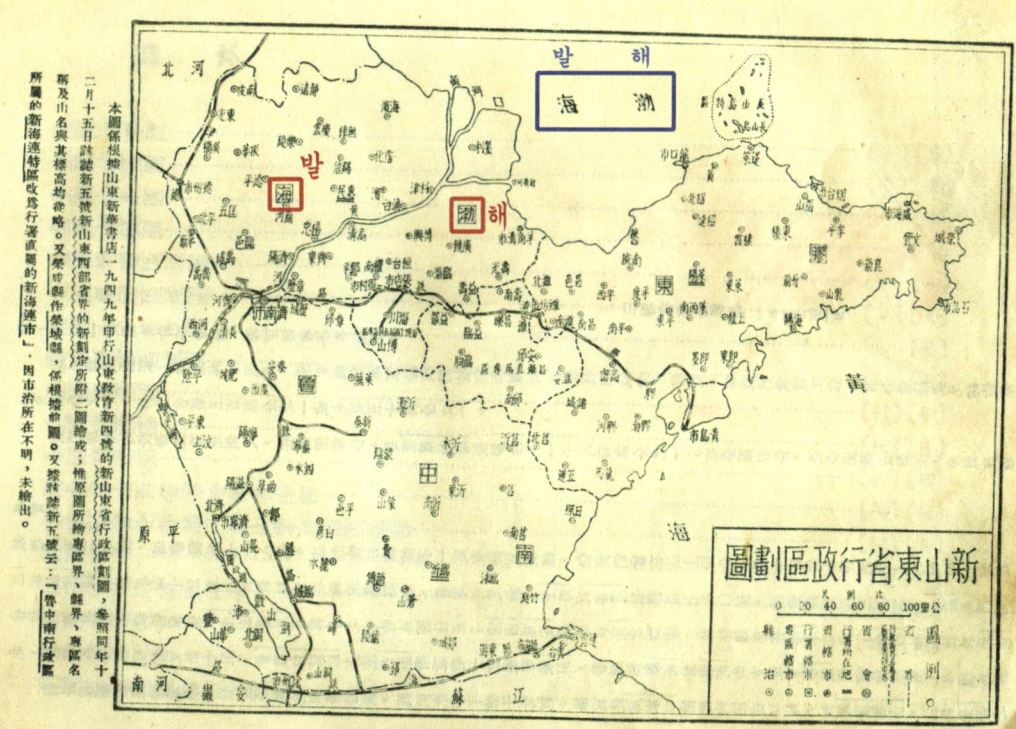

신당서 (북족 오랑캐편 발해)

初, 其王數遣諸生詣京師太學, 習識古今制度, 至是遂爲海東盛國. 地有五京十五府六十二州. 以餙爲故地 爲龍原府, 亦曰柵城府, 領慶鹽穆賀四州. 扶餘故地爲扶餘府, 常屯勁兵扞契丹, 領扶仙二州, 鄚頡故地爲鄚頡府, 領鄚高二州. 挹婁故地爲定理府, 領定潘二州, 率賓故地爲率賓府, 領華益建三州. 拂涅故地爲東平府, 領伊蒙沱黑比五州. 鐵利故地爲鐵利府, 領廣汾蒲海義歸六州. 越喜故地爲懷遠府, 領達越懷紀富美福邪芝九州. 安邊府領安瓊二州. 涑沫江曰涑州, 其境北接黑水靺鞨, 安遠府慶州, 涑州, 新羅道也. 日本道也. 龍原東南濱海, 日本道也. 鴨淥朝貢道也, 長嶺, 營州道也, 扶餘, 契丹道也.

발해의 영토

○ 처음에 그 나라의 왕이 자주 학생들을 京師의 太學에 보내어 고금의 제도를 배우고 익혀 가더니, 이때에 이르러 드디어 海東盛國이 되었다.
국토는 5京, 15府, 62州이다.

5개의 수도

숙신의 땅 상경. (용천 부여현)
肅愼의 옛 땅을 上京을 삼으니, 龍泉府이며, 湖涷涪 3州를 통치한다.

수신의 땅 중경. (노주, 철주, 공주)
그 남부를 中京을 삼으니, 顯德府이며, 盧顯鐵湯榮興 6州를 통치한다.

예맥의 땅 동경.
濊貊의 옛 땅을 東京을 삼으니, 龍原府이고, 또 柵城府라고도 한다. 慶鹽穆賀 4州를 통치한다.

옥저의 땅 남경.
沃沮의 옛 땅을 南京을 삼으니, 南海府이며, 沃睛椒 3州를 통치한다.

고구려의 땅 서경. (신주, 환주, 풍주, 정주)
高(句)麗의 옛 땅으로 西京을 삼으니, [名은] 鴨淥府이며, 神桓豊正 4州를 통치한다. 長嶺府는 瑕河 2州를 통치한다.

부여의 땅, 막힐부
扶餘의 옛 땅은 扶餘府로 늘 강한 군대를 주둔시켜 契丹을 방어하는데, 扶仙 2州를 통치한다.

음루의 땅, 안변부
鄚頡府는 鄚高 2州를 통치한다.

숙신의 땅, 불열의 땅
挹婁의 옛 땅은 定理府로 定潘 2州를 통치한다.

철리의 땅
安邊府는 安瓊 2州를 통치한다.

월희의 땅, 안변부
率賓의 옛 땅은 率賓府로 華益建 3州를 통치한다.

속말강
拂涅의 옛 땅은 東平府로 伊蒙沱黑比 5州를 통치한다.
鐵利의 옛 땅은 鐵利府로 廣汾蒲海義歸 6州를 통치한다.
越喜의 옛 땅은 懷遠府로 達越懷紀富美福邪芝 9州를 통치한다. 安遠府로 寧郿慕常 4州를 통치한다.
또 郢[州], 銅[州], 涑[州]의 3州는 獨奏州이고, 涑州는 그 곳이 涑末江 가까운데, 涑末江은 일명 粟末江이며, 그 북쪽은 黑水靺鞨와 접해 있다. 新羅道이다.

龍原의 동남쪽 연해는 日本道이고, 鴨淥은 朝貢道이며, 長嶺은 營州道이고, 扶餘는 契丹道이다.

구, 당서(당나라 기록) 이정기 편

(李正己) 李正己, 高麗人也. 本名懷玉, 生於平盧.

이정기는 고구려 사람이다.

○ (李正己) 李正己, 高麗人也. 本名懷玉, 生於平盧. 爲平盧軍裨將, 乾元元年, 平盧節度使王玄志卒, 懷王恐玄志子爲節度, 與軍人共推立侯希逸爲軍帥. 希逸母卽懷王姑也. 後與希逸同至靑州, 粟至折衝將軍, 驍健有勇力. 寶應中, 粟軍討史朝義, 至鄭州, 回紇方强暴恣橫, 諸節度皆下之, 正己時爲軍候, 獨欲以氣吞之. 因與其角逐, 粟軍聚觀, 約曰:「後者批之.」旣逐而先, 正己搦其領而批其背, 回紇液俱下, 粟軍呼笑, 虜慚, 錄足不敢爲寮.

평로(평주, 노룡)에서 살았으며, 청주까지 다다랐다.

節度使仗希逸卽其外兄也, 用爲兵馬使. 正己沉毅得粟心, 希逸因事解其職, 軍中皆言其非罪, 不堪陵. 會軍人逐希逸, 遂立正己爲帥, 朝廷因授平盧, 淄靑節度觀察使·海運押新羅渤海兩番等使·檢校工部尙書·兼御史大夫·靑州刺史, 賜爲今名. 尋加檢校尙書右僕射, 封**饒陽郡王**. 大曆十一年十月, 檢校司空·同中書門下平章事. 十三年, 請入朝籍, 從之. 爲政嚴酷, 所在不敢偶語. 初有淄·靑·海·齊·登·萊·沂·密·德·棣等州之地, 得者爲己邑, 正己復得曹·濮·徐·兗·鄆, 共十有五州, 内視同列, 貨市渤海名馬, 歲歲不絶. 法令齊一, 賦均政輕, 最稱强大. 當田承嗣攻冠五州, 威震鄰敵, 歷檢校司空·左僕射·兼御史大夫·加平章事·太子太保·司徒.

요양군왕(饒陽郡王)으로도 불렸다.

舊唐書

舊唐書卷一百二十四 列傳 第七十四

- (辟平) (辟) 嵩子平, 年十二, 爲磁州...
- (侯希逸) 侯希逸, 平盧人也. 少習...
- (李正己) 李正己, 高麗人也. 本名...
- (李師古) 子師古, 粟來至靑州刺史.

구. 당서(당나라 기록) 이정기 편

(大曆十年(775) 二月) 甲申,

○ (大曆十年(775) 二月) 甲申, 以平盧淄靑節度觀察海運押新羅渤海兩蕃等使·檢校工部尙書·靑州刺史李正己檢校尙書左僕射

1. 평로(평주, 노룡), 치청(치주, 청주) 관찰사
2. 해운압 신라, 발해 양번등사 (양쪽 관리)
3. 검교공부상서
4. 청주 자사 (靑州 관장)
5. 검교상서좌복야

최초발굴 중국대륙의 고구려왕국 이정기후正근의 평로치청平盧淄青 [역사스페셜] KBS 1997.10.02 방송

이 정기 장군은 한국 사람(고구려인)이다.
당나라에 정주에서 돌ら지냈다.

그는 당소했던 땅은 산동성 전체와
이복, 하남, 안휘, 강소성에까지 이르렀고

중국 산동성 청주青州 박물관

이정기는 바로 당신들의 신이다.

KBS 한국사전 – 대륙 속의 고구려 왕국, 제왕 이정기

李正己 高麗人也
舊唐書
지나라 건국 고구려인 이정기

傳 사 밍 지 이 | 前 청주성 박물관장

그의 영토는 현재의 산동성 이외에 현재 하북의 창주, 하남의 복양, 안휘의 일부분, 강소 전체, 회하의 이북 지역을 포함하였습니다. 청주의 역사상 영토가 가장 컸을 때입니다.

신당서 발해

그 나라가 귀중히 여기는 것은 太白山의 토끼

발해 주 태백산의 兔(토끼)

俗所貴者 曰太白山之兔

○ 그 나라가 귀중히 여기는 것은 太白山之兔[주153] 이 다시마・栅城[주154] 의 된장[豉]・扶餘의 사슴・鄚頡의 돼지・率賓의 말・顯州의 베・沃州의 솜・龍州의 명주・位城의 철・盧城의 벼・湄沱湖[주155] 의 오얏과 樂游[주156] 의 배가 있다. 이밖의 풍속은 高[句]麗나 契丹과 대개 같다. 발해의 토끼를 兔가 아닌, 현토로 사용했다.

幽州節度府[주158] 와 서로 聘問하였으나, 營・平에서 京師까지는 8천리나 되는 먼 거리이므로, 그 뒤에 朝貢이 있었는지의 여부는 史家들이 전하지 못하였다. 때문에 疾附에 대하여도 상고할 길이 없다.

태행산맥 산서성에 위치한 현토.
검은 바람 마을(玄風縣), 흑수(黑水河), 검은 절(玄中寺), 검은 사당(玄帝廟) 등 존재.

흑수 말갈, 숙말 말갈 발해 위치와 도.

중국정사조선전

신당서(新唐書)(1)

— 玄宗 開元 7년(A.D.719; 渤海 ……
— 얼마 안되어 黑水靺鞨이 使臣 ……
— 10년 뒤에 金 武藝가 大將 張文休 ……
— 武藝가 죽자, 그 나라에서 私諡 ……
— 寶歷 원년(A.D.762; 渤海 文王이 ……
— 欽茂가 죽으니, 私諡로 文王이 ……
— 欽茂의 작은 아들 嵩燁이 왕위 ……

검다, 노

盧

목로 로(노)

- 부수: 皿 (그릇명, 5획)
- 모양자: 盧(술독 로(노)) + 皿(그릇 명)

12. 허술한 집
13. 성(姓)의 하나
14. 검다

盧

[로] 밥그릇(飯器); 술집(賣酒區); 사냥개(田犬); 나나니벌(蜾蠃); 말머리꾸미개(馬首飾); 노둣자 + 皿(그릇 명)

형성 盧(밥그릇 로) + 皿(그릇 명)
皿部 11획 (총16획)

▷ 盧橘(노귤) ① 枇杷의 異名. ② 金柑의 異名.
▷ 盧牟(노모) 법에 의하여 바로 잡음.
▷ 盧子(노자) 눈동자. 黑瞳.

▷ 盧子(노자) 눈동자. 黑瞳. 검은빛(黑色); 주사위(蒱戱); 청子속(弓屬); 둥글다(規矩); 깔깔웃다(笑); 땅 이름(地名); 말 이름(馬名); 성(姓);

N 중국 석탄 생산지

블로그 | 카페 | 이미지 | 지식iN | 인플루언서 | 동영상 | 쇼핑 | 뉴스

중국 최대 석탄 생산지 산서성 (山西)

[산시성의 노천 탄광 (신화사 갈무리=연합뉴스)]

산시성에는 2600억 톤의 석탄이 매장되어 있으며 이것은 중국 전체 매장량의 3분의 1에 해당하는 것이다. 따라서 산시성은 중국에서 석탄을 많이 생산하는 곳이고 연간 생산량은 3억 톤 이상이다.
산시성의 주요 탄전으로 다퉁(大同), 닝우(寧武), 시산(西山), 허둥(河東), 친수이(沁水), 훠시(霍西) 탄전이 있다.

W 위키백과 한국어 · ko.wikipedia.org › 산시성_(산시성)

산시성

玄, 墨, 廬 검은 지역
현토, 흑수, 노룡

중국 산시성 1~8월 원탄 생산량 8억1천300만t 돌파
www.snakorea.com › news

2024.09.23. 올 1~8월 산시성(山西)의 원탄 생산량이 8억1천300만t(톤)을 돌파했다.22일 산시성 통계국에 따르면 중국 최대 석탄 생산지인 산시성의 석탄 생산량은 중국 전체의 26.6%를 차지했다.산시성은 에너지 안...

SBS Biz · biz.sbs.co.kr › article

중국 '쌍탄' 달성 가능하나...석탄 생산 역대 최대

2023.04.22. [산시성의 노천 탄광 (신화사 갈무리=연합뉴스)]중국이 오는 2030년 탄소 배출 정점 달성을 공언했지만, 실제 석탄 생산량은 역대 최대 수준인 것으로 집계됐습니다.오늘(22일) 관영 통신 신화사에 따르면 ...

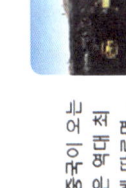 변혜민리세상 - 자연재해와 우리들의 미래 · 2021.10.11.

中 주요 석탄생산지 산시성 홍수

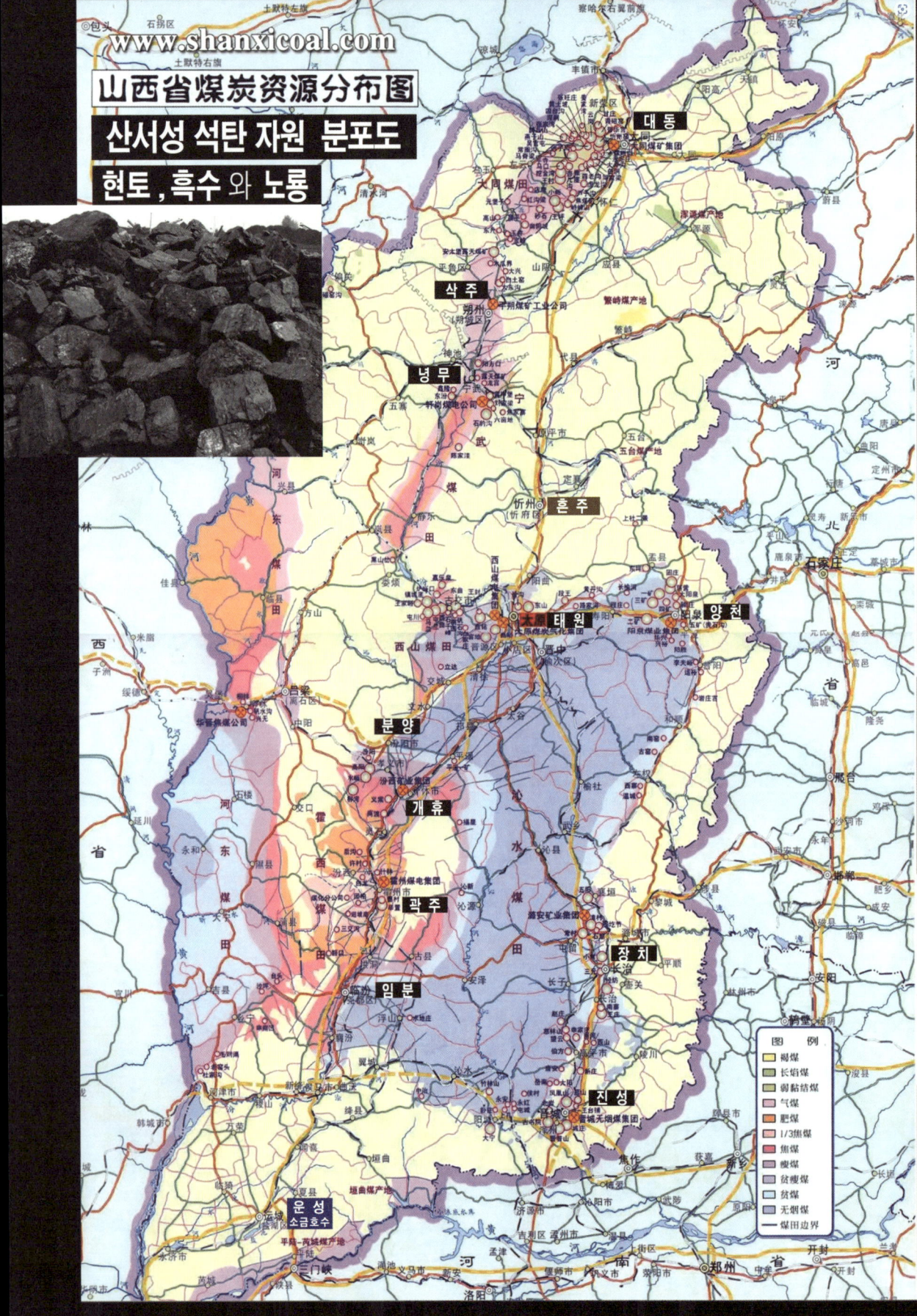

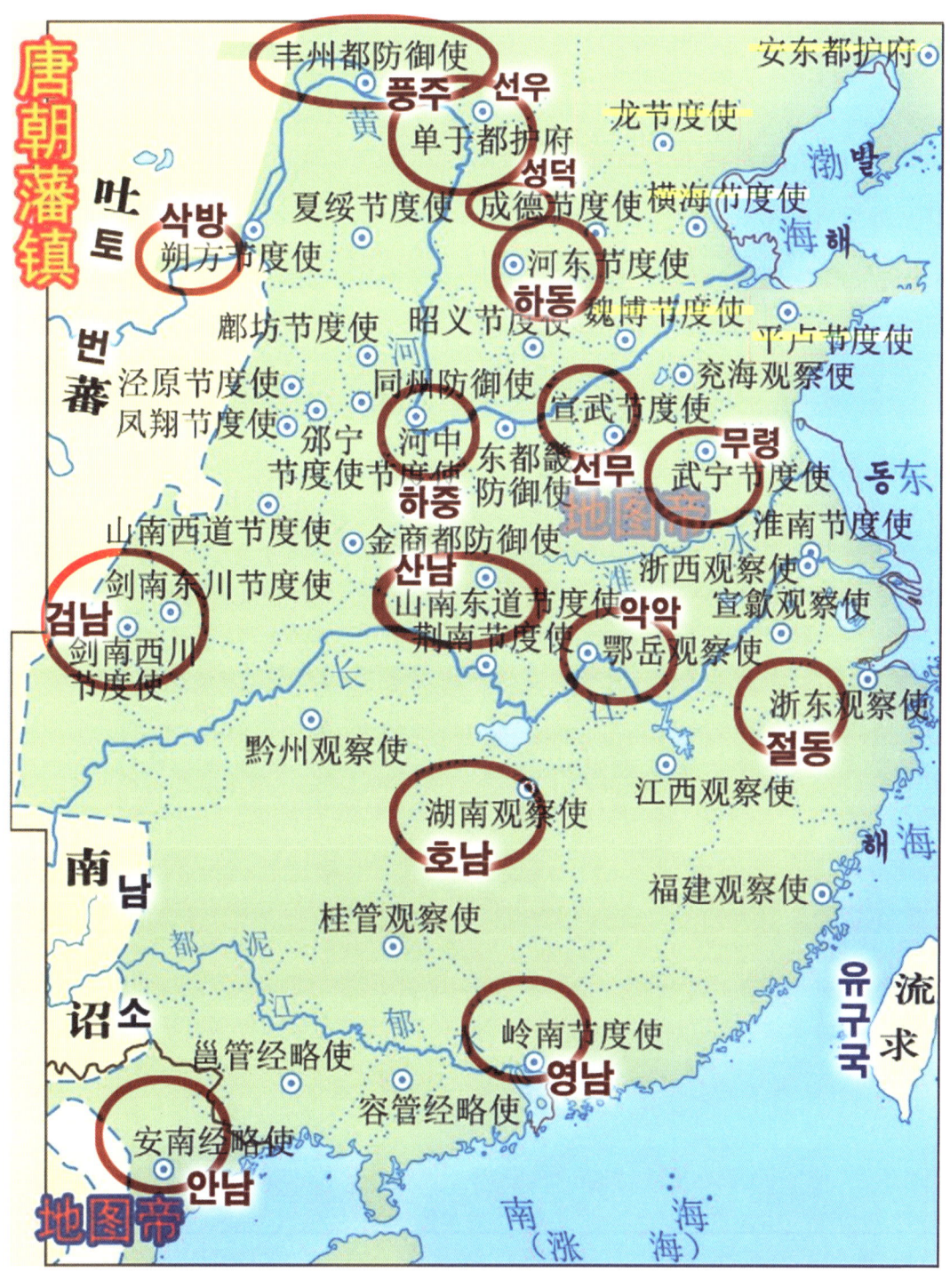

![Baidu 知道] 首页 Q网页 图资讯 回视频 图图片 用户∨ 合伙人∨ @知道 图文库 贴吧 商城 地图 更多 法律 手机答题 我的 我要提问 搜索答案

百度首页 商城 注册

李纳 陇西郡王

李纳人物生平 隋西郡王

고구려인 이정기 아들
이납. 동서군왕

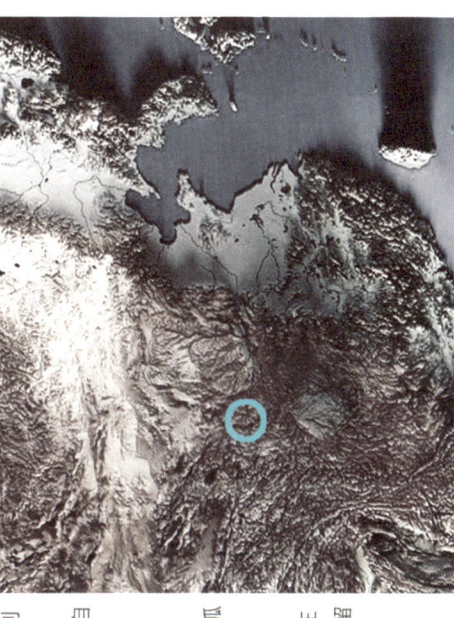

1个回答

#热议# 不吃早饭真的会得胆结石吗？

文曦生活科普
2024-07-20 · 百度认证:贵溪父亲生活文化公司官方账号
关注

公元782年底，历史的篇章中记下了这样一幕：朱滔自封为翼王，田悦称为魏王，武俊为赵王，李纳则自称齐王，四镇联合，朱滔成为盟主。朝廷作出决策，任命淮宁节度使李希烈兼任平卢淄青节度使，专门对抗李纳。然而，李希烈并没有立即采取行动，反而秘密与李纳勾结，频繁与河北三镇来往，自封为建兴王。

兴元初年，皇权再次尝试和解，下诏招抚李纳，给予他平卢 搜索 节度使职位，授予检校工部尚书的官衔，并让他参与中书门下的决策，封为**陇西郡王**。此时，黄河以北的局势相对稳定，田悦在魏州的孤立无援，而南方政府军则对李纳在濮州（今山东鄄城县）的势力展开了猛烈攻势。

时间来到了贞元八年（792年），李纳的生命走到了尽头。他的儿子李师古继承了他的位置，继续在历史的舞台上书写着属于他们的篇章。然而，这场权力交接标志着一段动荡时期的结束，也为未来留下了新的挑战与变数。

扩展资料

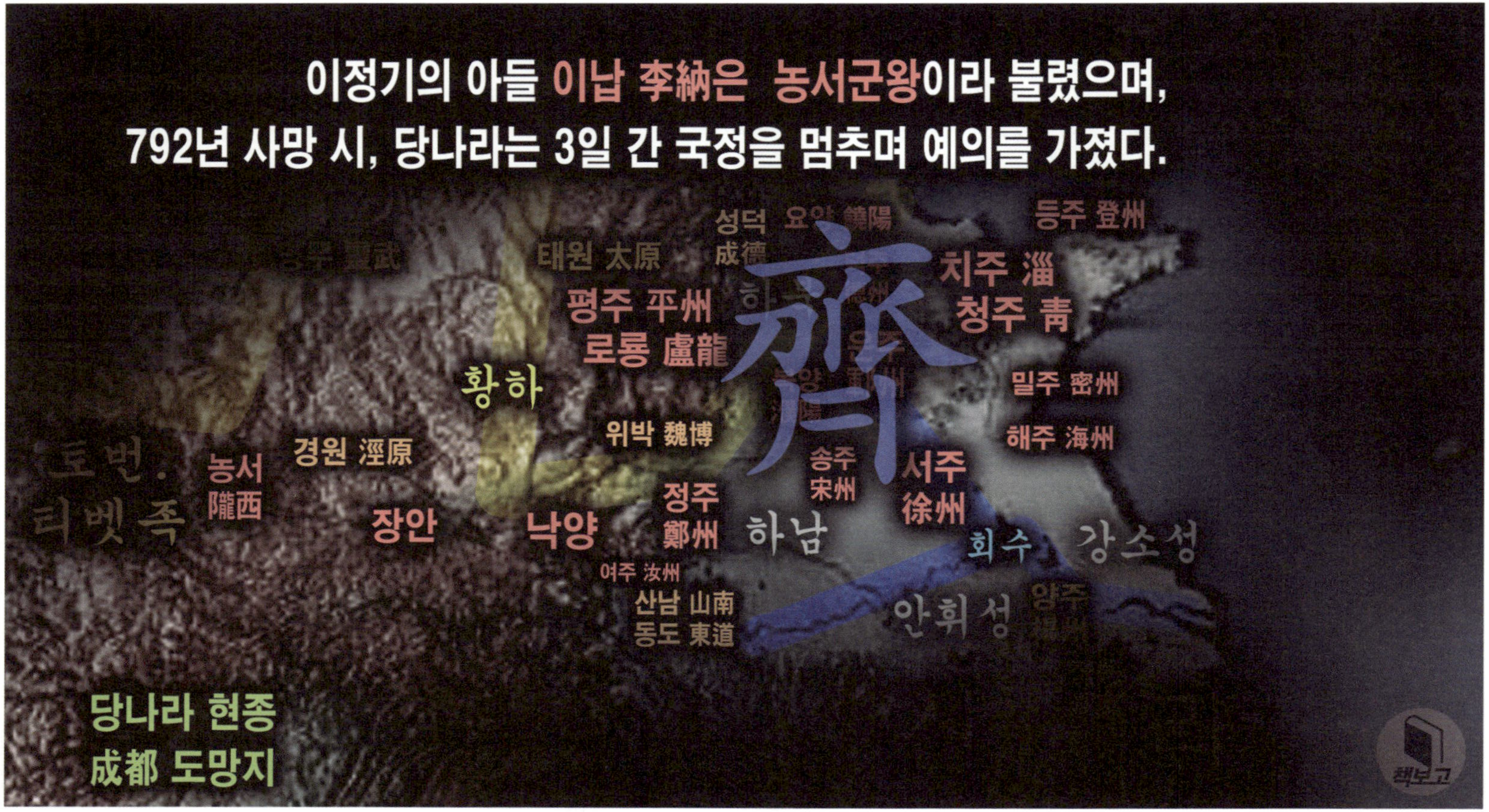

이정기의 아들 이납 李納은 농서군왕이라 불렀으며, 792년 사망 시, 당나라는 3일 간 국정을 멈추며 예의를 가졌다.

征기

등주 登州
치주 淄州
청주 靑
밀주 密州
해주 海州
강소성
서주 徐州
회수
안휘성

요안 饒陽
성덕 成德
평주 平州
노룡 盧龍
위박 魏博
송주 宋州
하남
정주 鄭州
산남 山南
동도 東道
여주 汝州

태원 太原

황

하하

경원 涇原
장안

농서
隴西

토번·족
티벳족

당나라 현종
成都 도망지

신라본기 제10

- 7년 8월 초하루 일식이 일어나고 도....
- 8년 1월 시중이 바뀌고 기근이 들....
- 8년 6월 양덕사의 두 탑이 부딪치다
- 9년 1월 김충공을 시중으로 삼다
- 9년 5월 비가 오지 않아 선813에 비....
- 9년 10월 굶주려 죽는 사람이 많아....
- 10년 6월 1일 일식이 일어나다
- 11년 1월 전원과 한정등에게 계장과....
- 11년 2월 김수종을 상대등으로 삼다
- 11년 3월 초적들이 많이 발생하여....
- 11년 7월 당 이사도의 반란에 신라....
- 12년 가을으로 기근이 들다
- 12년 11월 당에 사신을 보내다
- 13년 기근으로 자손을 팔다
- 13년 4월 김충공이 죽어 영공으로 시....
- 13년 7월 매강 남천에 두 돌이 부....
- 13년 12월 29일 큰 천둥이 치다

당 이사도의 반란에 신라군 30,000명을 보내다 (819년 07월)

(11년(819)) 가을 7월에 당 운주절도사(鄆州節度使)[註 001] 이사도(李師道)[註 002]가 반란을 일으켰다. 당 헌종(憲宗)[註 003] 이 장차 (반란군을) 토벌하여 평정하고자, 양주절도사(楊州節度使) 조공(趙恭)을 보내 우리 병마(兵馬)를 징발하였다. 왕이 칙지(勅旨)를 받들고자 순천군(順天軍) 장군(將軍) 김웅원(金雄元)[註 004]에게 갑병(甲兵) 30,000명을 거느리고 가서 도우라고 명하였다.[註 005]

이 정기 순자 이사도의 잔여세력을 처리하기 위해
신라의 군마, 갑옷 병사 3만명 출동.

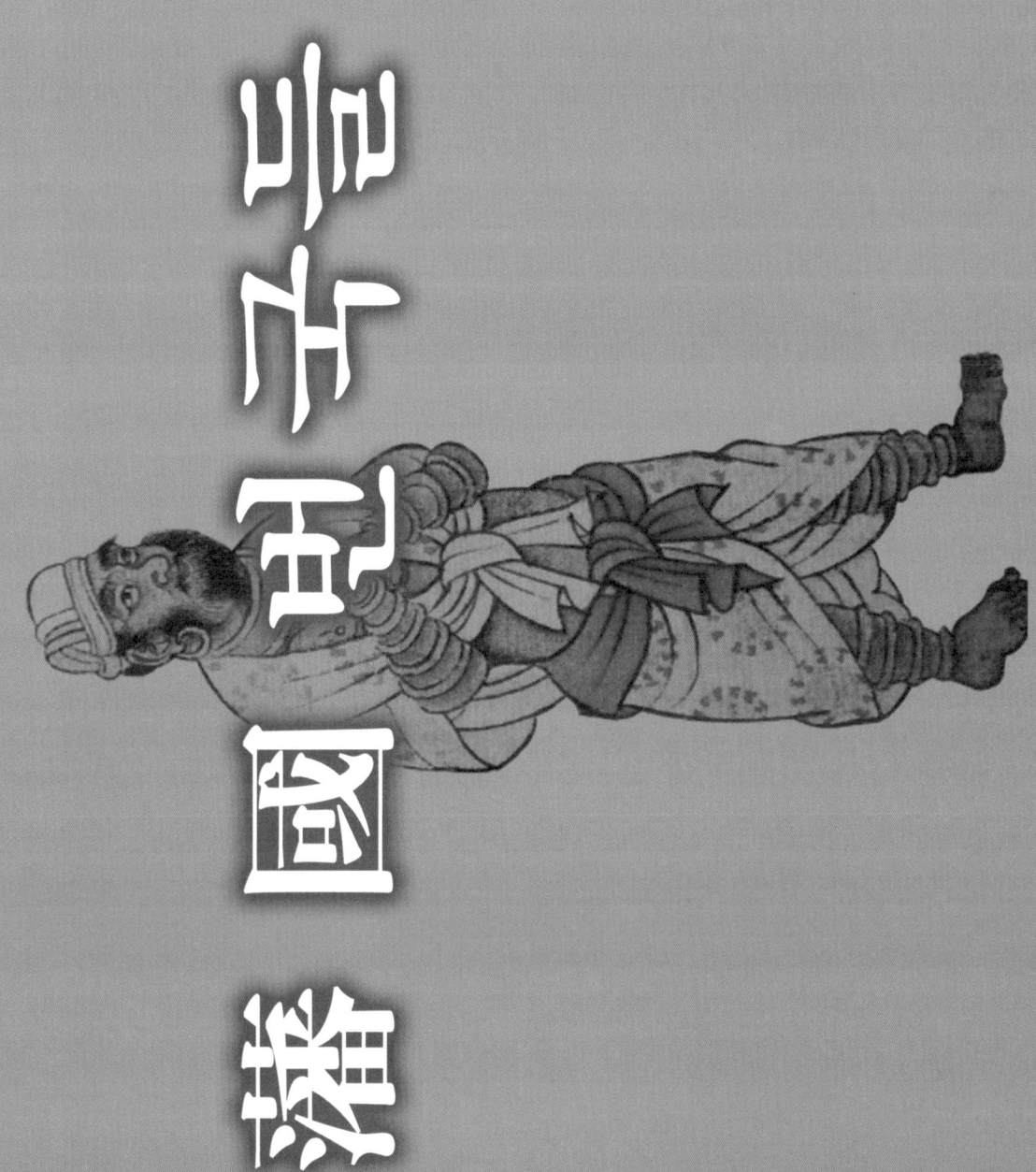

三國演義

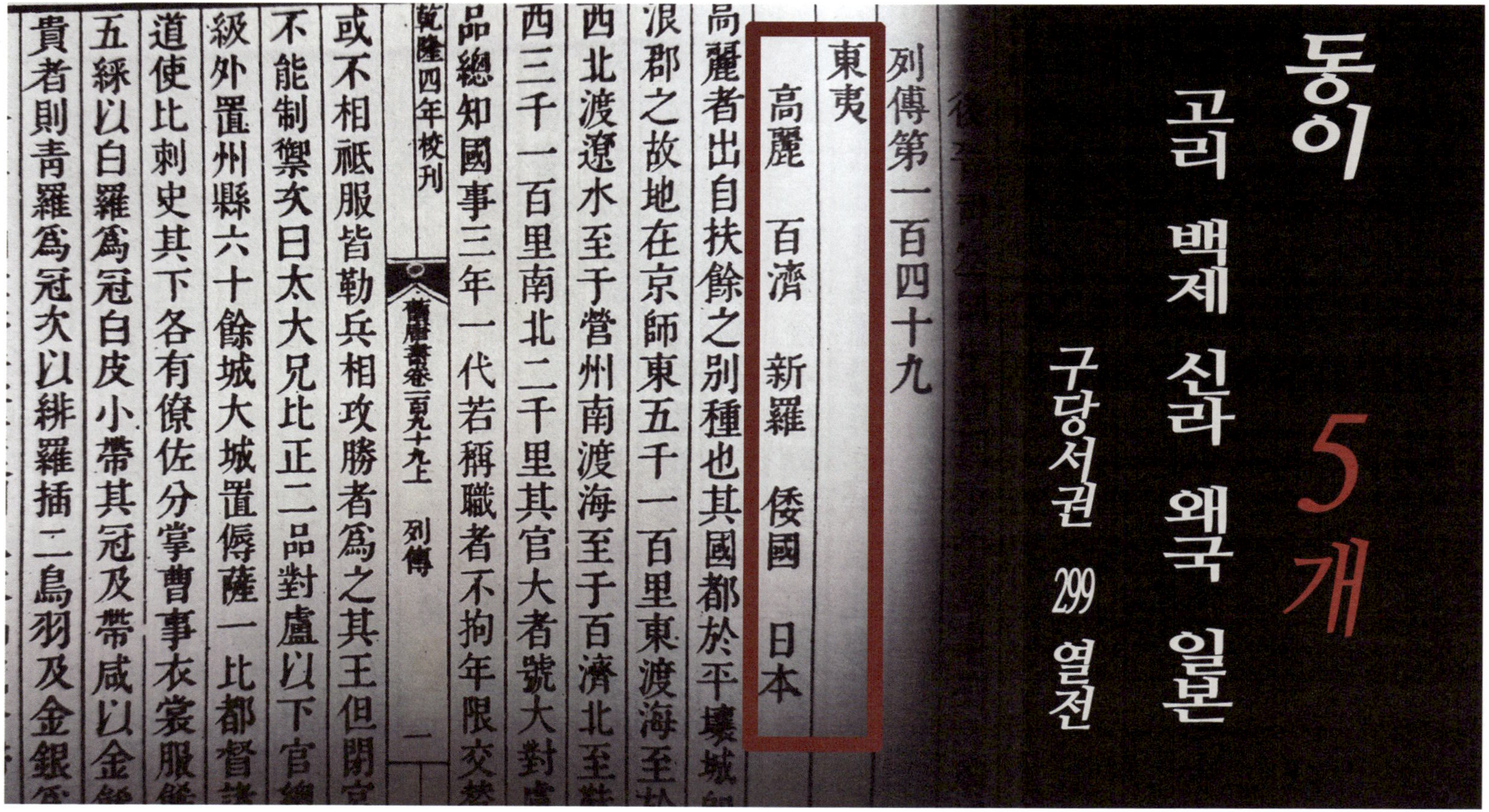

동이

고려 명사 산국 외국 일본

구당서권 299 열전

列傳第一百四十九

東夷

| 高麗 | 百濟 | 新羅 | 倭國 | 日本 |

高麗者出自扶餘之別種也其國都於平壤城即
漢樂浪郡之故地在京師東五千一百里東渡海至於
新羅西北渡遼水至于營州南渡海至于百濟北至靺
鞨越三千一百里南北二千里其官大者號大對盧
比一品總知國事三年一代若稱職者不拘年限交替
若乾隆四年校刊○廣蕘若先列職者不均對盧以下官
凡武不能制御其下各有僚佐分掌曹事次有太大
級使比列卿勤天下大兄比正三品儀分掌冠
級比白羅皆禦冠各有僚佐小兄比其冠及帶咸以金
貴者則青羅爲冠次以緋羅捕一鳥羽及金銀

왜국이 나라 이름을 일본으로 고치다 (670년 12월)

倭國更號 校勘 001 日本 校勘 002. 自言近日所出, 以爲名.

일본은 백제 패망 후에 등장한, 왜와 다른 종족으로 구당서에는 왜국편, 일본편으로 국가별로 다른 국가로 따로 기록된다.

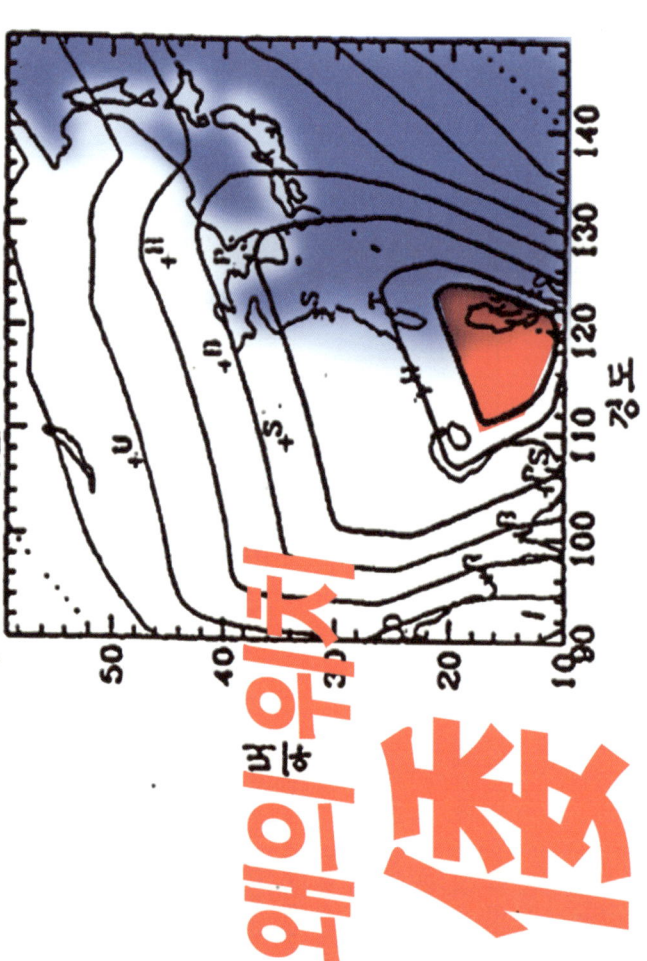

애의의위 倭

일본서기에 기록된 일식 11개 중 동아시아에서 관측된 5개의 일식이 백제서울 도 부근이다.

동시분선의 값은 0.4(점선), 0.45, 0.5, 0.55, 0.6, 0.65, 0.7, 0.72이다.

중국정사외국전
後漢書 卷115 동이열전 第75

왜(倭)의 위치 및 풍속을 설명

국가   왜(倭)

-夫餘·挹婁·高句麗·東沃沮·濊·三韓에 관한 기록이 앞에 있으나 국사편찬위원회, 『中國正史朝鮮傳譯註』 1, 신서원, 2004(1990 초판)에 이미 역주되었으므로 생략한다.-

왜(倭)[주 001]는 한(韓)[주 002]의 동남쪽 큰 바다 가운데 있고, [이들의] 산이 많은 섬에 의지하여 살아가고 있는데, 무릇 100여 나라[國]이다. 무제(武帝)[주 003]가 조선(朝鮮)을 멸망시킨[주 004] 후에 사역(使驛)을 이용하여 한(漢)과 통한 것이 30여 개 나라[國]이다.[주 006][이] 나라들의 [수장(首長)]은 모두 왕(王)을 칭하였는데, 대체로 왕통(王統)이 이어졌다. 그 대왜왕(大倭王)[주 007]은 야마대국(邪馬臺國)[주 008]에 있다. 낙랑군(樂浪郡)[주 009]의 변경에서 그 나라는 만 2천 리[주 010]떨어져 있고,[주 011] 그 나라의 서북방[주 012]에 있는 구야한국(拘邪韓國)[주 013]에서는 7천여 리 떨어져 있다. 그 땅은 대략 회계[군](會稽)[주 014] 동야[현](東冶縣)[주 015]의 동쪽에 있고,[주 016] 주애[군](朱崖郡) 및 담이[군](儋耳郡)[주 017]과 서로 가깝다. 따라서 그들의 법속(法俗)은 같은 것이 많다.[주 018]

각주 017)   朱崖 : 朱崖郡으로서, 지금의 海南省 海口市 일원에 해당한다.

각주 018)   儋耳 : 儋耳郡으로서, 지금의 海南省 儋州市 일원에 해당한다.

왜는 주애, 담이와 가깝다(중국 하이난섬)

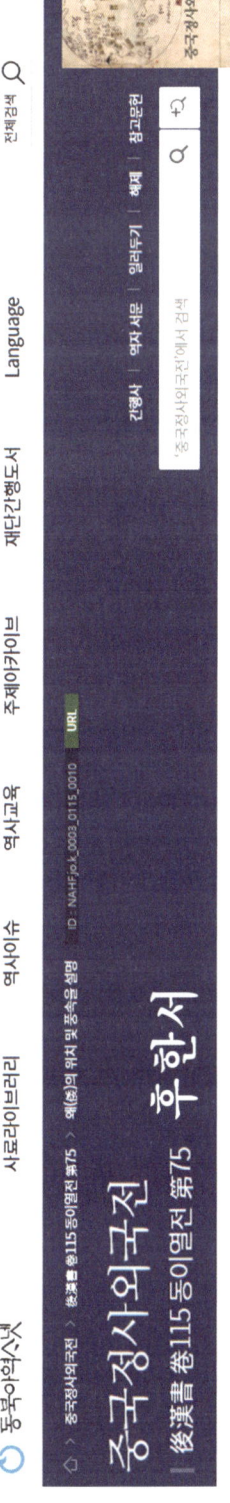
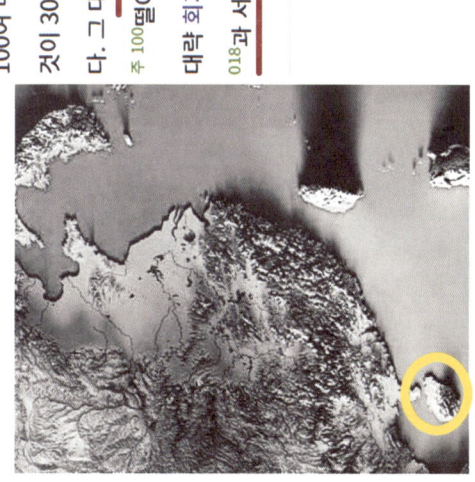

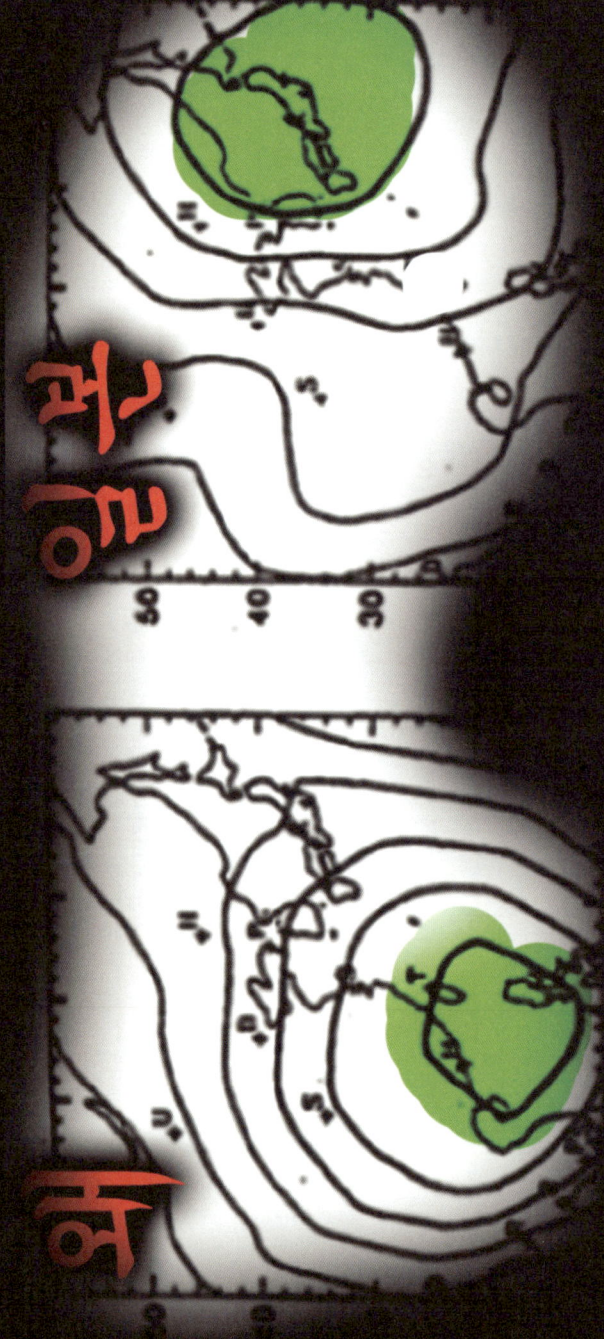

백제 패망 후 670년

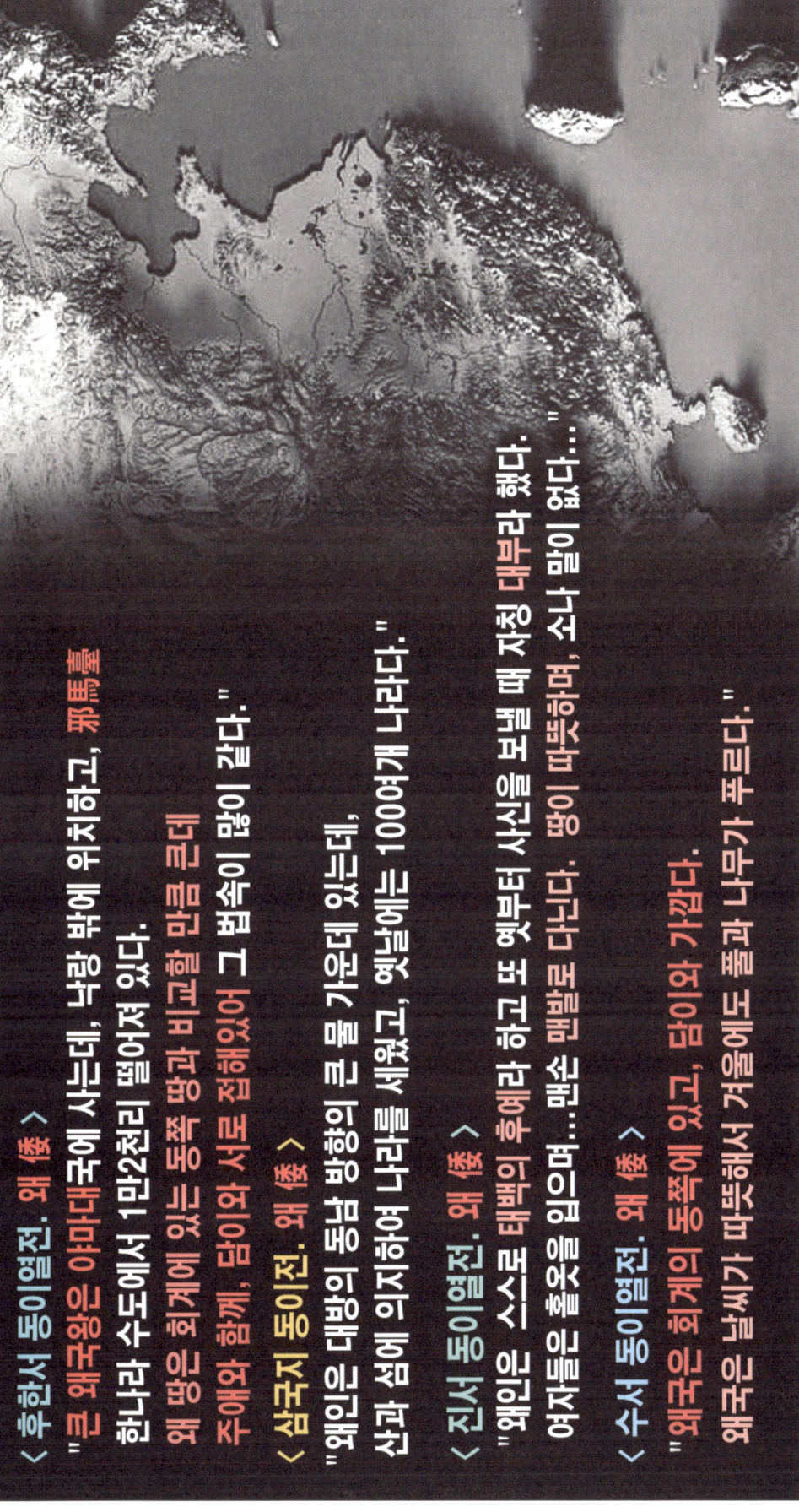

< 후한서 동이열전. 왜 倭 >
"큰 왜국왕은 야마대국에 사는데, 낙랑 밖에 위치하고, 邪馬壹
한나라 수도에서 1만2천리 떨어져 있다.
왜 땅은 회계에 있는 동쪽 땅과 비교할 만큼 큰데
주애와 함께, 담이와 서로 접해있어 그 법속이 많이 같다."

< 삼국지 동이전. 왜 倭 >
"왜인은 대방의 동남 방향의 큰 물 가운데 있는데,
산과 섬에 의지하여 나라를 세웠고, 옛날에는 1000개 나라다."

< 진서 동이열전. 왜 倭 >
"왜인은 스스로 태백의 후예라 하고 또 옛부터 사신을 보낼 때 자칭 대부라 했다.
남자들은 훌옷을 입으며...맨손 맨발로 다닌다. 땅이 따뜻하며, 소나 말이 없다."

< 수서 동이열전. 왜 倭 >
"왜국은 회계의 동쪽에 있고, 담이와 가깝다.
왜국은 날씨가 따뜻해서 겨울에도 풀과 나무가 푸르다."

정체를 알 수 없다는 왜왕 5명 - 찬(贊)·진(珍)·제(濟)·흥(興)·무(武)

<남제서 동남이열전. 왜 倭>

"왜국은 대방의 동남쪽 큰 물 섬 가운데 있는데, 한나라말기 이후, 여자가 왕위에 올랐다.
479년에 새롭게 시지절도독 왜·신라·가라·임나·모한·진한·任那·加羅·秦韓·慕韓
6국 제군사 안동대장군 왜왕이라 불리고, 왜왕 무를 진동대장군으로 불렀다." 鎭東

<송서 이만열전. 왜 倭>

" 421년 송나라 고조 때 왜왕 찬이 멀리서 와, 성의로 작위를 만들어 불러주자고 했다.
425년 찬이 또 사신을 보내 왜의 특산물을 바쳤다. 찬이 죽었다.
진이 왕위에 올라 사신을 파견해 교견해 했다.
스스로 시지절도독 왜·백제·신라·임나·진한·任那·秦韓·慕韓
6국 제군사 안동대장군 왜국왕이라 불러 주기를 요청했으니, 그냥 안동장군 왜국왕으로 불렀다.
진이 부하 13인들에게 평서, 정로, 보국군 이라 불러 달라고 해서 허락했다.
443년 왜국왕 제가 사신을 보내 교류하여 또 안동장군 왜국왕이라 불러주었다.
451년 시지절도독 왜·신라·가라·임나·진한·모한·任那·加羅·秦韓·慕韓
6국 제군사 안동대장군으로 그대로 불렀다."

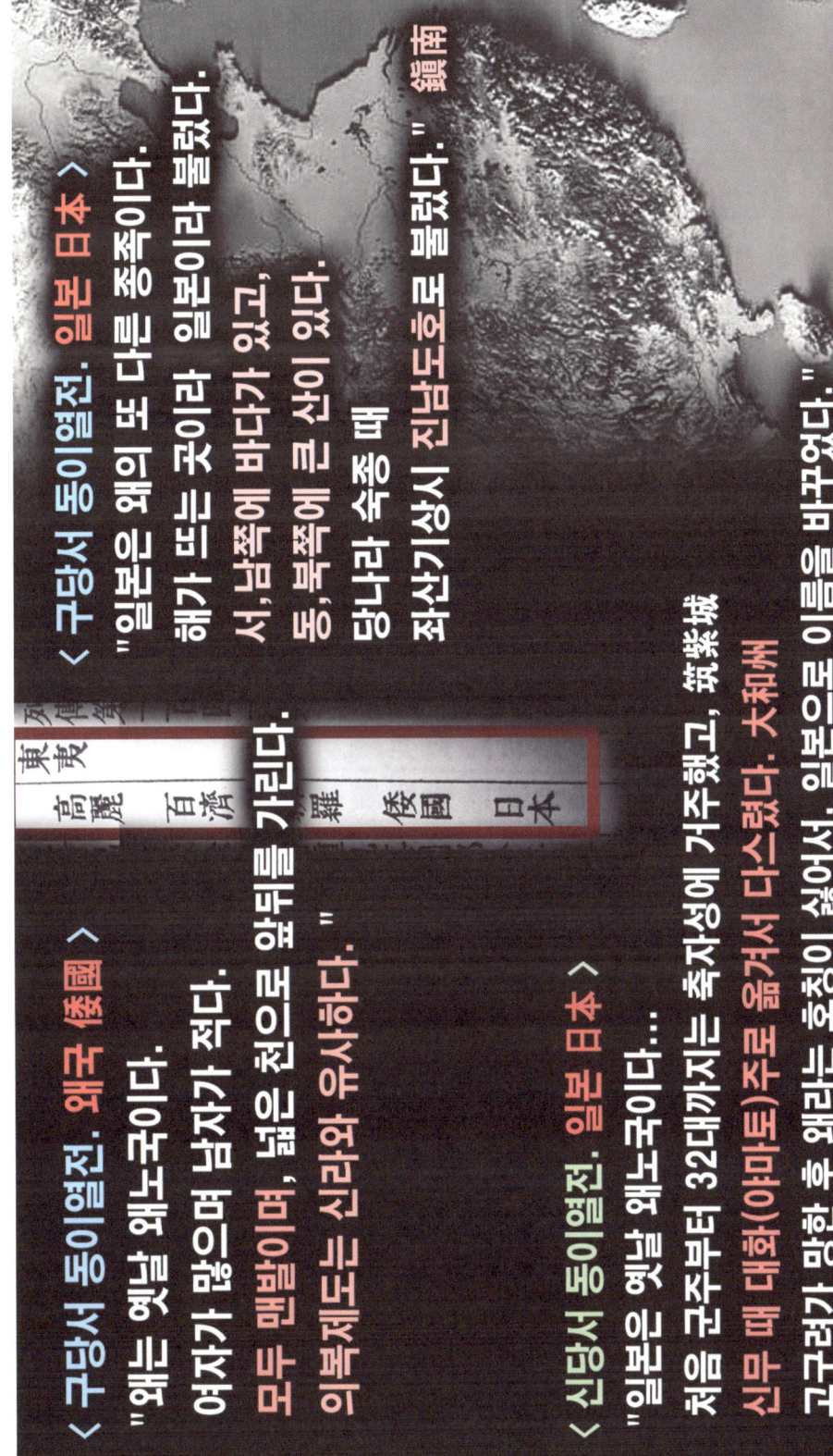

〈구당서 동이열전. 왜국 倭國〉
"왜는 옛날 왜노국이다.
여자가 많으며 남자가 적다.
모두 맨발이며, 넓은 천으로 앞뒤를 가린다.
의복제도는 신라와 유사하다."

〈구당서 동이열전. 일본 日本〉
"일본은 왜의 또 다른 종족이다.
해가 뜨는 곳이라 일본이라 불렀다.
서, 남쪽에 바다가 있고,
동, 북쪽에 큰 산이 있다.
당나라 속종 때
좌산기상시 진남도호로 불렀다." 鎭南

〈신당서 동이열전. 일본 日本〉
"일본은 옛날 왜노국이다....
처음 군주부터 32대까지는 축자성에 거주했고, 筑紫城
신무 때 대화(야마토)주로 옮겨서 다스렸다. 大和州
고구려가 망한 후 왜라는 호칭이 싫어서, 일본으로 이름을 바꾸었다."

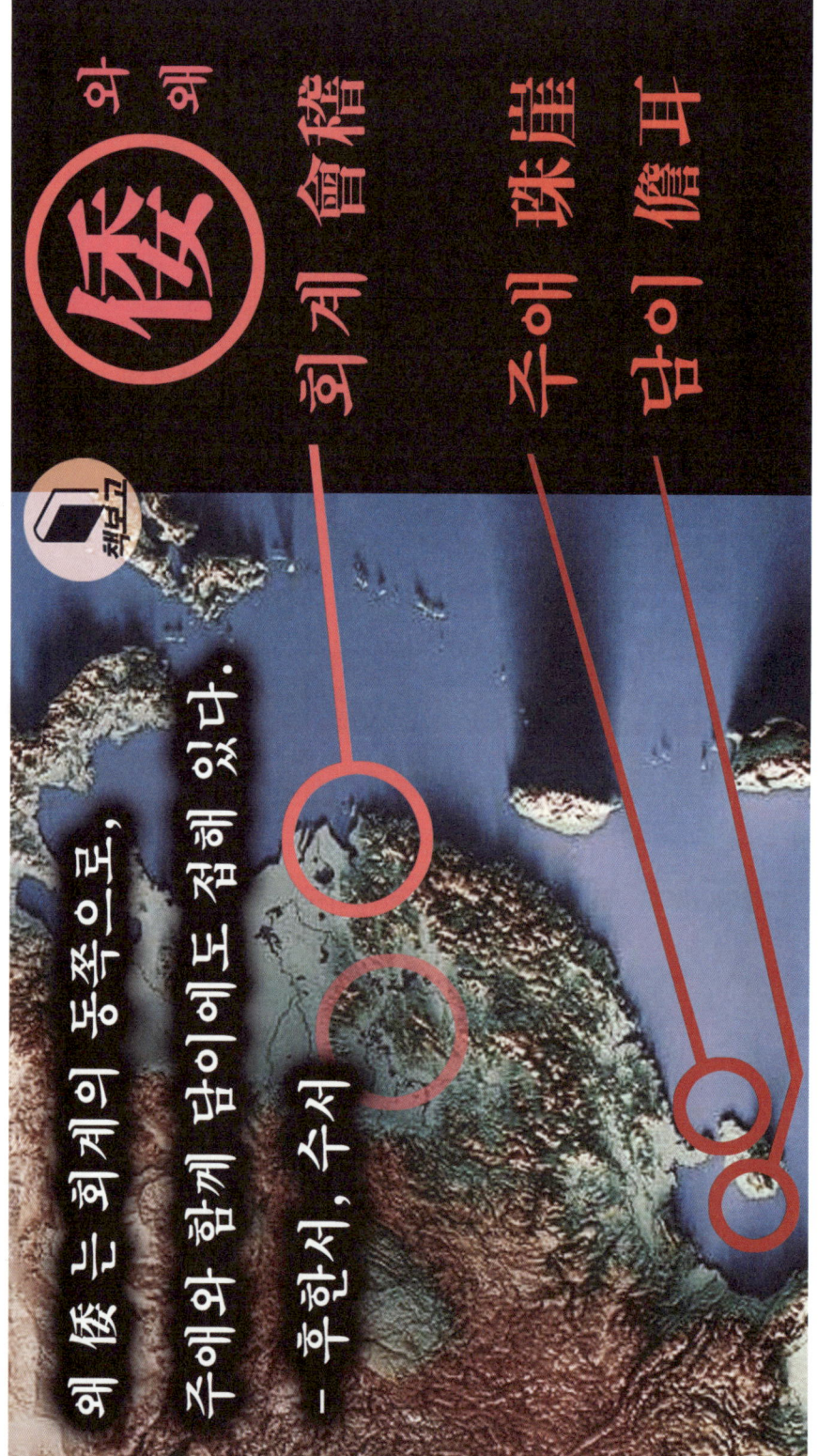

왜 倭 와 예
회계 會稽
주애 珠崖
담이 儋耳

왜 倭 는 회계의 동쪽으로,
주애와 함께 담이에도 접해 있다.
— 후한서, 수서

서, 남쪽에 바다가 있고, 동, 북쪽에 큰 산이 있다.
구당서 일본 설명

其國西界南界咸至大海
東界北界有大山爲限

현재 일본

현재 대만

당나라 때 모시본 왜倭 설명

왜국은
대방의 동남쪽에
큰 물 중간 섬에 위치 한다.
30여개 나라가 있으며,
왕은 회계 동쪽에 산다.
남자들은 문신이 많다.
……
안서군 安西軍을 지키는 직위
풍속은 하남구 河南國 과 다르다.

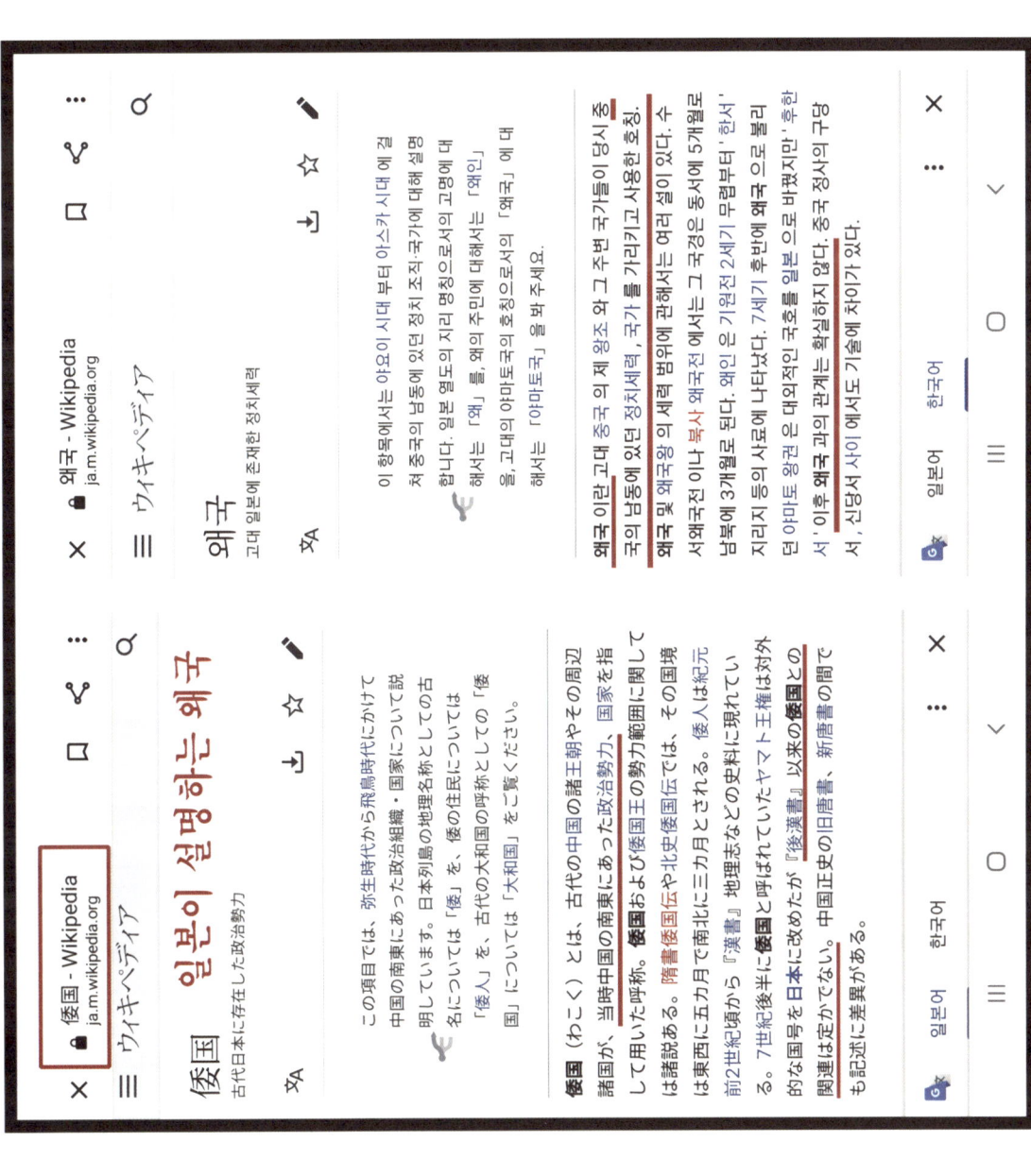

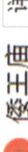

1 倭王庙 详情

广东省佛山市禅城区聚锦路与颖川大道交叉路口西北侧

中国包含倭王庙关键词的结果点击查看

倭王庙
왜왕묘

후왕묘 侯王庙**로 현재 글씨 바꿈**

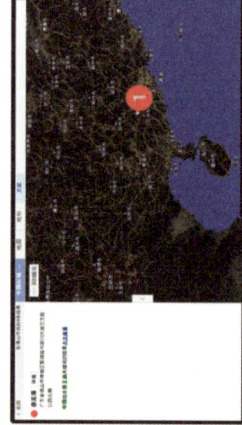

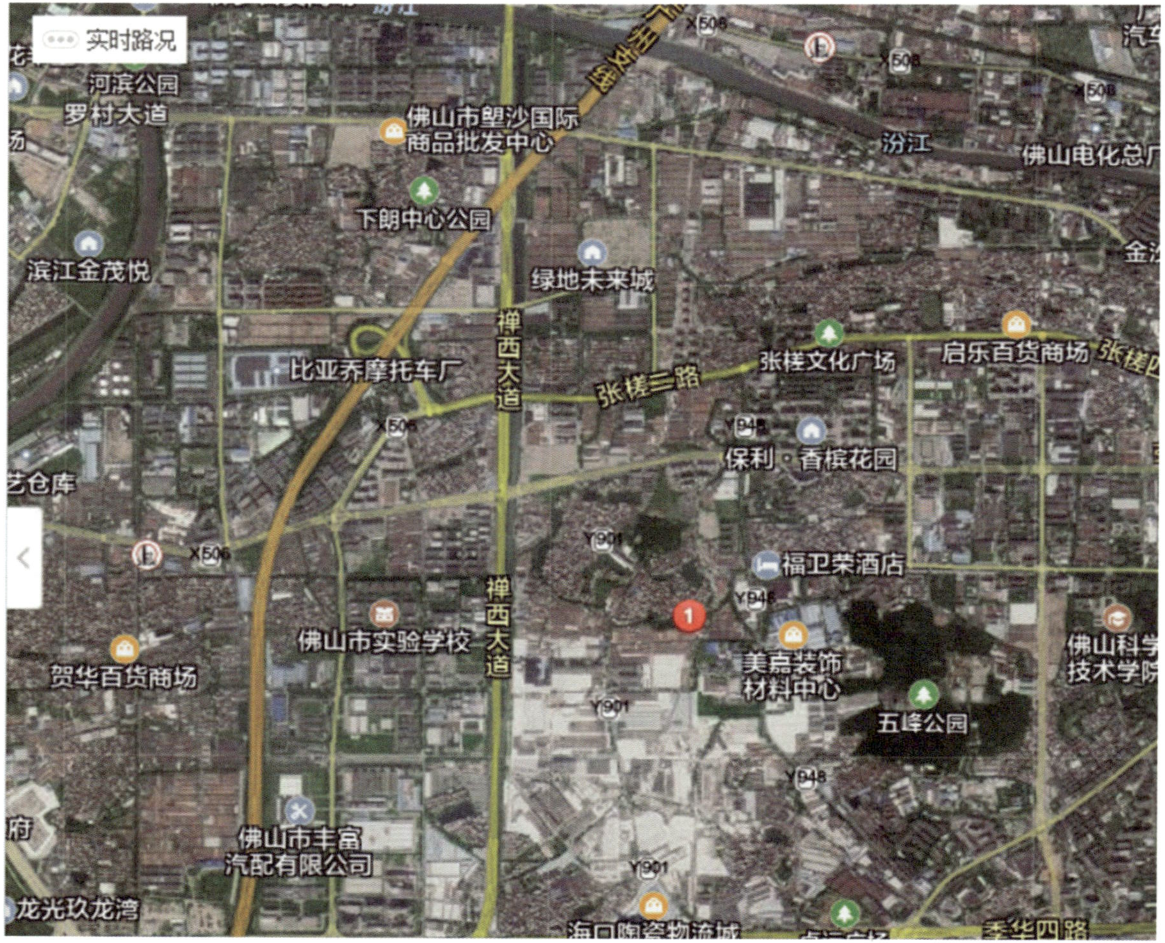

(고려 부흥 및
지방세력 독립항쟁)

명나라 건국부터
주원장~주익균까지
(1368~약1588년)

약 200년 넘게
도적떼, 倭애의
침략과 점령.

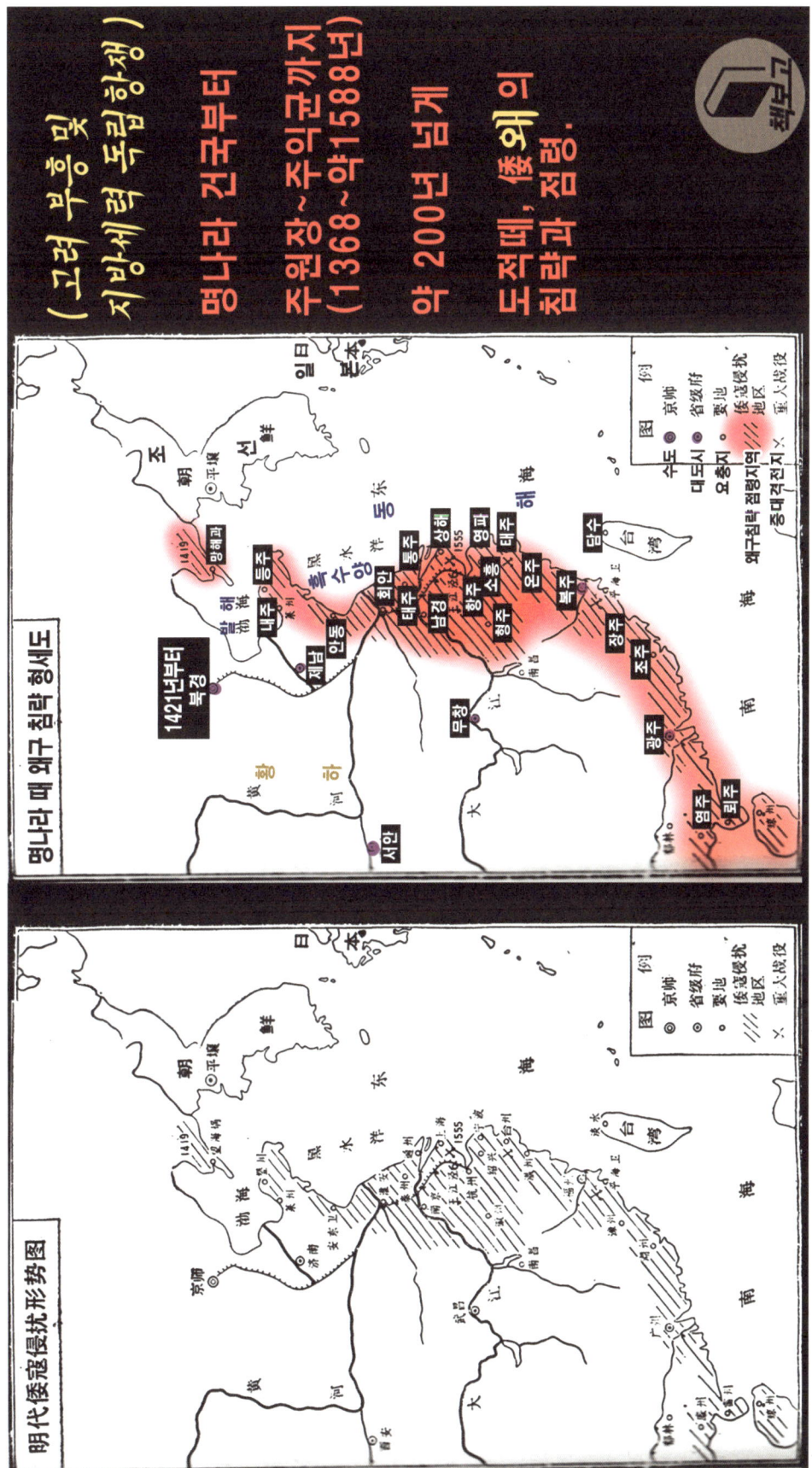

〈송사 열전. 유구국 流求國〉

"유구국(流求國) 천주(泉州)의 동쪽에 있다.
팽호도(彭湖島)라는 섬이 있는데 [이곳은 유구국과] 연기와 불빛이 서로 보인다.
그다지 특별한 물품이 없으므로 상인은 왕래하지 않는다.
토지는 비옥하다.
유구가 수백 명을 이끌고 갑자기
천주(泉州)의 수오촌(水澳村)과 위두촌(圍頭村) 등에 난입하여
약탈을 자행하였다. 철기와 숟가락·젓가락 등 철기를 좋아했다.
배를 타지 아니하고 대나무를 엮어서 뗏목을 만들었는데
다급하면 모두 물에 뛰어들어 헤엄쳐 달아났다."

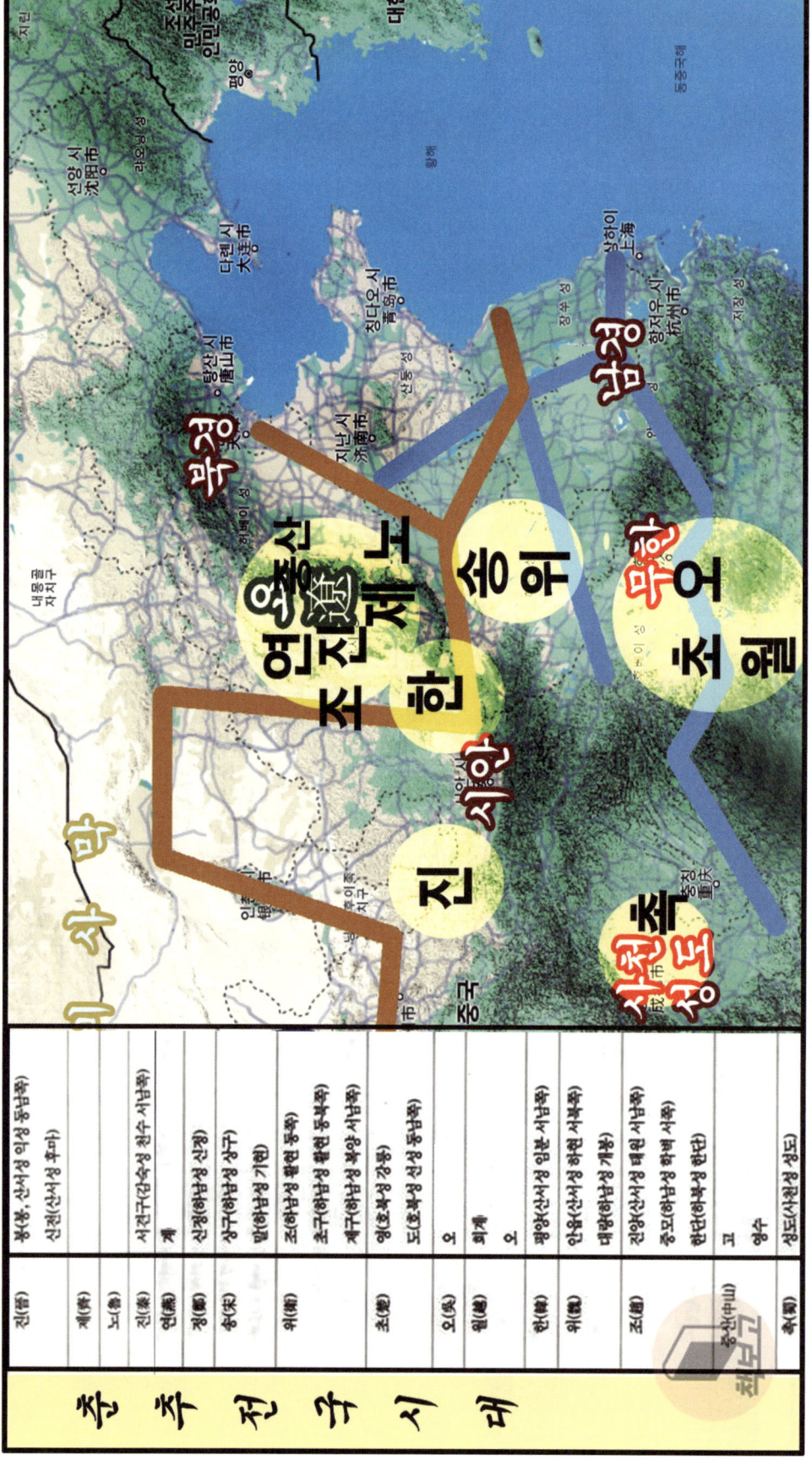

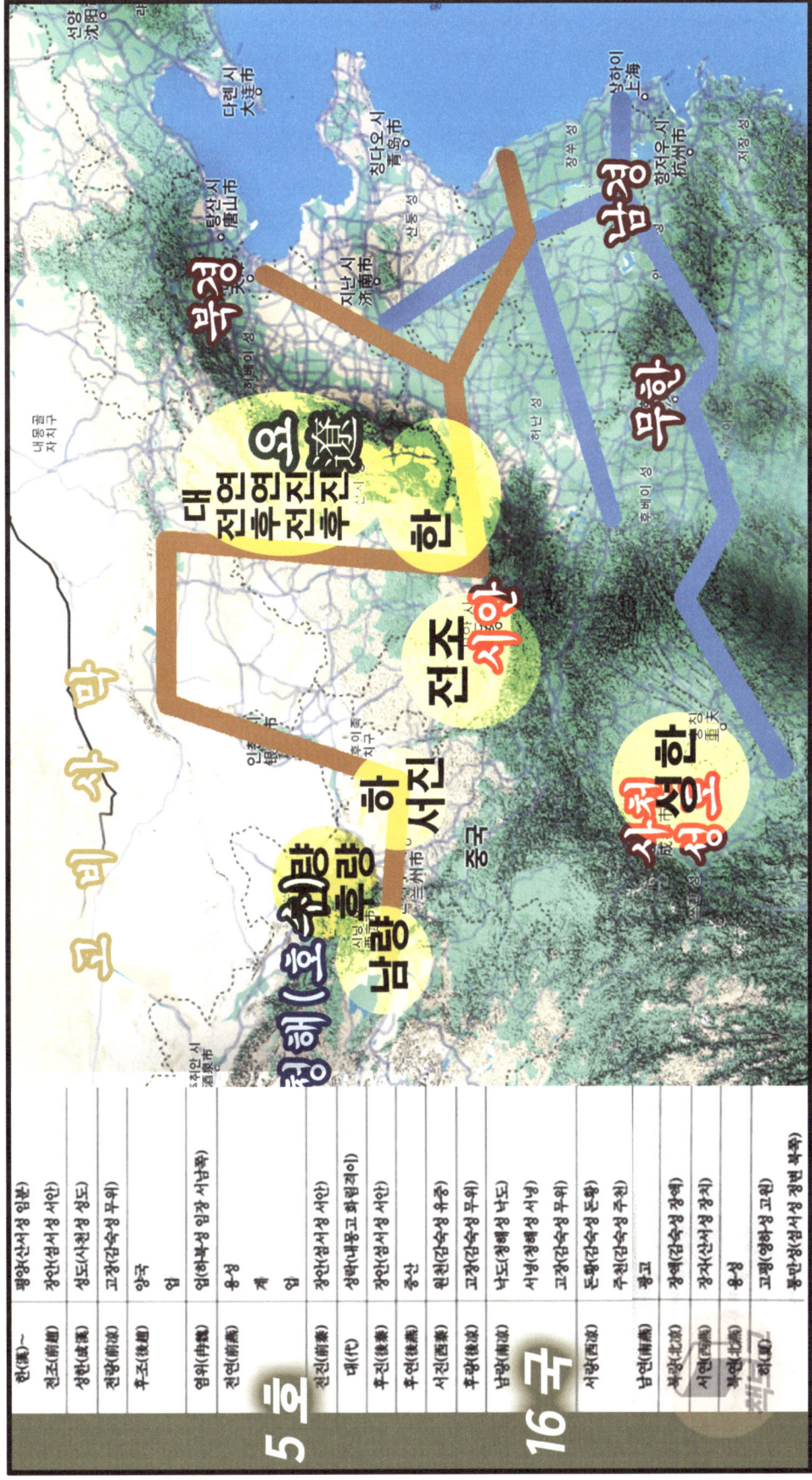

5대 10국

후량(後梁)	동도 개봉부(하남성 개봉)	남경 강릉부(호북성 강릉)
후당(後唐)	동경 흥당부(하북성 대명 동북쪽)	서도 하남부(하남성 낙양)
	동도 낙경(하남 낙양)	서경 태원부(산서성 태원 서남쪽)
		북도 진경부(하북성 정정)
		업도(하북성 대명 서북쪽)
후진(後晉)	동경 개봉부(하남성 개봉)	북경 태원(산서성 태원 서남쪽)
		서경 하남부(하남성 낙양)
		업도 광진부(하북성 대명 동북쪽)
후한(後漢)	동경 개봉부(하남성 개봉)	서경 하남부(하남성 낙양)
		북경 태원부(산서성 태원 서남쪽)
오(吳)	서도 강남부	
남당(南唐)	남도 남창부(강서성 남창)	
오월(吳越)	서부	
민(閩)	장대부(복건성 복주)	
전촉(前蜀)	성도부(사천성 성도)	
후촉(後蜀)	성도부(사천성 성도)	
남한(南漢)	흥왕부(광동성 광주)	
초(楚)	장사부(호남성 장사)	
남평(南平)	강릉부(호북성 강릉)	
북한(北漢)	태원부(산서성 태원 서남쪽)	

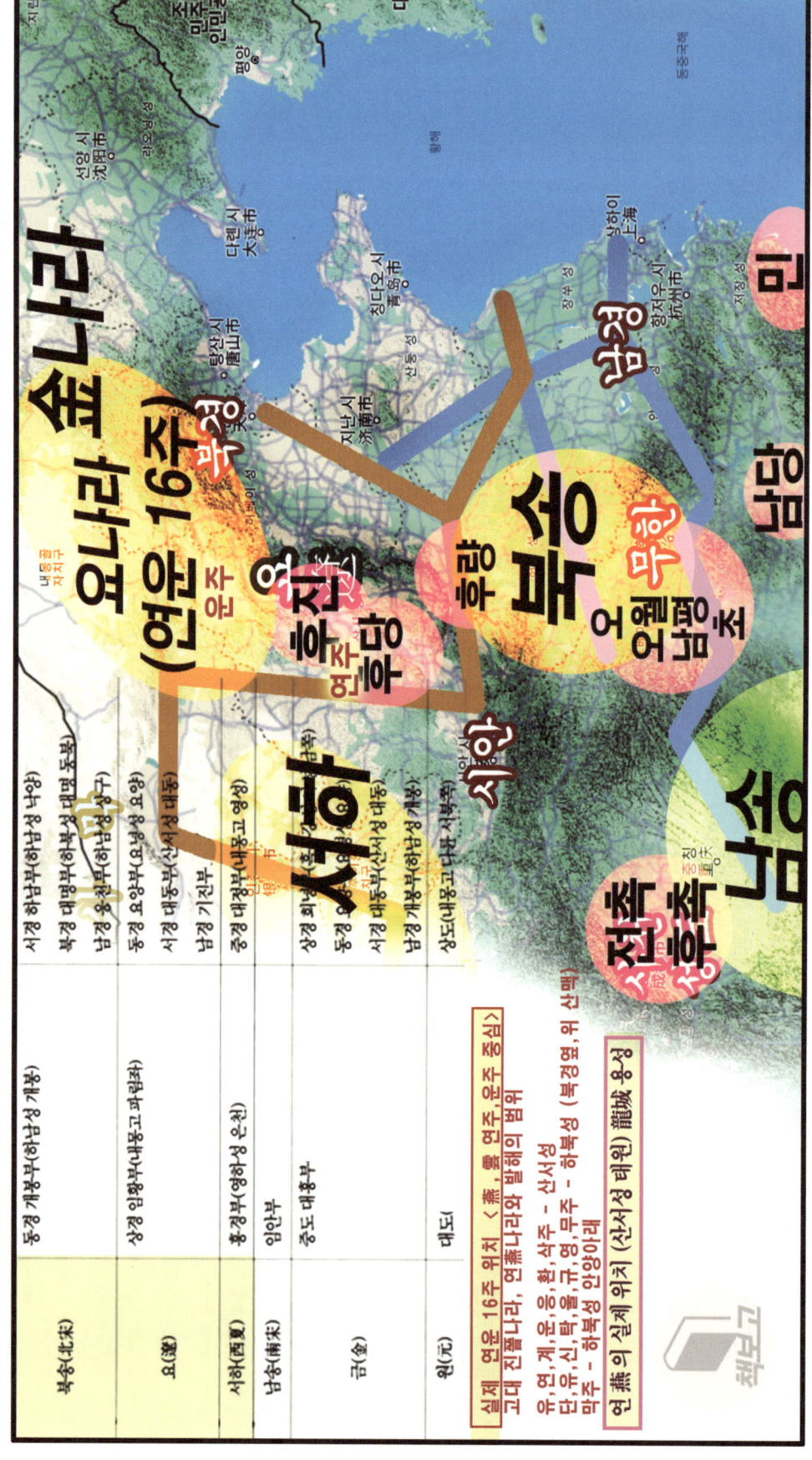

원나라 元 생 고려 高麗

연경대도 개경

東海

강화

남경

遼

묘골 정조

서칭 생도

몽고의 쿠빌라이 칸, 원나라 건국.

대북동부를 지배했던 고려를 품에 안아
몽고부족의 중심세력에 서다.

고려 충렬왕의 장인 = 쿠빌라이 칸
고려 충선왕의 외할아버지 = 쿠빌라이 칸

남송 정파, 일본 정벌의
연합체적 고려.
고려문화를 받아던 원나라.

원나라, 고려는 자랑스런 사돈 관계

15개 장국들 나립

五代十國時代 / Five Dynasties and Ten Kingdoms period

당(唐)(618년~907년) 왕조가 멸망한 10세기 초엽부터 송(宋)(960년~1279년) 왕조가 개창된 10세기 중엽까지 **53년, 약 반세기 동안 이어진 시대를 구분하는 용어**. 이 시기는 혼란기로, 한국사에선 후삼국시대에서 고려 광종 치세까지 겹치는 시기다. 이 분열된 중국을 통일하여 혼란의 시대를 끝낸 나라가 송나라다.

서진이 멸망하고 전개된 오호십육국시대와 이름은 비슷하지만 시기는 오호십육국이 훨씬 이전으로 완전히 다르다. 다만 그 전개 양상은 비슷해서 과장 좀 보태 제 **2의 위진남북조시대**라고 봐도 될 정도.[1]

당나라와 송나라 사이의 시기라는 점으로 인해 '당말송초(唐末宋初)', '당송교체기(唐宋交替期)'라고 부르기도 한다.

당나라 멸망 후 53년간 대륙 장국 혼란기.
5대 10국 시대. (황제국들?)
후삼국시대 시기

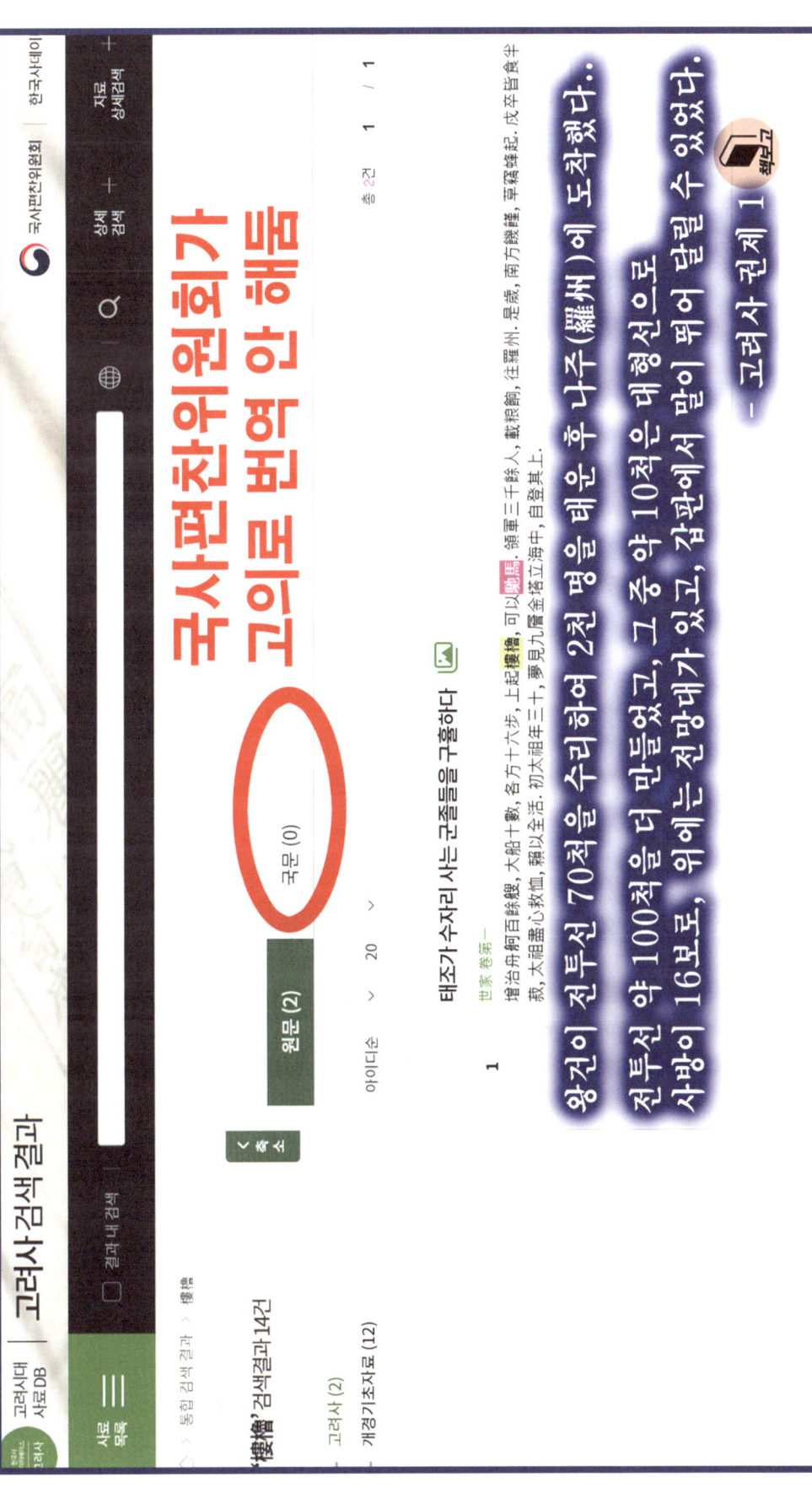

왕건이 해군대장군이 되었으며

후백제 견훤이 오월국으로 외교사신으로 보내는 선박을 '광주'에서 나포하였다.

병사 2,500명으로 '광주'의 '진도'를 공격하였다.

나주 나루터에 도착했다. 적의 전함이 물러나자 화공으로 공격하자 물에 익사한 적이 절반이었고, 후백제 견훤은 작은 배로 탈출했다.

— 고려사 권제 1

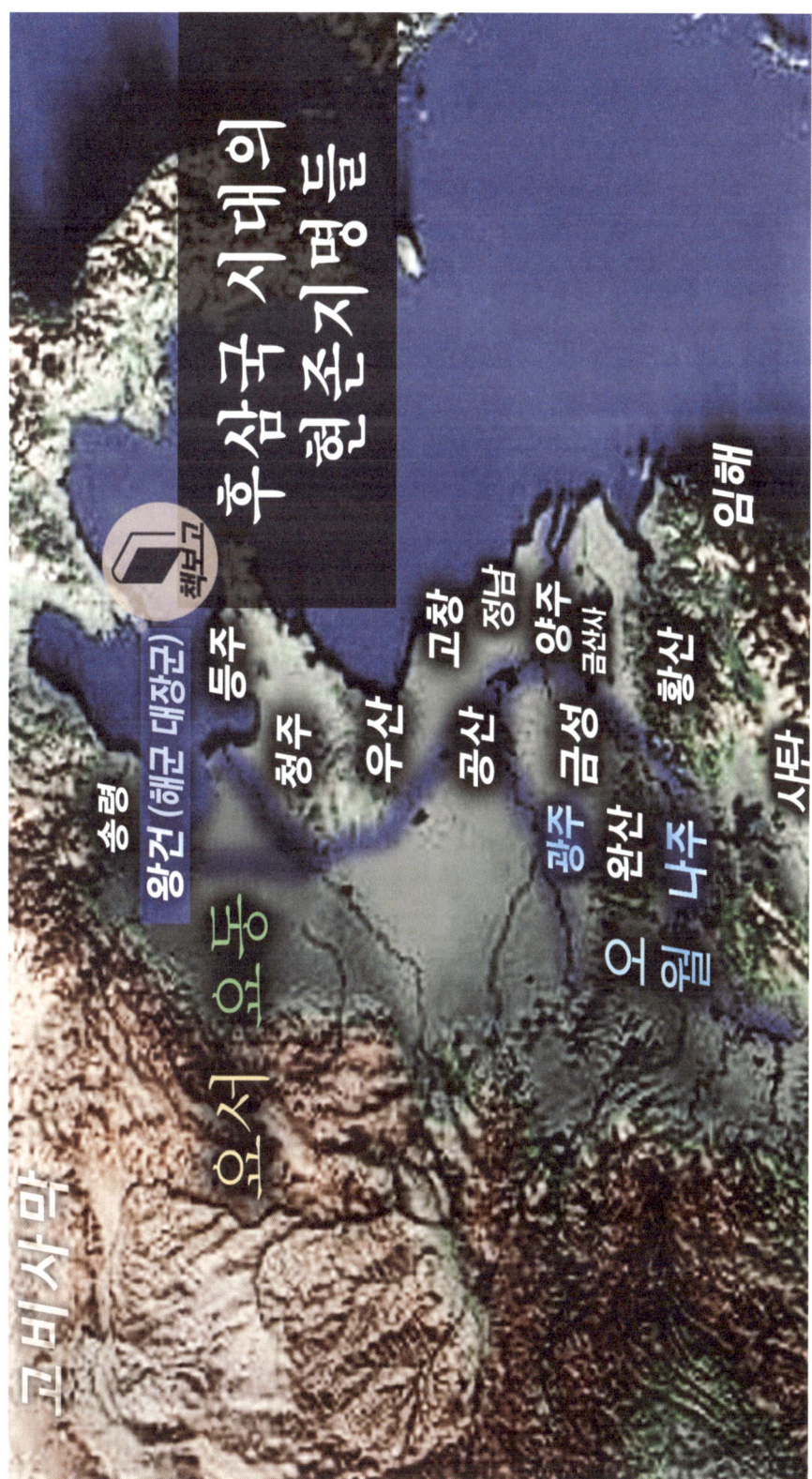

왕건이 백선장군(百船將軍) - 100척의 전투선 지휘장군이 되다.
- 삼국사기 권제 31

왕건을 해군 대장군으로 임명하여 나주(羅州)를 지키게 하다.
오월국으로 가는 후백제의 배를 잡다.

왕건이 전투선 70척을 수리하여 2천 명을 태운 후 나주(羅州)에 도착했다. 전투선 약 100척을 더 만들었고, 그 중 약 10척은 대형선으로 위에는 전망대가 있고, 갑판에서 말이 뛰어 달릴 수 있었다. 사방이 16보로,
- 고려사 권제 1

나주(羅州) - 양자강 광주(光州) 아래 위치

호족 (豪族)

정의

신라 말 고려 초의 사회변동을 주도적으로 이끈 지방세력.

내용

신라 말 고려 초의 사회변동을 주도적으로 이끈 지방세력.

호족이란 원래 중국의 남쪽에서 산출되는 털이 길고 질 좋은 짐승을 뜻하는 호(豪)와 친족집단을 뜻하는 족(族)이 합쳐져 이루어진 말이다.  중국 남쪽에 사는 짐승을 뜻하는 호(豪)  동배 결혼한 고려 건국 공신. 29명 지방 호족의 딸들과

이렇듯 중국의 경우와 같이 신라 말 고려 초의 호족은 경제적인 물론 권력·무력을 갖추고 문화의 독점적 향유까지 누리고 있는 존재였다. 이러한 호족은 지방의 유력한 족단(族團)[주1]이었다.

이들은 신라 말에 새로운 세력으로 등장해 고려왕조를 성립시키는데 큰 역할을 하였다. 따라서 고려왕조 성립 후 호족들은 두 가지 방향으로 나아가게 되었다.

하나는 중앙으로 진출해 문벌귀족화[주2]하게 되는 부분이고, 다른 하나는 지방에 남아 왕권강화와 더불어 향리화(鄕吏化)의 길을 걷게 되는 부분이다.

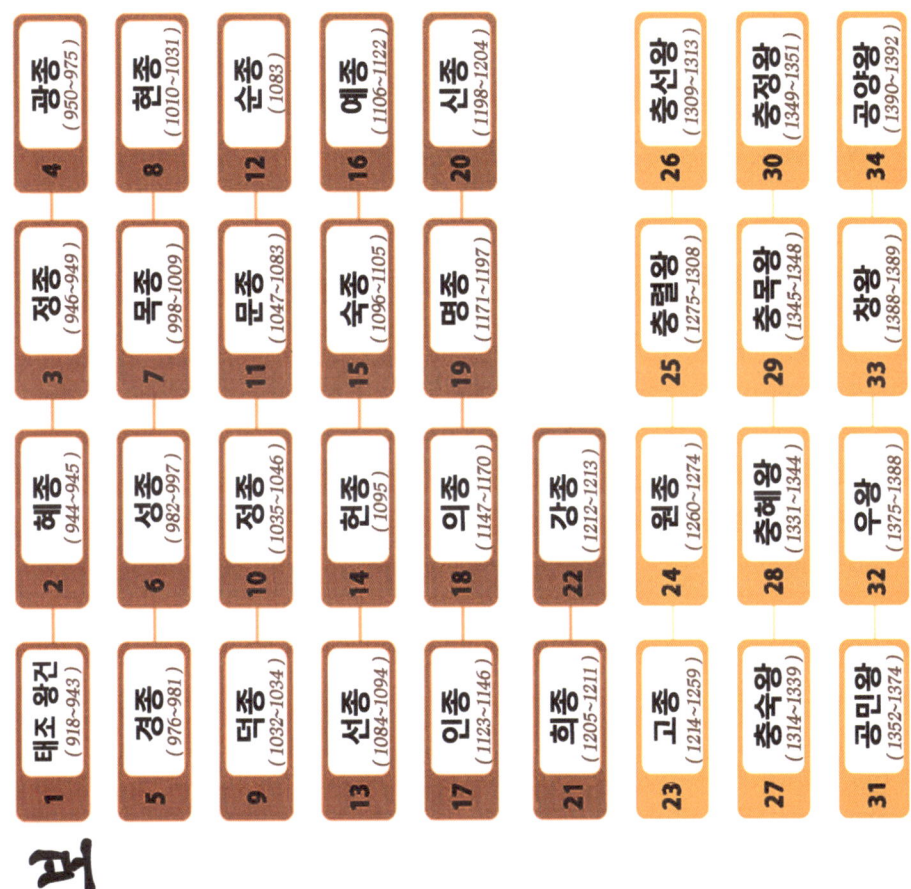

高麗 고려 황제(고려)제(계)보

1 태조 왕건 (918-943)	2 혜종 (944~945)	3 정종 (946~949)	4 광종 (950~975)
5 정종 (976~981)	6 성종 (982~997)	7 목종 (998~1009)	8 현종 (1010~1031)
9 덕종 (1032~1034)	10 정종 (1035~1046)	11 문종 (1047~1083)	12 순종 (1083)
13 선종 (1084~1094)	14 헌종 (1095)	15 숙종 (1096~1105)	16 예종 (1106~1122)
17 인종 (1123~1146)	18 의종 (1147~1170)	19 명종 (1171~1197)	20 신종 (1198-1204)
21 희종 (1205~1211)	22 강종 (1212~1213)		
23 고종 (1214~1259)	24 원종 (1260~1274)	25 충렬왕 (1275~1308)	26 충선왕 (1309~1313)
27 충숙왕 (1314~1339)	28 충혜왕 (1331~1344)	29 충목왕 (1345~1348)	30 충정왕 (1349~1351)
31 공민왕 (1352~1374)	32 우왕 (1375~1388)	33 창왕 (1388~1389)	34 공양왕 (1390~1392)

輻員之廣, 幾於萬里

고려(海東)는 영토로 3면은 海를 막고
1쪽 구석은 육지로 연결되어 있다.
영토가 광대하여, 거의 1만리다.

태조 왕건께서
고구려 땅에서 일어나
신라의 항복을 받고
후백제를 멸망시켜
개경 땅을 정하니
3한의 수도를 통일하셨다.

고려사 지리지 서문

高麗史 五十六

志 卷第 十

地理 一

惟我海東三面阻海一隅連陸輻員之廣幾於萬里高麗太祖興於高勾麗之地降羅滅濟開京定鼎三韓之地歸于一始于諸州府郡縣及關驛江浦之號遠地東方初 成宗又改州府郡縣及關驛之名分境內爲十道就十二州各置節度使其十道一曰關內二曰中原三曰河南四曰江南五曰嶺南六曰嶺東七曰山南八曰海陽九曰朔方十曰浿西其所管州郡共五百八十餘顯宗初廢節度使置五都護七十五道安撫使尋罷安撫使置四都護八牧自是以後定爲五道兩界曰楊廣曰慶尚曰全羅曰交州曰西海曰東界曰北界摠京四牧八府十五郡百二十九縣三百三十五

송나라 사서 (송사)

高麗는 동서의 거리가 2천리이고 남북의 거리는 東南望 明州, 水路碧

고려는 가로길이가 더 긴 나라이다.

고려의 동남쪽은 명주明州 (영파 寧波)가 보인다.

○ 高麗는 동서의 거리가 2천리이고 남북의 거리는 5백리로서, 서북쪽은 契丹과 접하니 鴨綠江을 경계로 삼았는데 요새지로 강이 넓이는 3백 步이다. 高麗의 동쪽으로 가는 곳마다 바닷물이 맞아 물이이 일길 정도 보이며, 동남쪽에서는 明州가 바라보이는데[註 235] 물이 모두 푸르다.

고려 개성에는 숭산이 있다. 嵩山

[高麗]王은 開州 蜀莫郡에서 사는데, 이곳이 큰 開城府이다. 큰 산을 등져 궁실을 짓고 城壁도 쌓았으니 그 산을 神嵩山이라고 이름하였다.

백성들의 거처는 모두 띠집으로서 큰 집이라야 2간 정도이며, 기와로 이은 집은 겨우 2할 정도이다.

新羅를 東州[註 236] 樂浪府로 삼아, 百濟를 金州 金馬郡으로 삼아 南京, 平壤을 鎭州[註 237] 하였다. 통틀어 모두 3京 · 4府 · 8牧에 郡이 백 심 8개, 縣鎭이 3백 9십개, 섬이 3천 7백개이며, 작은 都邑은 간혹 백 户 부에 안 되었다.

고려는 금마 金馬 군을 남경으로 삼았다.

고려는 금마 군을 남경으로 삼고 서경으로 불렀다.

평양을 진영 鎭州으로 삼고 서경으로 불렀다.
서경이 제일 번창했다.

- 宣和 4년(A.D.1122; 高麗 睿宗...
- 欽宗이 즉위하자 축하 사신이...
- [建炎] 2년(A.D.1128; 高麗 仁...
- [建炎二年]10월에 대궐에 이른...
- [建炎] 3년(A.D.1129; 高麗 仁...
- 紹興 원년(A.D.1131; 高麗 仁...
- [紹興] 2년(A.D.1132; 高麗 仁...
- [紹興] 6년(A.D.1136; 高麗 仁...
- 隆興 2년(A.D.1163; 高麗 毅宗...
- 慶元 연간(A.D.1195~1200; 高...
- 高麗는 동서의 거리가 2천리이...
- 王이 거동할 적에는 양렬을 맨...
- 王城에는 중국 사람이 수백 명...
- 佛敎를 숭상하여 비록 임금의...
- [高麗] 사람들이 머리를 잘라이...
- 明州 定海에서 順風을 만나면...

위키백과
우리 모두의 백과사전

Q 위키백과 검색   검색

탕산대지진 개평 開平

문서 토론

위키백과, 우리 모두의 백과사전.

⚠ **탕산 지진**은 여기로 연결됩니다. 2020년에 탕산에서 발생한 지진에 대해서는 2020년 지진 문서를 참고하십시오.

탕산대지진(중국어: 唐山大地震 탕산다디전[*]) 혹은 **1976년 탕산 지진**(중국어(중국: 唐山地震 탕산다진), **7.28 탕산 지진**은 1976년 7월 28일 오전 3시 42분, 7월 28일 오후 6시 45분(현지 시각)에 두 차례 중국 허베이성 탕산시 주변 지역을 강타한 모멘트 규모 $M_w7.6$의 지진이다. 지진의 최대진도는 수정 메르칼리 진도 계급 기준 X이다. 탕산시 바로 아래에 숨어 있던 탕산 단층에서 일어난 지진이다.[6]

목차 숨기기

처음 위치
지질학적 환경
지진

∨ 피해
    진도 X~XI 지역
    진도 VIII~IX 지역
    진도 VII 지역
    탄광 피해

탕산대지진

탕산 광업대학 건물이 지진으로 완전 붕괴된 모습. 이 대학에서 지진으로 학생 2천명 이상이 사망했다.

지진 직후 탕산시의 건물 85%가 붕괴되거나 사용 불가능 수준으로 파괴되었고 모든 사회 서비스가 중단되었으며 고속도로와 교량 대부분이 붕괴되거나 심각한 손상을 입었다.[7] 중국 측 공식 보고서에 따르면 탕산시에서 242,769명이 사망하고 164,851명이 중상을 입었다고 발표했지만 실종자와 나중에 사망한 부상자, 인근 베이징과 톈진에서의 사망자를 고려하면 최소 30만명이 사망했다고 추정되며[8][9] 이는 근대 기록상 가장 많은 사망자가 발생한 지진이자 중국에서 사망자가 가장 많은 자연재해 중 하나로 꼽힌다.

요나라 역사서:
요사(거란) 권38 지 제8 지리지 2

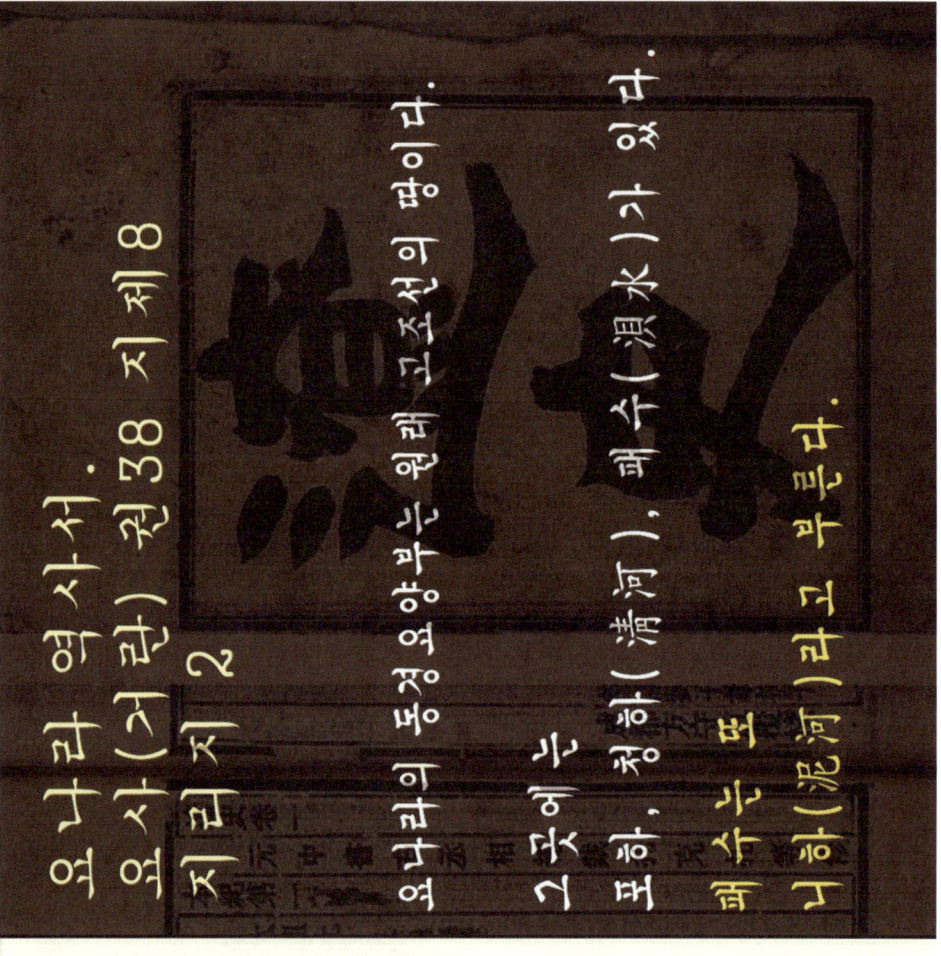

요나라의 동경요양부는 원래 고조선의 땅이다.

그곳에는 패하, 청하(淸河), 포하,
니하(泥河)라고도 부르는
패수(浿水)가 있다.

遼史卷三十八 志第八 地理志二

東京道

東京遼陽府, 本朝鮮之地, 周武王釋箕子囚, 去之朝鮮, 因以封之. 作八條之敎, 尚禮義, 富農桑, 外戶不閉, 人不爲盜. 傳四十餘世. 燕屬眞番、朝鮮, 始置吏, 築障塞. 秦屬遼東外徼. 漢初, 燕人滿王故空地, 武帝元封三年, 定朝鮮爲眞番、臨屯、樂浪、玄菟四郡. 後漢出入靑、幽二州, 遼東、玄菟二郡, 沿革不常. 漢末爲公孫度所據, 傳子康; 孫淵, 自稱燕王, 建元紹漢, 魏滅之. 晉陷高麗, 後歸慕容垂; 子寶, 以句麗王安爲平州牧居之, 元魏太武遣使其所居平壤城, 遼東京本此. 唐高宗平高麗, 於此置安東都護府; 後爲渤海大氏所有. 大氏始保挹婁之東牟山. 武后萬歲通天中, 爲契丹盡忠所逼, 有乞乞仲象者, 度遼水自固, 武后封爲震國公. 傳子祚榮, 建都邑, 自稱震王, 倂吞海北, 地方五千里, 兵數十萬. 中宗賜所都曰忽汗州, 封渤海郡王. 十有二世至彝震, 僭號改元. 擬建宮闕, 有五京, 十五府, 六十二州. 爲遼東盛國. 忽汗州卽故平壤城也, 號中京顯德府. 太祖建國, 攻渤海, 拔忽汗城, 俘其王大諲譔, 以爲東丹王國, 立太子圖欲爲人皇王以主之. 神冊四年, 葺遼陽故城, 以漢戶建東平郡, 爲防禦州. 天顯三年, 遷東丹國民居之, 升爲南京.

城名天福, 高三丈, 有樓櫓, 幅員三十里. 八門: 東曰迎陽, 東南曰韶陽, 南曰龍原, 西南曰顯德, 西曰大順, 西北曰大遼, 北曰懷遠, 東北在東北隅. 宮城在東北隅, 高三丈, 具敵樓, 南爲三門, 壯以樓觀, 四隅有角樓, 相去各二里. 宮牆北有讓國皇帝御容殿. 大內建二殿, 不置宮嬪, 唯以內省使副、判官守之. 大東門內有讓國皇帝之禦容殿. 外城謂之漢城, 分南北, 中爲看樓. 晨集南市, 夕集北市. 街西有金德寺; 大悲寺; 駙馬寺; 碑樓, 碑載有金德、大悲、駙馬、鐵幡竿在焉. 趙頭陀寺; 留守司; 軍巡院; 歸化營軍千餘人, 河, 朔亡命, 皆籍于此, 東至北烏魯虎克四百里, 南至海邊鐵山八百六十里, 西至望平縣海口三百六十里, 北至挹婁縣范河河二百七十里. 東, 西, 南三面抱海. 遼河出東北山口爲范河, 西南流爲大口, 入于海; 太子河, 亦曰大梁水: 渾河在東梁, 范河河之間; 沙河出東南山西北流, 徑盖州入于海. 會遼州入子海, 有蒲河; 清河; 浿水, 亦曰<mark>泥河</mark>, 又曰蓒芋濼. 水多蓒芋之草, 駐蹕山, 唐太宗征高麗, 駐蹕其顧駐日, 勒石紀功焉, 俗稱手山, 山顚平石之上有指之狀, 泉出其中, 取之不竭, 又有明王山, 白石山. - - 亦曰靑山, 天顯十三年, 改京爲東京, 府曰遼陽.

고려의 거종(巨鐘)은 보제사에 있다. 종소리가 거란(요나라)까지 들린지 이 곳 수도의 보제사로 옮긴 것이다.

— 그림 없는 그림책, 송나라 정보 기록서 <고려도경> 거종(巨鐘)

北京巨钟 **북경가종**

거란이 발해를 멸망시킨 후 고려에게 낙타 50마리를 바치다
— 942년 고려사 태조 왕건

사라지는 여행

와일드 몽골
낙타로 올린 무역의 길 티로드

영하 50도 숨막히는 북판... 불수록 경이로운 물길 유목민이 먹고 사는 별 별 세계테마기행

942년 거란(契丹)에서 사신 30명과 함께 낙타 50마리를 고려에 보냈으나, 거란이 발해를 배신하고 멸망시켰기에, 고려는 그 사신들을 귀에 유배 보내고, 낙타들은 모조리 굶겨 주었다. - 고려사

말 1마리당 동절기에는 하루에 반드시 피 5두, 콩 2두, 소금 5합, 응 5합(合)을 먹여라

『고려사』 1159년 의종, 권82 지 권제 36

군마 등 사료에 대한 규정

東北過高句麗

고려의 서북쪽으로는 옛 고구려를 넘지 못했으나 동북쪽으로는 옛 고구려보다 넓어있다.

고려사 지리지 서문

고려 정종(靖宗) 7년(1041) 최충(崔冲)이 영원(寧遠), 평로(平虜) 2개의 진영(鎭)에 성(城)을 쌓았다

고려사 권82 지 권 제36

검색결과

검색어 寧遠 | 검색결과 총 65건

고려사 (38)
고려사절요 (16)
중국사서 고려·발해 관련 기사 (7)
개경기초자료 (4)

원문 (19) | 국문 (19)

연번	전거	기사제목	날짜	이미지
1	세가 권제6	서여진 추장이 토물을 바치다	1042년 2월 22일(음)	이미지
		등 12인이 와서 토산물을 바쳤다. 예빈성(禮賓省)에 아뢰기를, "고지기 등이 작년에 평로성(平虜城)과 영원성(寧遠城)의 두 성을 개창할 때 자못 공적이 있었으므로 예물(禮物)을 넉넉하게 하사하기를 ····		
2	세가 권제6	변격을 받아들이지 못한 장교들을 논죄하다	1045년 4월 20일(음)	이미지
		아뢰기를, "번성(蕃城)" 1000여 인이 영원진(寧遠鎭) 장평수(長平戍)에 침입하여 군사 300여 인을 사로잡아갔으므로, 청컨대 제대로 방어하지 못한 장교(將校)의 죄를 다스려주십시오."라고 하자, 이를 허락하였다.		
3	세가 권제8	서여진인들에게 음식을 대접하게 하다	1064년 5월 10일(음)	이미지
		5월 을사 참지정사(參知政事) 이유충(異惟忠)에게 영원하여 서여진(西女眞)의 고지지(高之知) 등 13인에게 예빈시(禮賓寺)에서 잔치를 베풀고 전례에 따라 물품을 하사하게 하였다.		
4	세가 권제8	거란에서 왕에게 긍신출을 내린다는 조서와 책문이 오다	1065년 4월 4일(음)	이미지
		지금 영원군절도사(寧遠軍節度使) 야율영의 아들과 우근내반전사(右近省內班殿使) 정문등을 책봉사(冊封使)와 부사(副使)로 삼아 보내고, 아울러 그대에게 건복 수레으그릇 비단 안장 갖춘 말 활과 화살 술 등을····		
5	세가 권제9	동여진인들이 말을 바치다	1083년 2월 25일(음)	이미지
		신미 동여진(東女眞)의 귀덕장군(歸德將軍) 요빈(姚彬)과 영원장군(寧遠將軍) 방진(方箴) 등이 와서 말을 바치자, 각기 관직과 상을 하사하였다.		

검색 결과

검색어 **평로** | 검색결과 총 139건

원문 (26) | **국문 (25)**

고려사 (51)
- 고려사절요 (33)
- 원고려기사 (2)
- 중국사서 고려 관련 유민 기사 (10)
- 고려시대 금석문·문자자료 (1)
- 개경기초자료 (42)

번호	관제목	날짜	기사제목	
1	세가 권제6	1042년 2월 22일(음)	서여진 추장이 토물을 바치다	이미지
			등 12인이 와서 토산물을 바쳤다. 예빈성(禮賓省)에서 아뢰기를, "고자지 등은 작년에 **평로**성(平虜城)과 영원성(寧遠城)의 두 성을 개창할 때 자못 공로이 있었으므로 예물(禮物)을 넉넉하게 하사하기를…"	
2	세가 권제7	1052년 10월 14일(음)	전사한 소강한을 상장군으로 추증하다	이미지
			병술 **평로**진(平虜鎭)에서 전사한 소강한(蘇康漢)의 공을 기록하고, 〈그에게〉 흥위위상장군(興威衛上將軍)을 추증(追贈)하였다.	
3	세가 권제8	1061년 9월 18일(음)	변방을 침구한 적을 격퇴한 강영 등을 포상하다	이미지
			평로진병마사(平虜鎭兵馬使) 강영(康潁) 등이 서북면병마사(西北面兵馬使) 고경인(高慶仁)에 병사들 거느리고 추격하여 항마진(降魔鎭)까지 이르러 적을 격퇴하고 수십 명을 목 베고 사로잡았으며 병기(兵器)도…	
4	세가 권제8	1064년 1월 25일(음)	적의 동태를 알려준 변경을 포상하다	이미지
			아뢰기를, "지난 임인년(1062)에 웅포촌(雄浦村)의 적들이 우리 영토를 침범할 목적으로 물래 **평로**진(平虜鎭)에 들어와 정수(折衝戎)와 항마수(降魔戎) 사이에 복병(伏兵)을 세웠는데, 우리 영내(嶺內)에…"	
5	세가 권제9	1073년 5월 7일(음)	우리 속 여진군이 적의 소굴을 처부었으나 논공행상을 실시하지 않다	이미지
			〈서북면병마사가〉 아뢰기를, "**평로**진(平虜鎭) 인근 지역의 번인(蕃人) 우두머리인 유원장군(柔遠將軍) 골어부 해해온(骸於大 海解溫)이 겉함거의 요재(要載) 등이 보고하여 말하기를, '우리는 일찍이 이계온(伊齊溫)에게…'	

고려 위원

검색어 威遠 | 검색결과 총 43건

검색결과 검색 내
모두 □ 없음

원문 (17) | **국문 (15)**

번호	제목	날짜	기사제목	이미지
1	세가 권제5	1030년 6월 9일(음)	부역자 및 효충 관리들에게 은혜를 베풀다	이미지

인주(麟州), 위원진(威遠鎭), 정융진(定戎鎭)에 성을 쌓은 이들과 서쪽으로 순행할 때 호종(扈從)하여 공로가 있는 자들에게 차례대로 관직을 더하고, 병들이 없는 이들에게는 물품을 차등 있게 하사하였다.

| 2 | 세가 권제6 | 1037년 9월 10일(음) | 구주 등지에 지진이 나다 | 이미지 |

9월 기유 구주(龜州), 삭주(朔州), 박주(博州), 태주(泰州) 등과 위원진(威遠鎭)에 지진이 났다.

| 3 | 세가 권제39 | 1360년 3월 25일(음) | 이승경 등에게 공신호를 내리고 관작을 임명하다 | 이미지 |

위원공신(威遠功臣) 경천흥·경운진(慶千興·慶雲鎭)등, 경천흥 건승동덕협보공신(盡忠同德協輔功臣)을 하사했으며, 안우(安祐)에게 추충경의경전보공신 서(推忠節義定亂功臣 中書平章政事) 김득배(金得培)에게…

| 4 | 지 권제9 | 1037년 9월 10일(음) | 구주 등지에 지진이 나다 | 이미지 |

〈정종(靖宗)〉 3년(1037) 9월 기유 구주(龜州), 삭주(朔州)·박주(博州)·태주(泰州) 등과 위원진(威遠鎭)에 지진이 났다.

| 5 | 지 권제12 | | 위원진 | 이미지 |

위원진(威遠鎭)은 현종 20년(1029)에 유소(柳韶)를 보내어 옛날의 석성(石城)을 수리하여 〈위원진(威遠鎭)을〉두었다. 진(鎭)은 흥화진(興化鎭)의 서북쪽에 있다.

대청광여도, 책보고 지명 번역본

대청광여도 고려 서부 정세 (안문, 위원, 평로, 영원)

고려시대 사료 DB | 고려사

› 고려사 › 권별보기 › 권82 › 志 › 지 권제36 › 병2(兵 二) › 성보 › 평장사 유소에게 명해 북쪽 국경 지역에 관방을 설치하게 하다

› 권별보기

〈 **고려가 설치한 구경 관문, 장성** 〉

평장사 유소에게 명해 북쪽 국경 지역에 관방을 설치하게 하다

일자 | 1033년 미상 (음)

〈덕종(德宗)〉 2년(1033)에 평장사(平章事) 유소(柳韶)에게 명하여 북방 경계에 처음으로 관방(關防)을 설치하였다. 서해 바닷가의 옛 국내 성(國內城)의 경계로서 압록강이 바다로 들어가는 곳에서부터 시작하여 동쪽으로는 위원(威遠)·흥화(興化)·정주(靜州)·영해(寧海)·영덕(寧德)·영삭(寧朔)·운주(雲州)·안수(安水)·청새(淸塞)·평로(平虜)·영원(寧遠)·정용(定戎)·맹주(孟州)·삭주(朔州) 등의 13개 성(城)을 거쳐 요덕(耀德)·정변(靜邊)·화주(和州) 등의 세 성(城)에 이르러 동쪽으로 바다에 이르니, 길이가 1,000여 리에 뻗었고, 돌로 성을 쌓았는데 높이 와 두께가 각 25척(尺)이다.

起自 西海濱 · 古國內城界
서쪽 물가에서 옛 고구려 국내성까지

25척 = 약 7.5M

삭주, 운주, 위원, 평로, 영원 등 산서성, 하부성에 현재 존재.

평장사 유소에게 명해 북쪽 국경지역에 관방을 설치하게 하다

— 평장사 유소에게 명해 북쪽 …
— 안융진과 간성현에 성을 쌓…
— 영주성을 수축하다
— 서북로 송령 이동에 장성을 …
— 도명마루서 박성걸이 정변…
— 숙주에 성을 쌓다
— 김해부에 성을 쌓다
— 최충이 영원진과 평로진에 …
— 둘로 환가하며 168간 규모…
— 영삭진과 수덕진에 성을 쌓다
— 김영기와 왕총지에게 명해 …
— 선덕진에 성을 쌓다
— 영흥진에 424간 규모의 성 …
— 동해에서 남해까지의 연변…

고려 선종(宣宗) 5년(1088)

요나라(거란)와 고려가 양쪽 국경을 봉함하여 여러 성을 나눠 쌓도록 하였습니다. 이에 고려장수 '하공진'을 인문(鴈門)에 파견해서 압록(鴨綠)에서 나가서 구당사가 되게 하여 강변을 감시하고 낮에는 성안으로 들어와 머물게 했습니다. 밤에는 성안으로 들어와 머물게 했습니다.

고려사 권10 세가 권제10

기주(冀州), 중심 雁門關

순천 順天	순덕 順德	평로 平虜
창평 昌平	광평 廣平	영원 寧遠
수천산 壽天山	교하 交河	금주 錦州
계평 開平	제양 濟陽	심양 瀋陽
흥주 興州	사수 泗水	금주 金州
통주 通州	청주 青州	복주 復州
영녕 永寧	등주 登州	개주 開州
함녕 咸寧	안문관 鷹門	해주 海州
보정 保定	위원 威遠	고우 高郵
안주 安州		

고려사 28개 지명들. 대청광여도 大淸廣輿圖

北京市 朝陽區 我爱

북경시 손이구

제가 어릴 때부터
고려영(高麗營)이라고 불렀어요

고구려 평양은 고려의 서경이다.
-삼국사기 지리지

국내(國內)로 도읍하여 425년이 지나 장수왕(長壽王)[註033] 15년(427)에 평양(平壤)[註034]으로 도읍을 옮겼다. 156년이 지나 평원왕(平原王)[註035] 28년(586년)에 장안성(長安城)[註036]으로 도읍을 옮겼으며, 83년이 지나 보장왕(寶藏王)[註037] 27년(668년)에 멸망하였다.

[원주: 옛사람들이 기록하길 시조 주몽왕(朱蒙王)으로부터 보장왕(寶藏王)에 이르기까지의 역년(歷年)은 틀림이 없고 상세한 것이 이와 같다. 그러나 혹은 이르기를 "고구려왕(故國原王) 13년(343)에 (왕이) 평양 동황성(東黃城)[註038]으로 이거(移居)하였는데, 성은 지금고려) 서경(西京)[註039]의 동쪽 목멱산(木覓山)[註040] 가운데 있다"라 하니, 옳고 틀림을 알 수 없다.] 평양성(平壤城)은 지금[고려]의 서경(西京)이며, 패수(浿水)[註041]는 곧 대동강(大同江)이다. 어찌 이를 알 수 있는가? 『당서(唐書)』에 "평양성(平壤城)[註042]에서 이르기를 "평양성(平壤城)은 경사(京師)의 동쪽으로 5천 1백 리에 있으며, 산굽이를 따라 외성을 둘렀고, 남쪽은 패수(浿水)에 잇닿아 있다. "라 하였으며, 또한 『지(志)』[註043]에는 이르기를 "등주(登州)[註044]에서 동북으로 바닷길을 가서, 남으로 해안에 연하여, 패강(浿江)[註045]의 입구인 초도(椒島)[註046]를 지나면, 신라의 서북에 닿을 수 있다. "라 하였다. 또한 수(隋) 양제(煬帝)[註047]의 동방 정벌 조서에서 이르기를 "창해(滄海)[註048]의 방면 군대는 선박이 천 리에 닿하는데, 높직한 돛은 번개같이 나아가고, 커다란 군함은 구름처럼 날아 패강(浿江)을 횡단하여 멀리 평양(平壤)에 이르렀

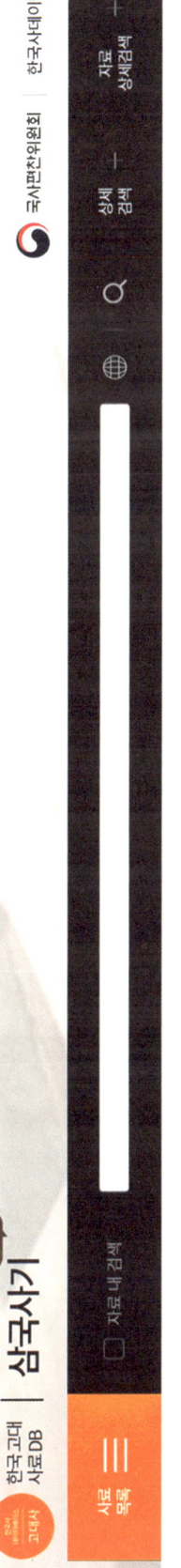

정안 진잉 마을
定安 營村
발해 유민

고려 개경
대성산 大城山, 산정상에 연꽃 3개

<고려사 권 58 지리지>

고려 평양성 동북쪽에 패성산 (구룡산, 노양산)이 있다. 산 정상에 연못 3개가 있다.
— 고려사 지리3

고려의 부족 영토 용천 龍泉

요에서 왕을 책봉하는 책서와 예물을 보내오다

일자 1097년 12월 13일 (음)

齊)와 이상(李湘)을 파견하여 옥책(玉冊), 규(圭), 인(印), 관면(冠冕), 차로(車輅), 장복(章服), 안...책문(冊文)에서 말하기를,

...(辰)에서 남기신 규범으로 천하를 통치한 지 43년이 되었다. 밖으로는 백성을 편안히 하고 안으로...하였다. 〈고려는〉 바다 모퉁이에 사직을 세워 북으로는 용천(龍泉)에 이르고 서쪽으로는 ...朔)을 받고 공물도 받들어 보내왔다. 이에 선왕이 별세하자, 적통의 계승자[嫡嗣]가 예통해 하면 ...위를 계승하였다. 여러 차례 장주(章奏)를 보내 간절히 청하기를 병으로 괴로워하고 있으니 숙부...다. 마침내 간절한 부탁에 따라 마침 권위와 지위를 위임하였는데, 크 나라를 섬기는 것에 충절을 ...었다. 하물며 한 나라에서의 지위를 생각한다면 이제 제후의 명성[子采之名]이 높아졌으므 ...하였다. 이에 전례(典禮)를 따라 특별히 책명(冊命)을 시행한다.

금마군

송사(宋史): 백제의 금마(金馬)군을 고려 남경으로 삼았다.

금마군(金馬郡) 註217 은 본래 백제(百濟)의 금마저군(金馬渚郡) 註218 이었는데, 경덕왕(景德王)이 이름을 고쳤다. 지금[고려]도 그대로 쓴다. 거느리는 현[領縣]이 셋이다.

註217
금마군(金馬郡): 현재의 전라북도 익산시 금마면(정종덕 외, 1997, 『역주 삼국사기 4 주석편(하)』, 한국정신문화연구원, 326쪽). 신라 경덕왕 때 지금 이름을 고쳐 후5년(1344)에 이주(金州)로 승격되었다(『고려사』 권57 지11 지리2 전라도 전주목 금마군). 조선 태종 13년에 익산군(益山郡)으로 이름을 고쳤다. 미륵산성과 성등이 있다(『신증동국여지승람』 권33 전라도 익산군). 『대동지지』에 따르면 백제 무강왕(武康王) 때 성을 쌓고, 별도(別都)를 두어 금마저(金馬渚)라 칭했다고 한다. ✎

註218
금마저군(金馬渚郡): 신라 전주 금마군(金馬郡), 익산시 금마면)의 백제 때 이름. 고조선 준왕(準王)이 이곳으로 도망와서 마한(馬韓)을 세웠다는 전승이 있어서, 용화산(龍華山) 위에 남아 있는 석축의 산성을 속칭 기준성(箕準城)이라고 부른다. 본서 권8 신라본기 신문왕 4년(684)조에 보덕국왕(報德國王) 안승(安勝)의 족자(族子) 대문(大文)이 익산(金馬渚)에서 모반하고 자인하기 그곳을 금마군(金馬郡)으로 칭하였다는 기사가 있다. ✎

금마는 전북 익산 = 고려 남경?

송사(宋史) : 백제의 금마(金馬)군을 고려 남경으로 삼았다.

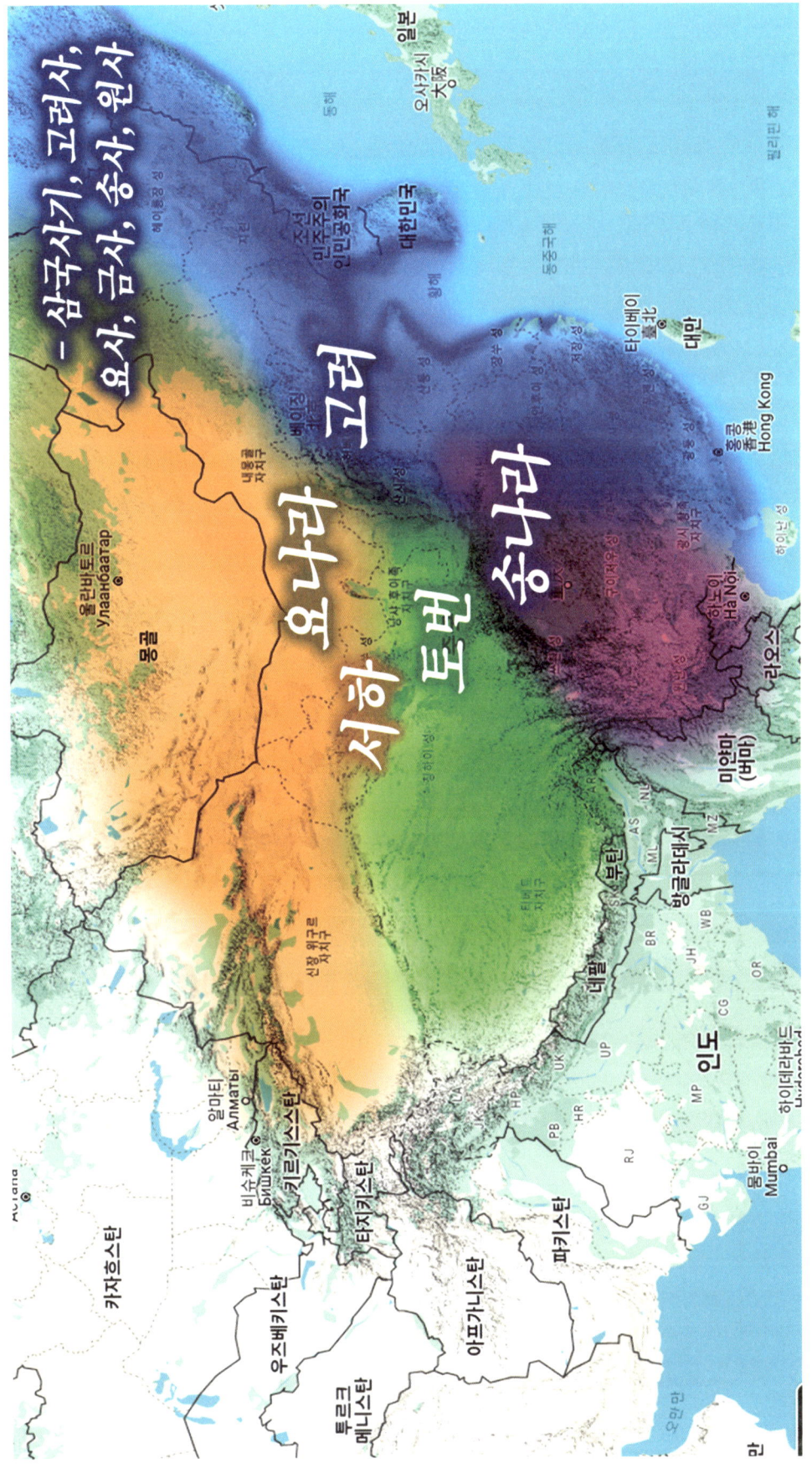

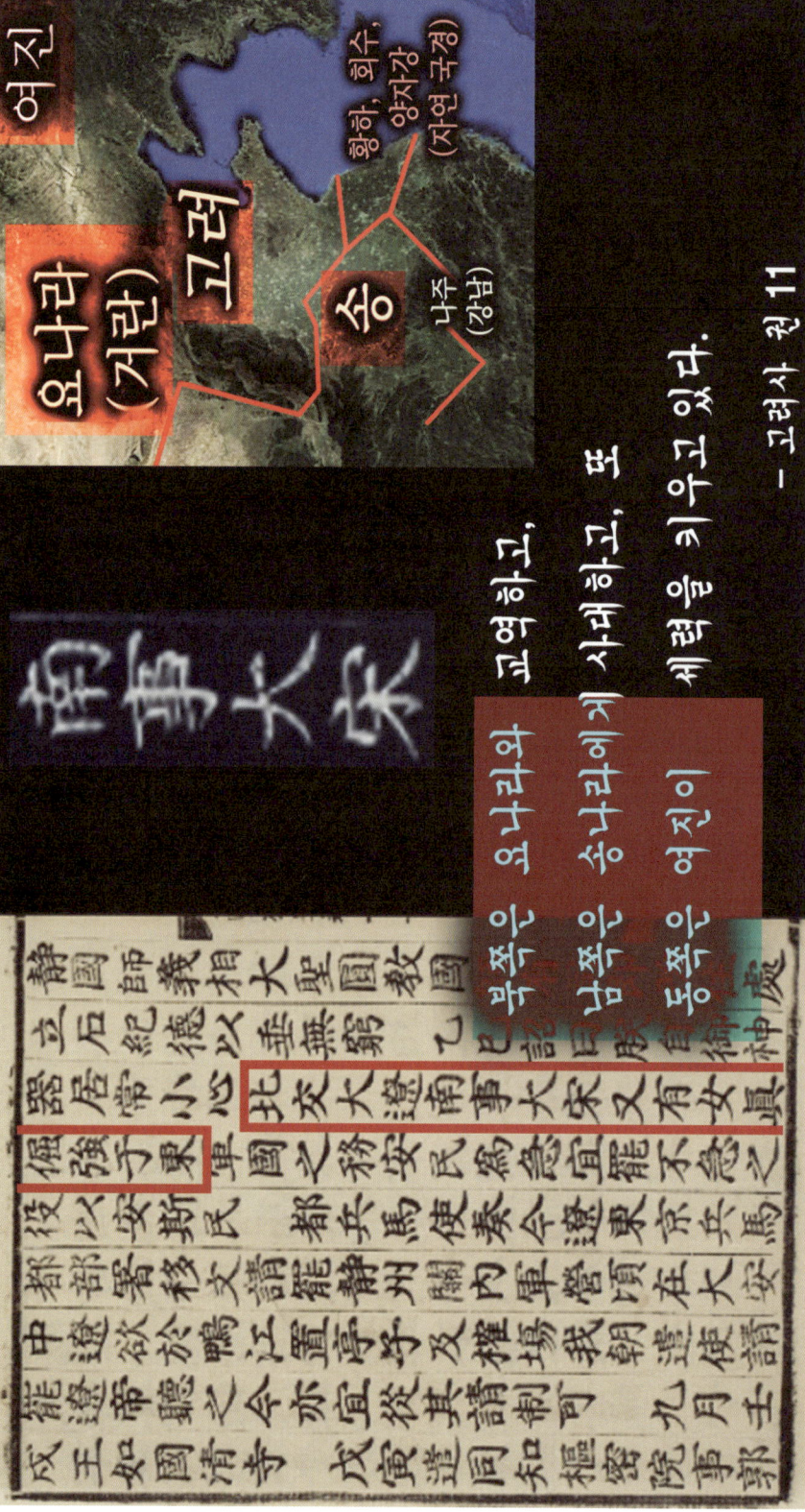

북쪽은 요나라와 교역하고,
남쪽은 송나라에게 사대하고, 또
동쪽은 여진이 세력을 키우고 있다.
— 고려사 권 11

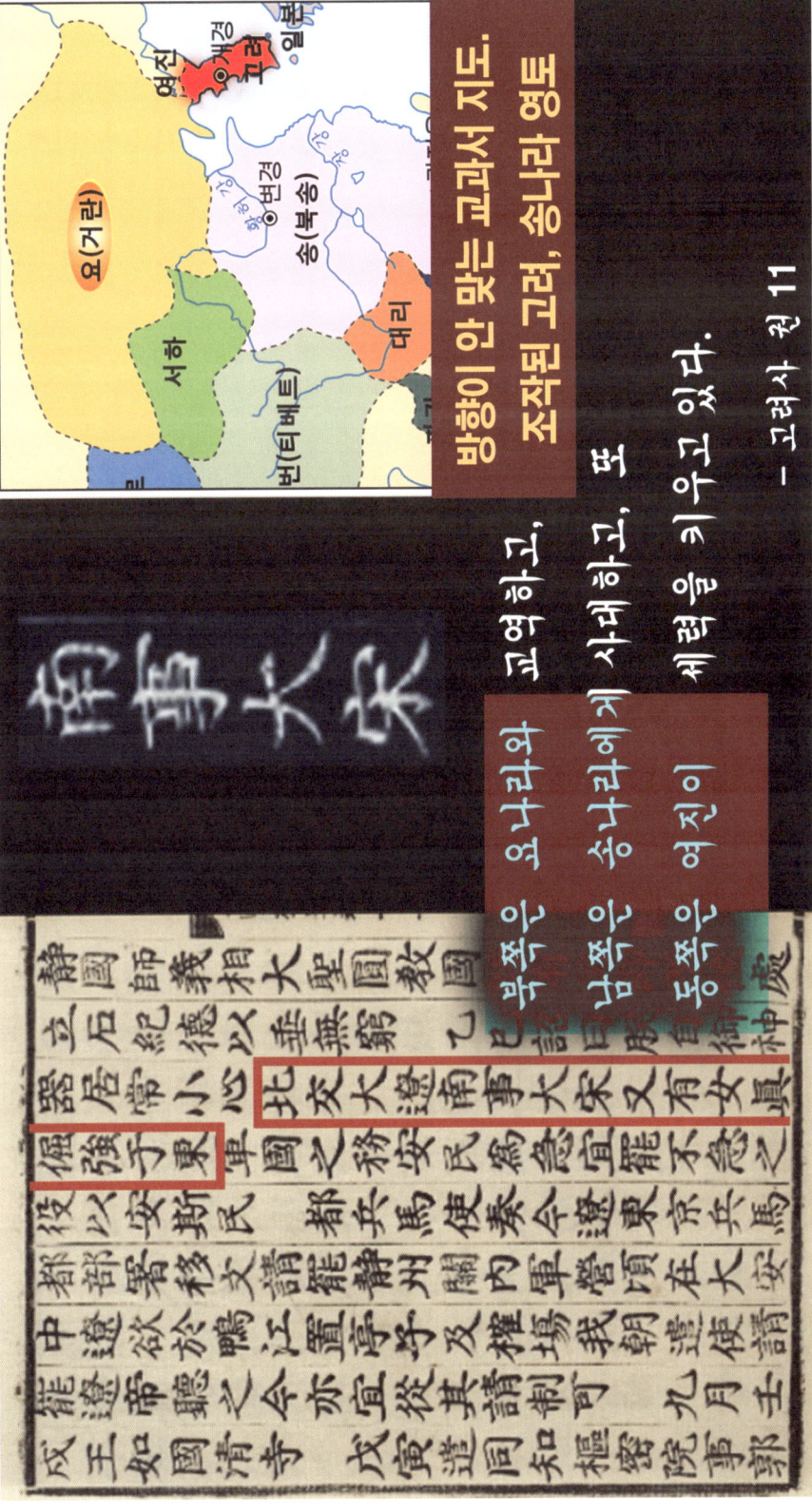

제왕운기(帝王韻紀) 권상(卷上)

- 이우의 성은 소(ㅡ代)라 하였으니
- 전왕(棗王) [성은 영(嬴)이고, 이름은 …
- 한(漢) 고조(高祖) [익(弋)의 후손이…
- 신하가 점차 강대하여져서 이에 다른 …
- 양씨의 수(楊睢) [선위를 받아 황제위…

금(金) 태조는 이름이 민(旻)이고 성은 완안(完顔)이니

신라의 왕은 김(金)씨 성으로
금(金)나라는 신라의 먼 친척이다. - 만주원류고 부족7 완안편
금(金)나라 시조의 휘는 함보(函普)이며 고려에서 발원했다. - 금사

○ 금(金) 태조는 이름이 민(旻)이고 성은 완안(完顔)이니, 요(遼)의 천경(天慶)
4년(1114) 갑오에 양복길(楊福吉) 등고에서 요의 군대를 패배시키고, 그 다음해 을미년(1115)에 여러 신하들의 황제위에 오르게 하였다. 이에를 무릇제(武元帝)^{註 001}라 하였으니, 우리 숙종(肅宗)
11년이다. 상경(上京)에 도읍하였고, 토(土)덕이다. 대종(太宗) 회동(會同) 3년(1125)^{註 002}에 이르러, 마침내 요(遼)를 평정하였으니, 4년(1126)에 송(宋)을 굴복시켰다. 다음해에 휘종(徽宗)
스로 불삼라서 죽었다. 태조(太祖)부터 애제(哀帝)에 이르기까지 모두 9군주이고, 합하여 118년이다. 〈나라를〉 대원(大元)에 전하였다. 요를 평정하고 송을 굴복시키고
연경(燕京)으로 천도하니, 북방과 남방의 지역[毛方尾域]이 그의 지위를 받았도다. 태평한 날이 오래됨에 사치스럽고 화려한 것을 일삼았으니, 만수
신산(萬壽神山)이 높이 솟아 푸르고 푸르르네. 장종(章宗) 황제가 쌓은 것으로, 365등(嶝)이다. 위로는 경천공(璨天宮)이 있고, 안으로는 왕전(王殿)이 있으며, 동쪽으로는 장
조전(長碉殿)이 있고, 남쪽으로는 임춘전(元春殿) 때에 궁의 들을 다 쌓았다. 신(臣)이 사명(使命)을 받들어 조정에 들어가 연회에 참석하여 그것을 3번 들었다. 그
선조이신 태사(大師) 오고할(烏古割)은 명주(溟州)의 신수(山水)의 빼어난 기운을 주셨네. 짐지 우리를 일월어 부모의 나라[父母鄕]라고 하고, 금나라
사람들이 시에 이르기를, "연지(燕地)는 신선이 사는 곳[神仙窟], 삼한(三韓)은 부모의 나라[父母鄕]"라고 하였으니, 대개 근본을 잊지 않은 것이다. 그 사두에 모두 이르길, '대금국(大金國) 황제가 고
려국(高麗國) 황제에게 금을 부친다. 운운'이라 하였으니, 이것이 황제겸을 뜻한 증거이다.

大金國皇帝 , 寄書于 高麗國皇帝 云云
금나라 황제가 고려황제에게 말하노니,

已而金使復至，用新羅使人禮

송나라 외교 사신이 송나라에 도착하자, 송나라는 신라 사신을 맞는 예법으로 맞이했다.
— 송사. 권119 예지 2

宋史
卷一百十九
志第七十二 禮二十二

* 禮二十二（賓禮四）

紹興元年，宰臣進呈金使李永壽等正旦人見故事。

紹興三年十二月，金使蕭慶等正旦人見，金使李善慶等來，遣吏秘閣修撰有開偕善慶等報聘。上曰："全盛之時，百官俱入。"詔王倫就驛賜宴，十一年十一月，金國遣使言將來。十二年，班定徽猷閣以弥蒂，一員於明州，一員於鎮江府，一員於平江府，於是好始重。尋詔：金國賓正旦人使到關迓接坐次，十四年正月一日，宴金國人使於紫宸殿。北使賀正旦節儀，隨宰臣從殿門陛上壽，進壽酒畢，皇帝、皇后以下同使副酒三行，教坊作樂，教坊饌三節人從不坐。仍擬之例，仍用樂。二十九年，以皇太后崩，以皇貞使副此就譯館宴。見畢已。酒七行，至北郊吹亭。茶酒里，上馬人陞外門，飲酒五十里，翌日登舟，至北郊吹亭，茶酒里。上馬人陞外門，賜鞍轡、鞍韉帔 + 沙鑞等。明日，臨安府書送酒食。閣門官人，使南官門外下馬，北使車陽門內下馬，皇南御紫宸殿，六麥皆起店，北使具里，赴客省起店，退從店已上陛坐，賜茶。使同天竺壽存，上賜沈香，震宸，錢宴。次全涼亭，呼遠酒亦勞，賜茶。入見議酒果，恭茶，花腦，宴。馬酉茗，酒五行，赴守歲夜筵，酒五行，用喧麗。正月明日，閣門中迓嘗，中唱名，品諸校營特者預營，朝皇帝朝宴，上賜弓使唇迓勤。酒九行。三日，客省養賜酒食，肉味英賜，尚食館。遂赴郊匚靈壇朝，酒七行。四日，赴玉津園燕射，品官起立，朝幹殒，大燕英畢，監祭御史已上皆預，學士撰致語，六日，向韓自出奧內贴行，陪不岸。又次日，加賜龍團茶。金殉合。來馬出北闕乃登程，金帶酒帶一條，衣一雙，鞍轡器，臨安府押餞宴。

紹興三年三月，副使金八百八十兩，都皆上節各賜銀四十兩，中下節各銀三十兩，使人到關延宴，凡用樂人二百三十六人，副使今六十二人，厮役四十八人，下節金二十二人，旗校行李二十八人，於御前等子內差，相搏十六人，並下臨安府。並前朝 教習之。

永壽復行契丹故事。

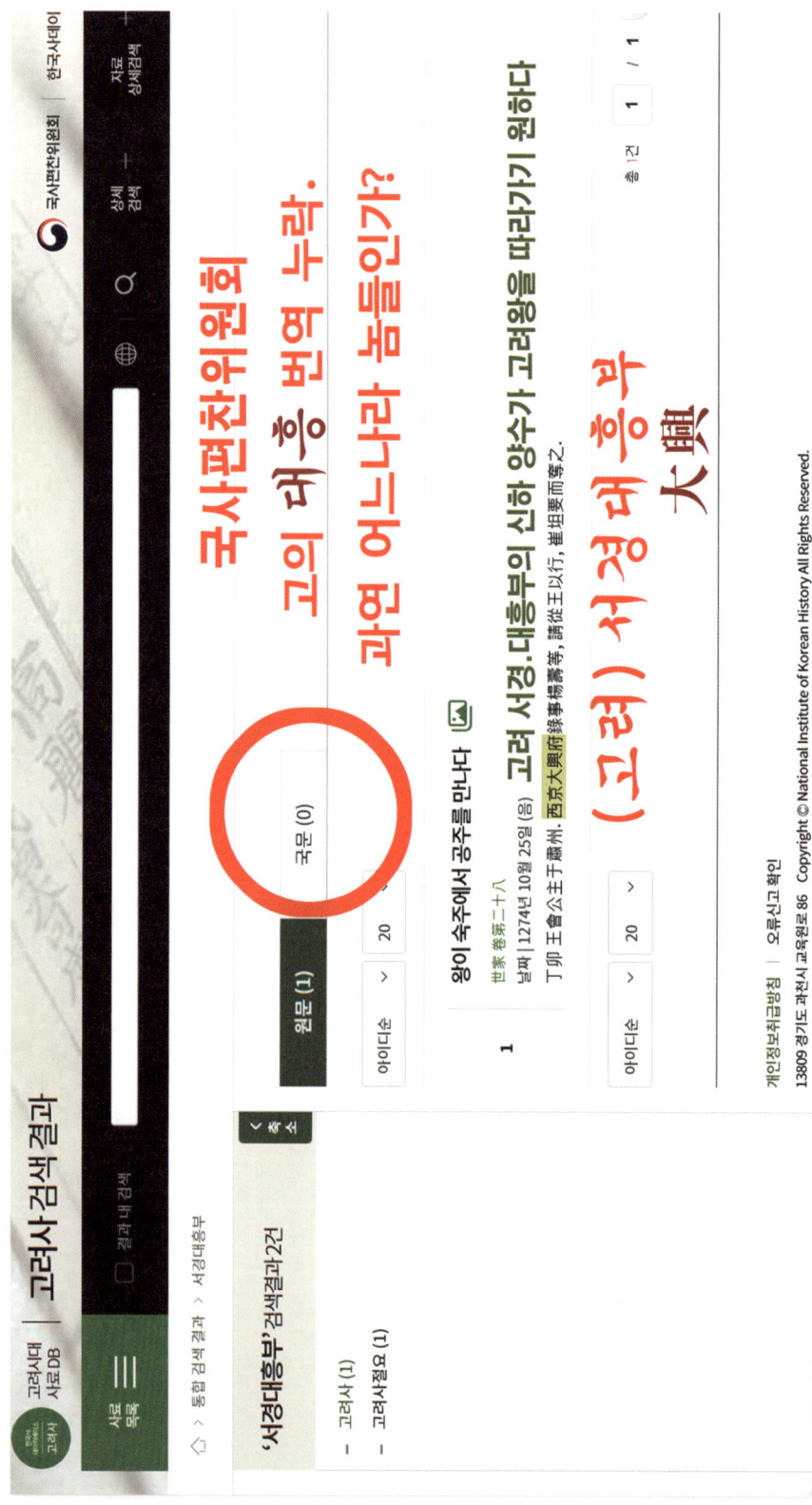

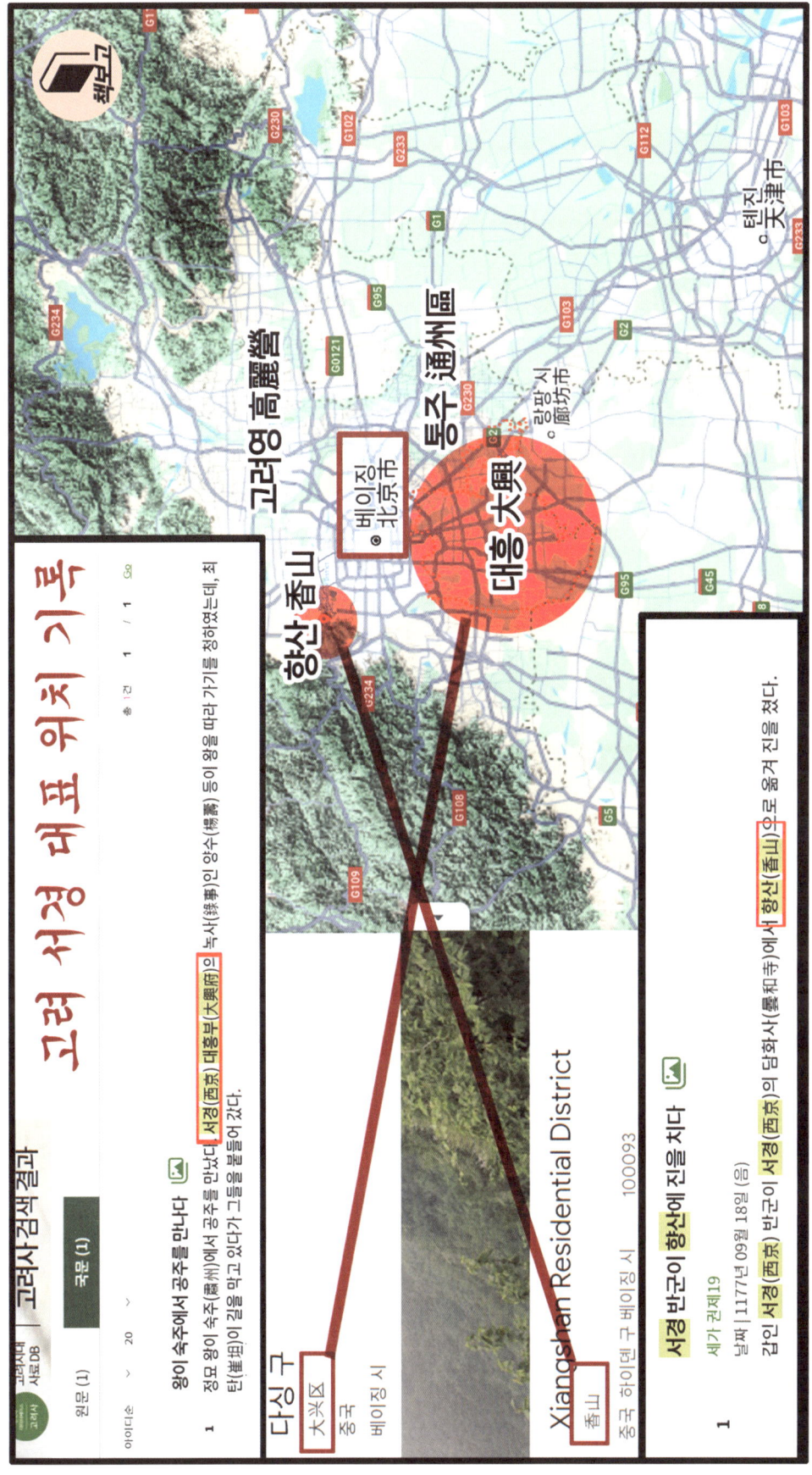

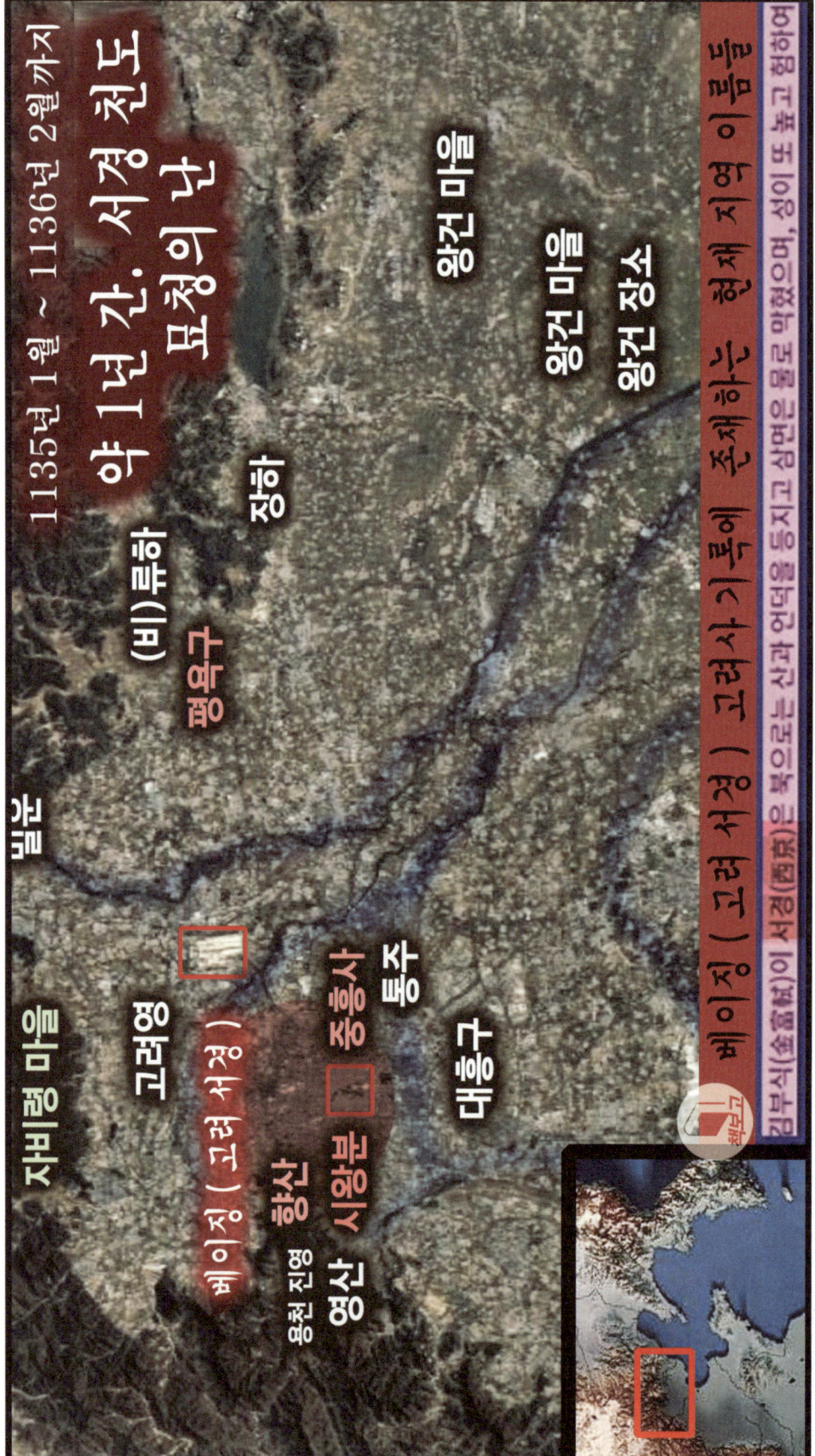

야야 3호분 벽화

옛날 당나라 시기, 고구려 군인은 30만 명이었으나
현재 고려의 군인은 2배로 늘었다.
왕성에 주둔하는 병사는 3만 명이며, 교대로 지킨다.

고려는 16살이면 군대에 소속되는데,
6개 군의 주요 부대는 관청에 주둔하며, 나머지는 토지와
생업을 부여받고 전쟁 시 참전한다....

갑옷은 위아래가 연결되어 있고....
금빛 꽃으로 장식한 투구를 쓰는 거의 1m에 이른다.
비단으로 만든 무릎 옷을 입었으며,
느슨한 허리띠는 사타구니까지 내려온다.

– 송나라의 사신 서긍이 고려 방문 경험기 <고려도경>
고려에 약 1달 체류, 5~6회만 외출한 그림

宋州

古地名 | 展开2个同名词条 ∨

(북) 송나라 중심지. 송주
商丘市 (宋州)

宋州，古地名，别名睢阳郡，治所在宋城县（今河南省商丘市睢阳区）。隋朝开皇十六年（596年），设立宋州。唐朝武德四年（621年）又改为宋州，人口近百万，为大唐"十望州"之一。高适等人游宋州，留下许多瑰丽诗篇，如"邑中九万家，高栋照通衢。舟车半天下，主客多欢娱。"句，反映了宋州的繁荣。[2-3] 唐朝建中二年（781年），唐德宗于宋州置宣武军，亦曰宋州节度。后周时，赵匡胤在宋州任归德军节度使，后来宋州成为宋朝的龙兴之地，宋朝景德三年（1006年），宋州升格为应天府，后升格建为南京，作为宋朝陪都。

相关星图

소식 蘇軾 소동파 蘇東坡 (1036~1101)

(북) 송나라 宋

- 사천성 미산(眉山)출신.
- 무한우측 황주(黃州) 유배.
- 홍콩위 혜주(惠州) 유배.
- 하이난섬 담주(擔州) 유배. 66세 별세.
- 상주(常州, 常德市 상덕주?)

胡孫非人語 良有理
원숭이(고려 사람들) 주제에 사람말을 하는구나. - 소식문집

📖 책보고

臣蛾 人員 無絲髮利 而有五害 今請 今諸書 與 收買 金箔 皆 宜勿許
고려가 송나라에 와서 주는 물건은 거의 이익이 없고, **5가지 손해만 납니다.**
고려가 요청한 책들과 여러 체들과 금박. 모두 수출 금지해야 합니다! - 송사 외구열전 고려편

1. 화수, 접강 양쪽길로 오는 고려의 비용을 송나라가 남부해야 하기에 부담이 크다.
2. 고려 사신들의 접대비가 많이 든다. 3. 분어간 문물을 고려가 거란에 유출시킨다.
4. 고려가 송나라의 지행을 그리며 염탐한다. 5. 거란의 눈치를 보아한다. - 소동파집

宋史 송사 _ 송나라 역사서

고려해
고려 高麗
동해
명주(영파) ⭕
금마 ⭕

고려의 동남쪽에 명주(明州, 현재의 영파 寧波, Ningbo)가 보인다.

백제의 금마(金馬)군을 고려 남경으로 삼았다.

송예서 왕의 관작을 더해주며 조서를 보내오다

世家 卷第三

날짜 | 0985년 05월 미상

魯昌漢傳, 進依侯封, 常安百濟之民, 永茂長淮之族, 奠王之冀數, 奐兹震位, 可待搜檢攷大博, 疇單天朝, 依前使持節…

(漢) 常安百濟之民, 永茂長淮之族

(송나라는) 고려를 한나라 영토를 다스리는 작위로 인정하여 제후국으로 부릅니다, 고려는 항상 옛 백제의 백성을 평안하게 하여, 영원히 양자강, 회수의 민족을 번창케 하라.

국사편찬위원회
고의로 번역 누락

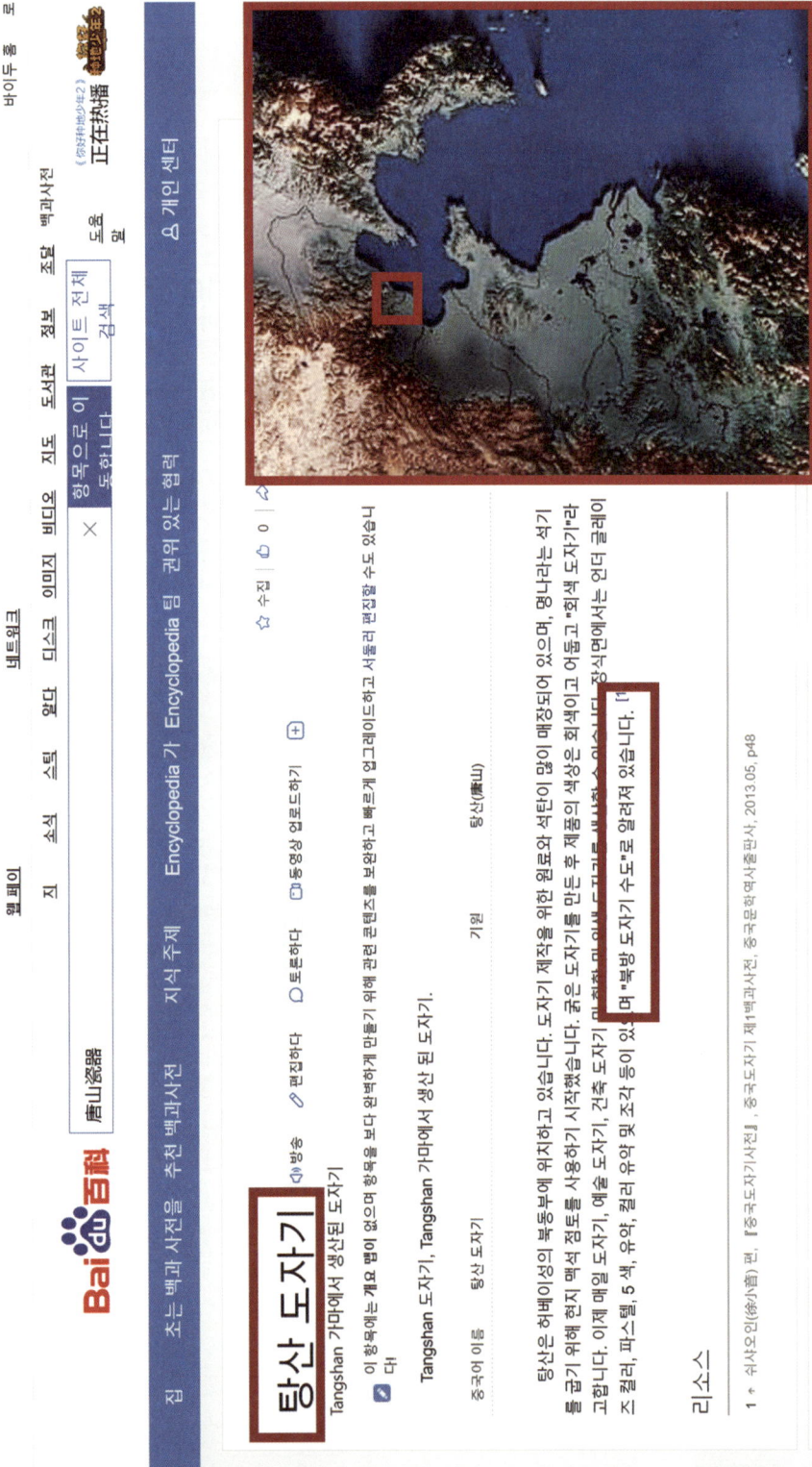

Bai 图片 | 景德镇 경덕진

경덕진
(통일 신라) 경덕왕 진영: 중국 최대 도자기 생산지

图片来源
景德镇两日游行程和f
游行程详细_文化_...
www.sohu.com/a/770535386_

百度一下

조선시대 퇴보 **조선백자**

고려말 조선초 **분청사기 粉靑沙器**

고려시대 **청자비색(翡色)**

중국 8대 도자기 생산 중심지

고구려
1) 당산(唐山, 베이징 우측) – 고구려 수도 우측, 고려의 개경

백제
2) 치박(淄博, 산동반도) – 백제의 수도 근교

신라 (고려)
3) 경덕진(景德鎭, 양자강 강서성) – 통일신라의 경덕왕
4) 의흥(宜興, 양자강 강소성) – 신라의 중심지 월성 소주(蘇州) 옆
5) 용천(龍泉, 양자강 아래 절강성) – 신라 위치
6) 불산(佛山, 홍콩 근처) – 통일신라, 고려의 항구
7) 조주(潮州, 홍콩 우측 광동성) – 통일신라, 고려의 항구
8) 덕화(德化, 복건성) – 신라구, 신라마을이 가득한 천주(泉州) 북쪽

고려 청자 高麗靑瓷

조선 시대 청자기술 단절

가마 안에서 도자기 질 성분이 환원으로 비색 탄생.
가마의 산소 양을
정교하게 억제하며, 조절하는 기술 필요.

국립중앙박물관 전시

黃毫筆, 軟弱不可書
舊傳爲猩猩毛, 未必然也

고려의 노란색 털 붓(황호필)은
원숭이 털로 만든다고 한다.

― 송나라 선화봉사고려도경

고려에 숨한 원숭이 高麗青瓷

국립중앙박물관 소장

마이차오 고려청자 수집가

땅을 파면 고려청자가 나옵니다.

중국 항저우 杭州

"KBS 스페셜 - 고려청자 비색의 유혹" (KBS 091004 방송)

평양째/회복북부물관장
淮北 (회수 북쪽)
출토된 것은 모두 은하에서 발굴될 것입니다
고려청자

필리핀 출토 고려청자

"KBS 스페셜 - 고려청자 비색의 유혹" (KBS 091004 방송)

중국사서 고려 · 발해유민 기사

몽고, 거란, 동하국 북방 군사 10만명을 이끌고 국왕을 지칭하는 함사를 치려가자

고려 역시 군사 40만명 (400,0000)을 보내 도왔다.

— 원사 (원나라 기록) 권149 열전36

고려 군인 40만명 지원

— 중국 정동통사서 기록 명나라 때 간행한 원사

야율유가가 몽고군 등과 함께 고려로 도망한 함사를 포위하고 고려군과 함께

40만명의 고려 군사가 도와줌

일자 1218년 미상(음)

무인년(1218)에 야율유가(耶律留哥)가 몽고군과 거란군 및 동하국(東夏國) 원수 호토(胡土)의 병사 100,000을 거느리고려(高麗)가 병사 400,000을 원조하여 그를 이겼다. 함사가 스스로 목을 매어 사망하였다.

계유정보구축업 오유신고 확인
13809 경기도 과천시 교육원로 86 Copyright ⓒ National Institute of Korean History All Rights Reserved.

戊寅, 留哥引蒙古·契丹軍及東夏國元帥胡土兵十萬, 圍咸舍.
高麗助兵四十萬, 克之, 咸舍自經死. — 원사

권149 열전36

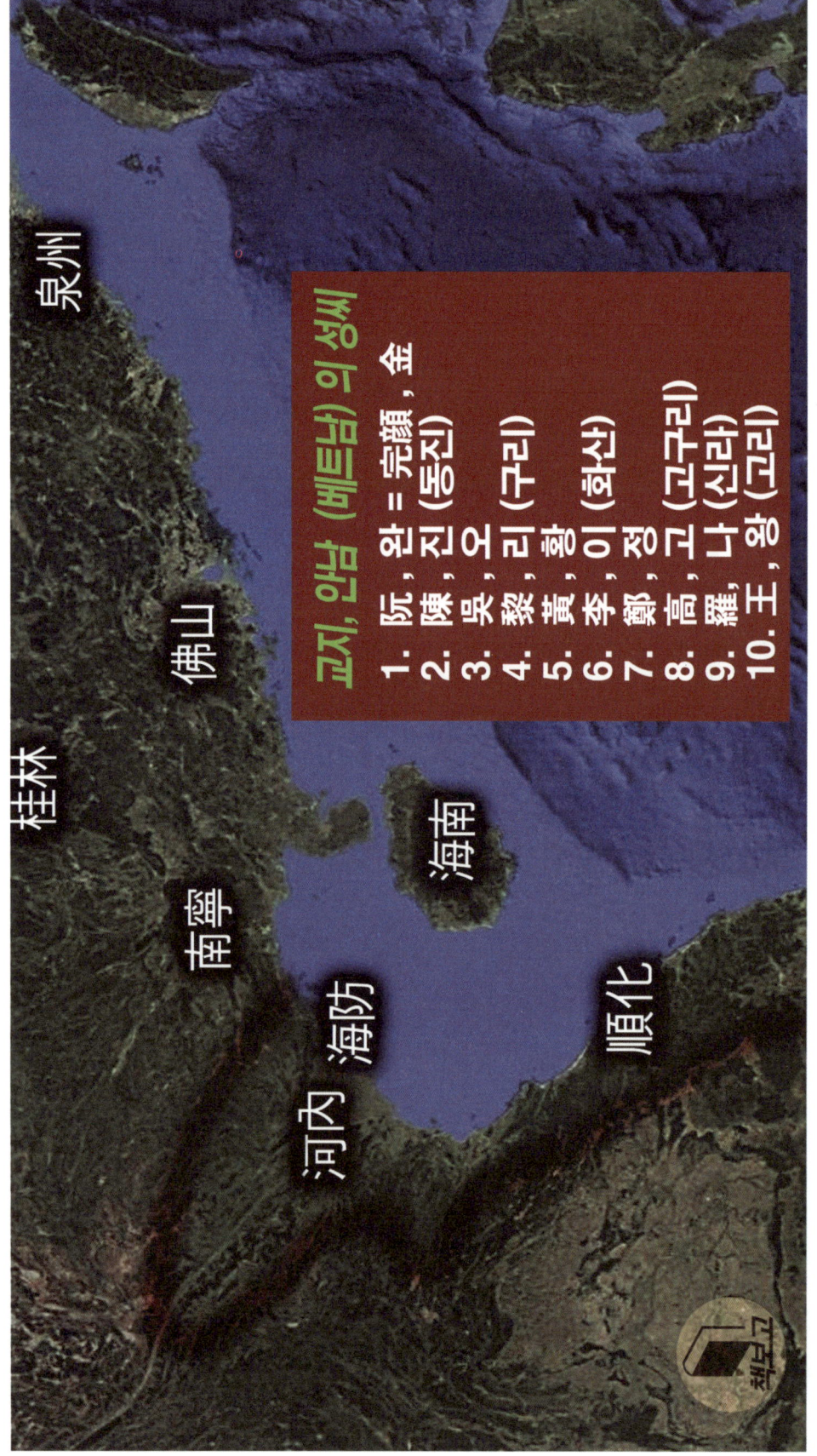

교지/ 안남/ 월지/ 베트남 역사

BC 2879년 1대 웅왕雄王 (환웅 桓雄 ?)
AD 1~6 세기 부남국 (캄보디아 등)
AD 939~ 965년 오吳 왕조
AD 980~ 1009년 리黎 왕조 (고려 시대)
AD 1009~1225년 이李 왕조 (고려 망명 화산 이씨)
AD 1225~1400년 진陳 왕조
AD 1427~1789년 (후) 리黎 왕조 (명, 청 시대)
AD 1545~1787년 정鄭 왕조 (명, 청 시대)
AD 1558~1945년 완阮 왕조 (명, 청 시대)

화산 구
花山区
중국
안후이 성 마안산 시

○ 경로   □ 저장

간략한 정보

화산구는 중화인민공화국 안후이성 마안산 시의 현급 행정구역이다. 넓이는 123km²이고, 인구는 2007년 기준으로 250,000명이다. 위키백과

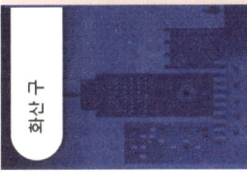

화산 구
花山区   베트남 왕자

고려 망명. 화산 이李 씨
김천, (철)옹성, 옹진, 백마

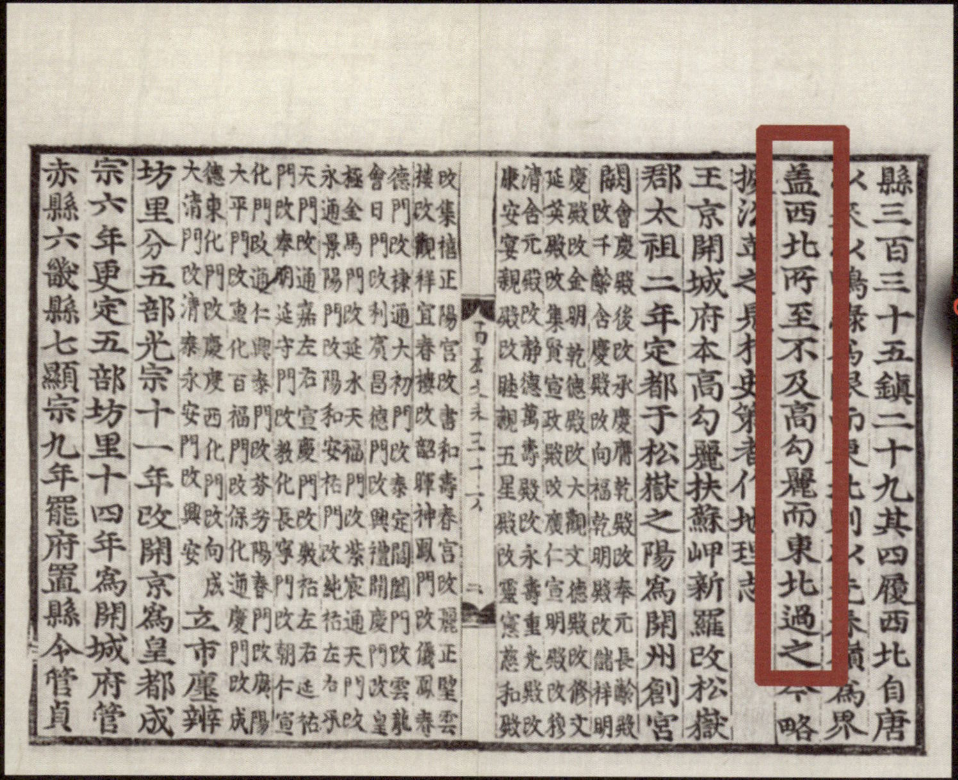

東北過 高句麗

고려의 서북쪽 경계는
옛 고구려를 넘지 못했으나
동북쪽 경계는
옛 고구려보다 넘어섰다.

고려사 지리지 서문

고려 장수 윤관, 오연총이
고려 동북영토에 도착해
병사들을 장춘(長春)에 주둔시키다.

고려사 열전 제9

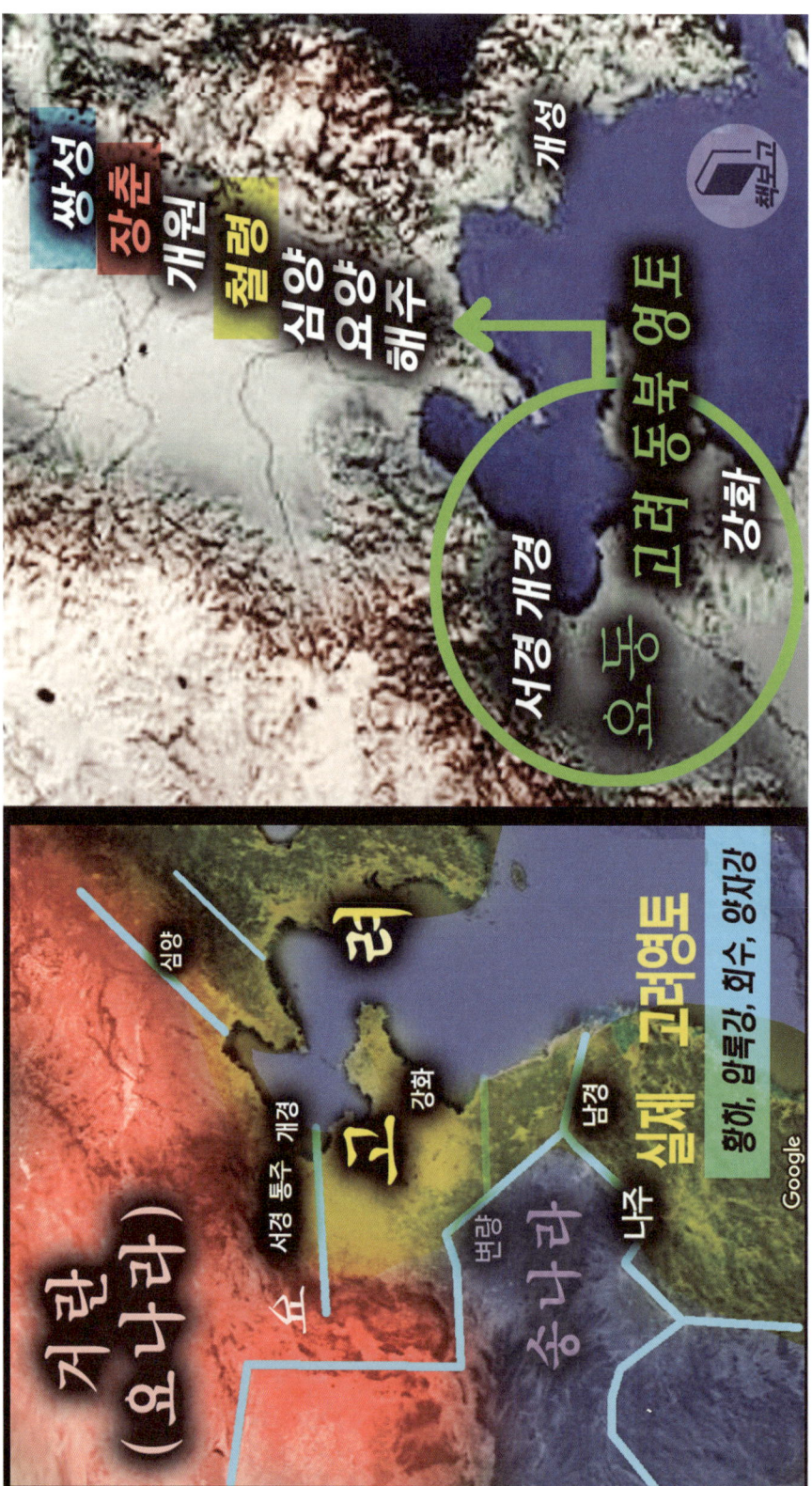

고려시대 최충 崔冲

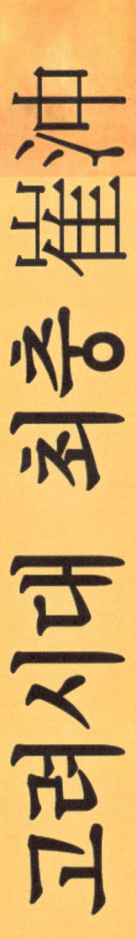

白日(백일)은 서족산(西山)으로 지고
黃河(황하)는 동해(東海)로 흘러가며
옛(古今) 영웅은 북망(北邙)산에 묻히
나뉘라. 만물은 번성하면 또 쇠퇴하니(物有盛衰)
한탄(恨)할 것이 있으랴.

靑丘永言 최충 시조 번역 _ 책 보고

대경 大慶, 다칭 석유

다칭 유전

Daqing[大慶]油田

중국 헤이룽장성(黑龍江省) 남부에 있는 유전. 1955년에 발견된 중국 최대의 유전으로, 송유관을 통해 베이징(北京) 등지로 송유한다.

다칭

首页 > 汉语字典 > 油 > 油字的解释

油 석 유

拼音 yóu 注音 一ㄡˊ
部首 氵部 总笔画 8画 结构 左右
五笔 IMG 五行 水 统一码 6CB9
笔顺 丶丶一丨フ一丨一
名称 点、点、提、横折、横、竖、竖、横

康熙字典

油 [巳集上] [水部] 康熙笔画: 9画, 部外笔画: 5画
《唐韻》以周切《集韻》《韻會》夷周切《正韻》于求切，𠀤音由。《說文》水。出武陵孱陵西平山，東南入江。《水經注》孱陵縣有白石山，油水所出。
又江夏平春縣有油水。《水經注》油水，出平春縣西南油溪。
又青也。《博物志》積油滿萬石，自然生火。
又《水經注》高奴縣有洧水肥可然。《夢溪筆談》鄜延出石油。《廣輿記》石油出肅州南山。
又 石油。《昨夢錄》猛火油，出高麗東數千里，日初出之時，因盛熱則出液。他物遇之，即為火，惟貯琉璃器可也。
又燒油。車飾。《後漢書劉玄傳》乘鮮車大馬，赤屏泥。《註》赤屏泥，謂火䍐油屏泥於軾前。

맹화석유

< 남. 송나라 〈작몽록〉 >

- 맹화 석유는, 고려 동쪽 수천리에서 나온다.
- 처음 나올 때 햇열을 무더위로, 돌이 높은 열에 녹아 액체가 될 것이다.
- 사람이 이걸 만나면 불이 된다. 오로지 진짜 유리 그릇만이 이걸 담을 수 있다.

중산부 서쪽에 거대한 연못이 있는데 그곳 사람들은 큰 물이라 부른다. 여기 군사가 해전(水戰)을 할 때 맹화 석유를 사용했다고 한다. 연못가에 따로 포로들 막사가 있느니 맹화 석유에 불을 붙여, 삼시간에 막사를 전소시킨다. 남은 불씨가 물 속에 떨어지지자 수초들이 모두 죽어버렸고 물고기도 전부 죽어버렸다.

餘猶記郭師之拔水戰記猛火油，池之岸為獠人營壘，用油者以油滴滿自火墟中，須劑燒建發，項刻膛淨盡，中山府活西有大陂池，郡人呼為海子

上部	丨部	广部	门部	扌部
女部	彡部	山部	三部	火部
氵部	土部	灬部	全部

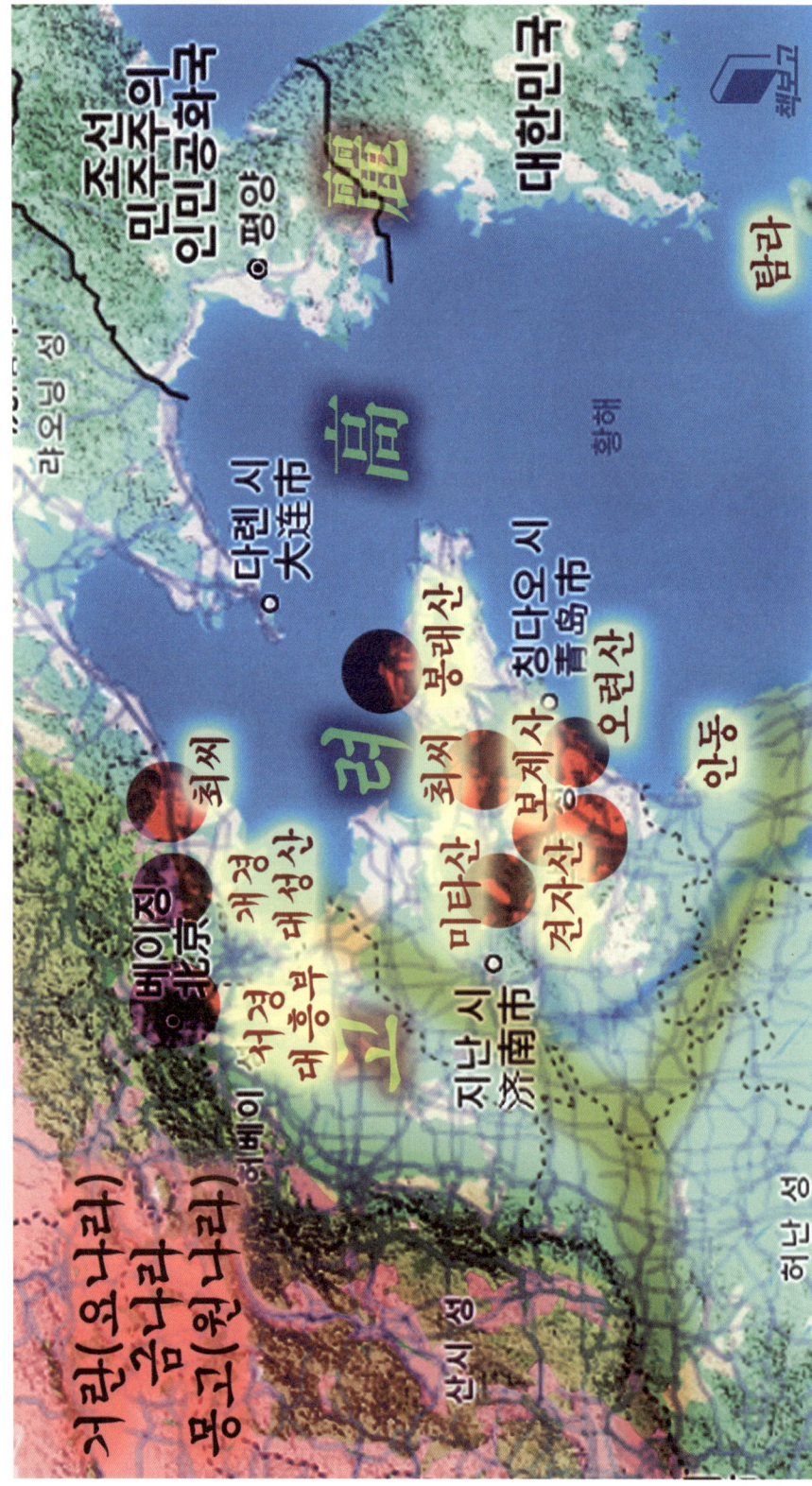

동북아역사재단 뉴스레터

파한집 발[破閑集 跋]

자료: 파한집
저자: 이세황(李世黃)
일자: 1260년 03월 미상 (음)

우리 고려 땅은 봉래(蓬萊)와 영주(瀛洲)가 붙어 있어 옛날부터 신선(神仙)이 사는 나라로 불렸다.

我本朝境, 接 蓬瀛, 自古號爲神仙之國

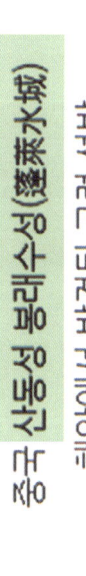

중국 산동성 봉래수성(蓬萊水城)
해안에서 발견된 고려 선박

산동전도

山東全圖

濟南府 十府 三州 九十六縣
○濟南府 治省治 領州一 縣十五 歷城 章丘 鄒平 淄川 長山 新城 齊河 齊東 濟陽 禹城 臨邑 長清 陵 德平 平原 德州
○泰安府 治泰安 領州一 縣六 泰安 肥城 新泰 萊蕪 東平州 東阿 平陰
○武定府 治惠民 領州一 縣九 惠民 陽信 海豊 樂陵 商河 濱州 利津 沾化 蒲臺
○兗州府 治滋陽 領州一 縣九 滋陽 曲阜 寧陽 鄒 泗水 滕 嶧 金鄉 魚臺 濟寧州
○沂州府 治蘭山 領州一 縣六 蘭山 郯城 費 蒙陰 莒州 沂水 日照
○曹州府 治菏澤 領州一 縣十 菏澤 單 城武 鉅野 鄆城 曹 定陶 濮 范 觀城 朝城
○東昌府 治聊城 領州一 縣九 聊城 堂邑 博平 茌平 清平 莘 冠 館陶 恩 高唐州
○青州府 治益都 領縣十一 益都 博山 臨淄 博興 高苑 樂安 壽光 昌樂 臨朐 安丘 諸城
○登州府 治蓬萊 領州一 縣九 蓬萊 黃 福山 棲霞 招遠 萊陽 文登 榮成 海陽 寧海州
○萊州府 治掖 領州二 縣五 掖 平度州 濰 昌邑 膠州 高密 即墨

又安東南道 省會之各 又頗有圖誌之所著 光緒十一年辛卯仲夏 拱州辦事 尾附諸名勝古蹟 具備 綜覽 錄省各道指掌圖 幅員不能 謹按 清會典 同治省志 及近時所刊 山東地誌記載 表之限 若二百里 頗得其大略 較諸書 更爲精核 觀者勿 以格致未精爲嫌 可也

물길(水路) 地圖

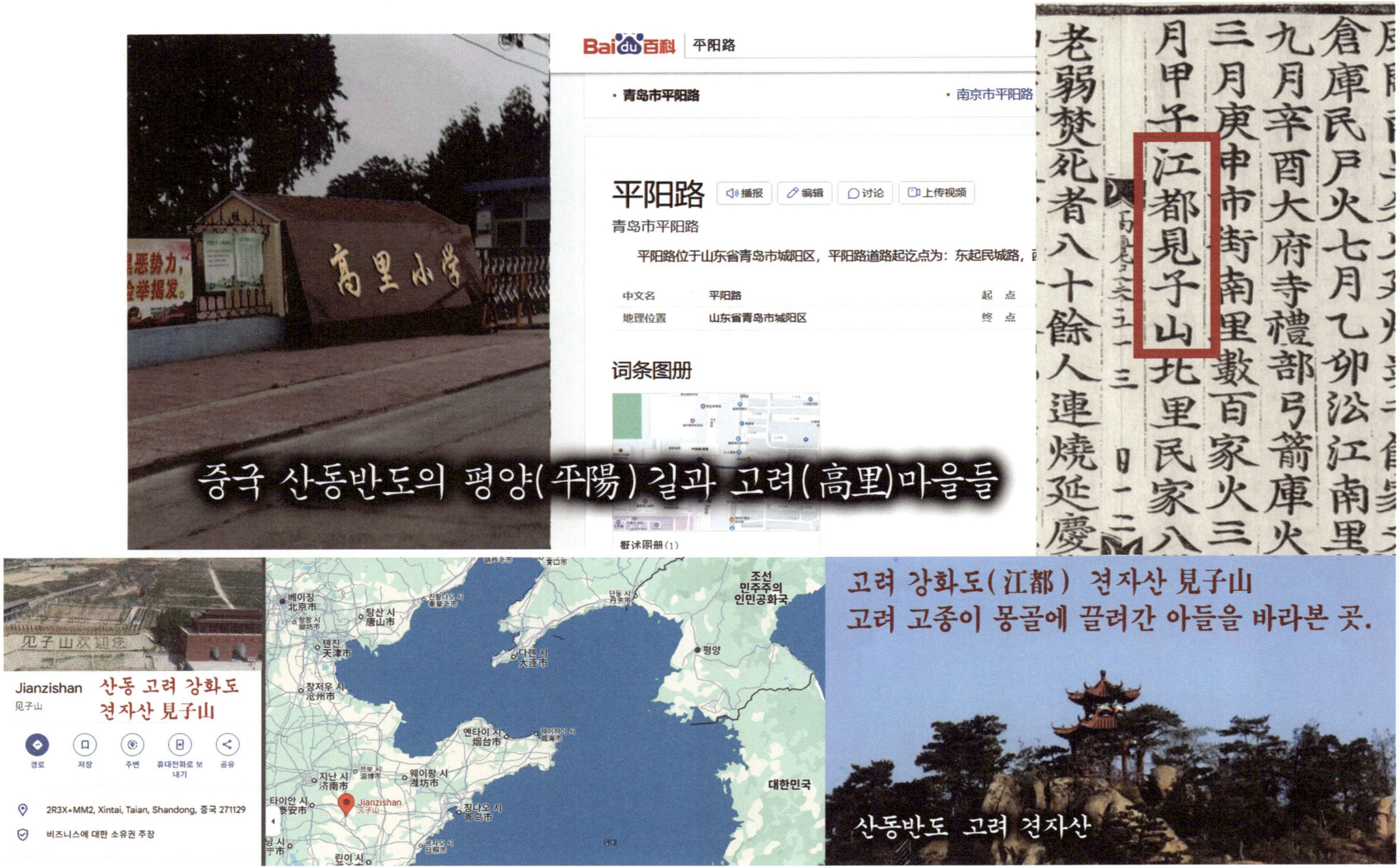

高里小学
Baidu百科 平阳路
青岛市平阳路
南京市平阳路
平阳路
青岛市平阳路
平阳路位于山东省青岛市城阳区，平阳路道路起讫点为：东起民城路，
中文名 平阳路
地理位置 山东省青岛市城阳区
起 点
终 点
词条图册
江都見子山
중국 산동반도의 평양(平陽)길과 고려(高里)마을들
Jianzishan
見子山
산동 고려 강화도
견자산 見子山
2R3X+MM2, Xintai, Taian, Shandong, 중국 271129
비즈니스에 대한 소유권 주장
조선 민주주의 인민공화국
평양
대한민국
Jianzishan
고려 강화도(江都) 견자산 見子山
고려 고종이 몽골에 끌려간 아들을 바라본 곳.
산동반도 고려 견자산

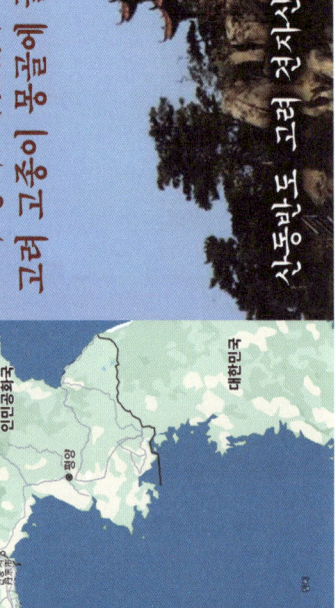

고려산

최근 수정 시각: 2023-12-25 14:21:30

분류: 인천광역시의 산 | 강화군

1. 개요

인천광역시 강화군 강화읍, 내가면, 하점면, 송해면으로 뻗어 있는 해발 436 m의 산.

2. 상세

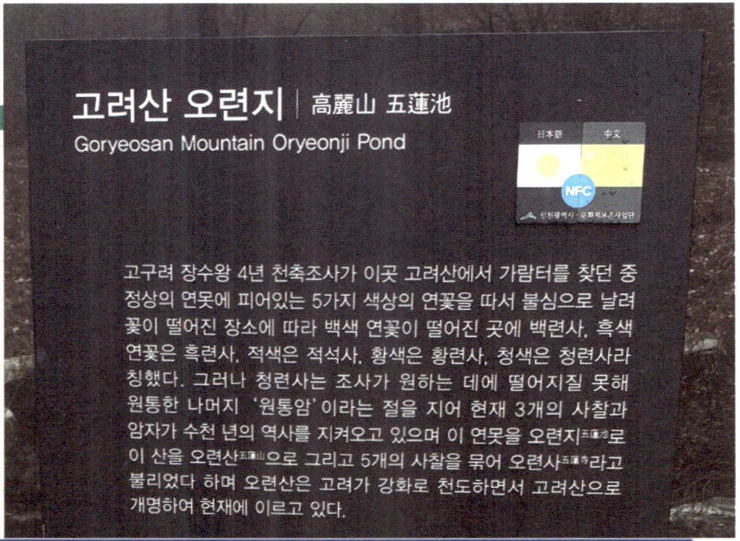
고려산 오련지 | 高麗山 五蓮池
Goryeosan Mountain Oryeonji Pond
NFC
고구려 장수왕 4년 천축조사가 이곳 고려산에서 가람터를 찾던 중 정상의 연못에 피어있는 5가지 색상의 연꽃을 따서 불심으로 날려 꽃이 떨어진 장소에 따라 백색 연꽃이 떨어진 곳에 백련사, 흑색 연꽃은 흑련사, 적색은 적석사, 황색은 황련사, 청색은 청련사라 칭했다. 그러나 청련사는 조사가 원하는 데에 떨어지질 못해 원통한 나머지 '원통암'이라는 절을 지어 현재 3개의 사찰과 암자가 수천 년의 역사를 지켜오고 있으며 이 연못을 오련지로 이 산을 오련산으로 그리고 5개의 사찰을 묶어 오련사라고 불리었다 하며 오련산은 고려가 강화로 천도하면서 고려산으로 개명하여 현재에 이르고 있다.

원래 이름은 오련산(五蓮山)으로

고려왕조가 몽골의 침공 때 강화도로 수도를 이전하면서 붙여진 이름으로 추정되며

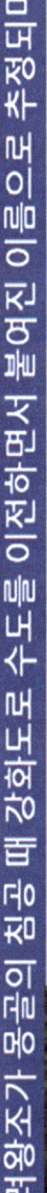

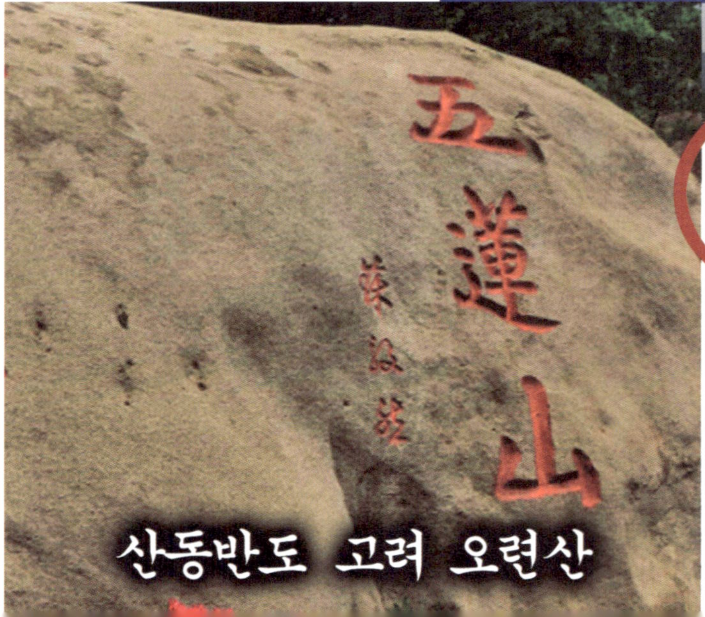
五蓮山
산동반도 고려 오련산

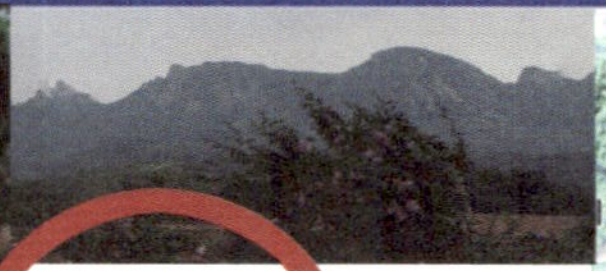

우렌 현
五莲县
중국
산둥 성 르자오 시

고려 강화
오련산 五蓮山

우렌현은 중화인민공화국 산둥성 르자오 시의 현급 행정구역이다. 넓이는 1,443km²이고, 인구는 2007년 기준으로 510,000명이다. 위키백과

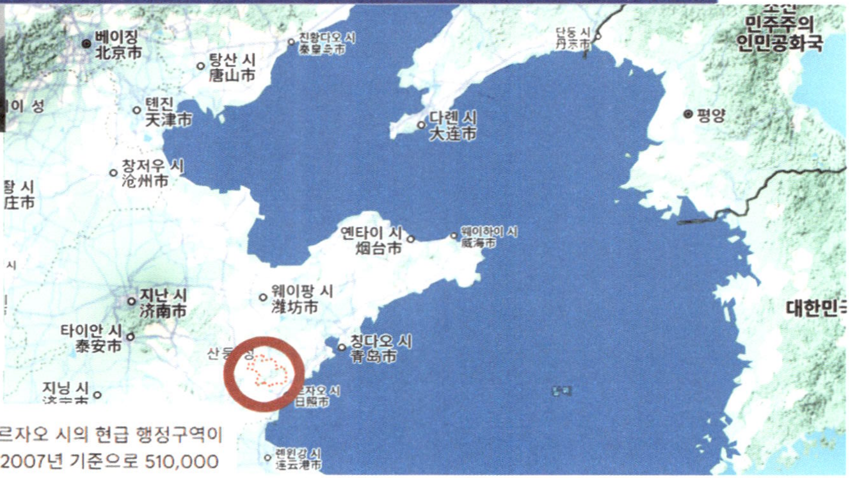
베이징 北京市
탕산 시 唐山市
톈진 天津市
창저우 시 沧州市
친황다오 시 秦皇岛市
단둥 시 丹东市
조선 민주주의 인민공화국
평양
다롄 시 大连市
옌타이 시 烟台市
웨이하이 시 威海市
웨이팡 시 潍坊市
지난 시 济南市
타이안 시 泰安市
칭다오 시 青岛市
르자오 시 日照市
대한민국

高麗萬里之國

고려는 1만리의 땅을 가진 나라다.

예전 당태종이 정벌하고자 해도 못 했는데, 고려 태자(원종)가 우리 몽골에게 스스로 찾아와 부하하러 오니 이는 하늘의 뜻이다. — 쿠빌라이 칸

고려사 제25권 중, 고려사 절요 권18 원종

고려 삼별초, 산둥반도 제주(濟州) 투쟁

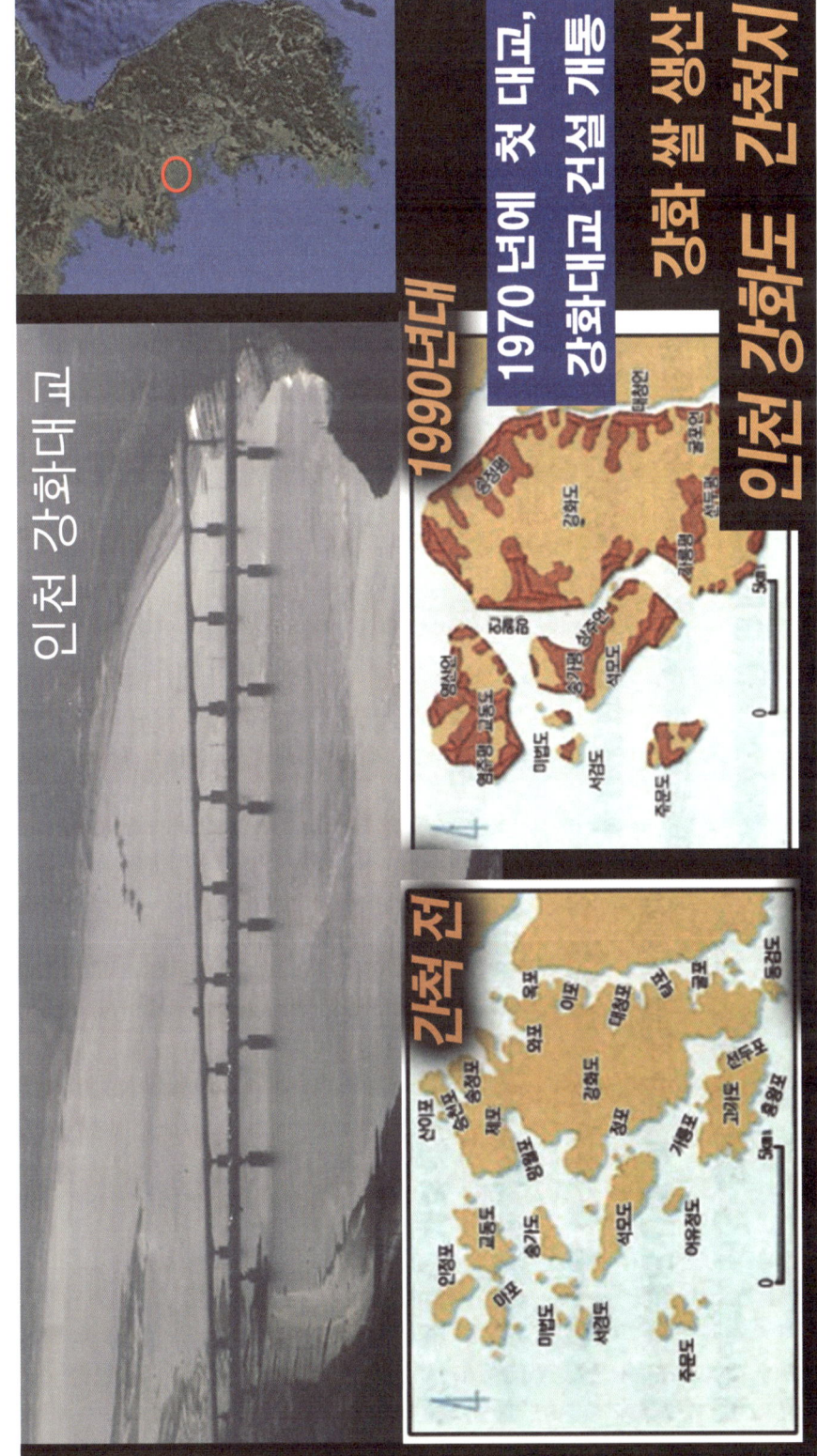

인천 강화도 간척지

강화 쌀 생산

1970년에 첫 대교, 강화대교 건설 개통

1990년대

인천 강화대교

간척 전

故宮典藏資料檢索 The National Palace Museum Collection

典藏檢索

首頁 / 典藏檢索

::: 首頁 典藏新選 典藏檢索 開放圖檔 清代檔案 古籍與圖

베이징 고궁 박물관 - 중화민국이 해방지점 대만으로 갈 때 가져온 것들

銅鎏金鳳凰式付冠 동규 금봉황식 부관
Gilt copper crown with decoration of phoenixes

銅器

韓國 高麗時代 고려시대

通高 9.8公分 長 44.5 公分

銅鎏金寶冠，為韓國作品，最主要特徵即是冠帶上所飾之五只鳳凰形裝飾。冠帶上緣呈波浪狀，冠帶上下緣各有一道連珠紋，器身多處鏤空雕飾花葉等裝飾，以細陰線在圈案輪廓內刻劃細部。冠帶等距縣飾有五組鳳凰形裝飾，每組以一似流水槽櫳形飾物縣掛冠帶上，其上再縣以一隻鳳凰，每隻鳳凰均為鏤石裝飾，微細頭向前銅件。尾羽分成多股高翹狀，鳳凰頭下方作俯視狀，細長的口緣張開銜著一顆小珠子。鳳凰頭冠，頭頂下彎曲，全身羽毛以細小鱗片狀羽毛表現，每隻鳳凰造型均略異，尾羽形狀亦不同，其中一隻鳳凰頭上之寶石裝飾已失，全器整體之造型渾而裝飾華美，製作精細。

청동 금박 왕관은 한국 작품이며, 주요 특징은 왕관 벨트에 있는 5개의 봉사조 모양의 장식입니다. 크라운 벨트의 위쪽 가장자리는 물결 모양이고 크라운 벨트의 위쪽 가장자리와 아래쪽 가장자리는 각각 구슬 모양으로 되어 있으며 몸체는 속을 파내고 꽃과 나뭇잎 및 기타 장식으로 조각되어 있으며 세부 사항은 윤곽선에 미세한 음선으로 새겨져 있습니다. 왕관은 5개의 봉황 모양의 장식으로 장식되어 있으며, 각 세트는 벨트 등에 물타듯 장식이 걸려있는 형태에 매달아 있으며 그 위에 봉사조가 장식되어 있습니다. 다섯 봉황은 가늘고 빼는 부리가 수정이나 투명 보석과 같은 보석으로 장식되어 있으며 약간 구부러진 작은 구슬을 담을 수 있도록 열려 있습니다. 봉황은 길고 구부러진 목을 가진 왕관을 가지고 있으며 몸 전체의 깃털은 미세한 비늘 모양의 깃털로 표현됩니다. 봉황마다 모양이 조금씩 다르고 꼬리 깃털 모양도 다르며 봉황 중 하나의 머리에 있는 보석 장식이 손실되었습니다. 전체 용기의 전체적인 모양은 없고 풍부하게 장식되어 있으며 섬세한 솜씨입니다.

존경하는 고려인들의 왕께
-로마 교황 요한 22세

"1333년 고려-유럽 교류"

홍건적이 창궐하자 원 승상 톡토가 고려군대의 파견을 요청하다

일자 1354년 06월 01일 (음)

6월 신묘 초하루 평장부원군(平章府院君) 채하중(蔡河中)이 원(元)에서 돌아와 승상(丞相) 탈탈(脫脫, 톡토)의 말을 전하기를, "내가 황제의 명령을 받아 남쪽으로 원정을 떠나니 국왕께서는 마땅히 정예군을 보내어 도와주셔야 합니다."라고 하였다. 당시 원의 정치가 쇠퇴하자 〈중국〉 하남(河南)에서 요망한 도적인 한산동(韓山童)과 한교아(韓咬兒) 등이 처음으로 반란을 선동하였는데, 영천(潁川)의 요망한 인물 유복통(劉福通)도 또한 군사를 일으켜 홍건(紅巾)이라고 부르면서 같은 도당인 관선생(關先生)과 사유이(沙劉二), 왕사성(王士誠) 등과 함께 중원(中原)을 노략질하고 산동(山東) 지방에 나누어 거점을 잡아서 그 기세가 크게 떨쳤다. 도적들이 때를 지어 일어나는 바람에 천하가 크게 시끄러웠다.

최영

△ 고려사 > 권별보기 > 권113 > 列傳 > 염전 권재26 > 제신(諸臣) > 최영 > 최영

최영

≪ 축소   ≫ 확대

최영
- 최영이 개경을 수복하여 공…
- 최영이 선도의 참소를 받아…
- 최영이 제주를 토벌하다
- 최영이 보림도 · 추자도를 거…
- 최영이 공민왕이 반전에 송…
- 최영이 홍산전투에서 왜적…
- 최영이 왜구를 피해 천도하…
- 최영이 우왕의 유모 장씨를…
- 최영이 공신에 책봉되고 절…
- 최영이 백성을 구제하고 전…
- 최영이 딸이 우왕의 비가 되다

- 최영이 요동 공략을 위해 군…
- 최영이 유배되다

정치
⊕

최영(崔瑩)은 평장사(平章事) 최유청(崔惟淸)의 5세손이다. 아버지 최원직(崔元直)은 벼슬이 사헌규정(司憲糾正)에 이르렀다. 최영은 용모가 건장하였고 완력이 다른 사람들보다 뛰어났다. 처음에는 양광도도순문사(楊廣道都巡問使) 하하에 있으면서 여러 번 왜적을 사로잡아 무용(武勇)으로 알려지자 우달적(于達赤, 우다치)으로 임명되었다.

공민왕(恭愍王) 원년(1352)에 조일신(趙日新)이 난을 일으키니 안우(安祐) · 최원(崔源) 등과 함께 협력하여 〈일당을〉 모두 죽이고 호군(護軍)에 제수되었으며 〈공민왕〉 3년(1354)에는 대호군(大護軍)에 임명되었다. 유탁(柳濯)과 함께 원(元)나라 승상(丞相) 탈탈(脫脫), 독로(禿魯) 등을 좇아 고우(高郵)를 정벌하였다. 전후 27번의 전투에서 성이 장차 함락되려는데 탈탈이 참소를 당해 군사를 파하게 되었다. 다음해에 최안성(淮安城)에서 적이 쳐들어오자 최영이 몸에 여러 번 창에 찔리고도 분전하여 싸우니 적을 거의 다 죽이거나 사로잡았다. 귀주하고 나서 인당(印璫)과 함께 압록강 서쪽의 8참(站)을 공격하여 격파하였다.

일자 | 1354년 11월 30일 (음)

정해 인안(印安)이 원(元)에서 돌아와 말하기를,

"태사(太師) 탈탈(脫脫, 톡토)이 군사 8,000,000명을 이끌고 고우성(高郵城)을 공격하면서 유탁(柳濯) 등 〈우리나라에서 간〉 원정군과 연경(燕京)에 거주하는 본국인 총 23,000명을 선봉으로 삼았습니다. 성이 곧 함락될 즈음에 답은에 당(院)의 지원노장(知院老長)이 우리나라 사람들이 전공을 독차지하는 것을 꺼려서 명령하기를, '오늘은 날이 저물었으니 내일 이 성을 취하자.'라고 하면서 군사를 지휘하여 퇴각시켰습니다. 그날 밤에 적이 성을 굳게 지키면서 방어 설비를 하였기 때문에 날 공격하였지만 함락시킬 수 없었습니다. 마침 어떤 사람이 참소하여서 황제가 최안(淮安)으로 유배보냈습니다."

라고 하였다.

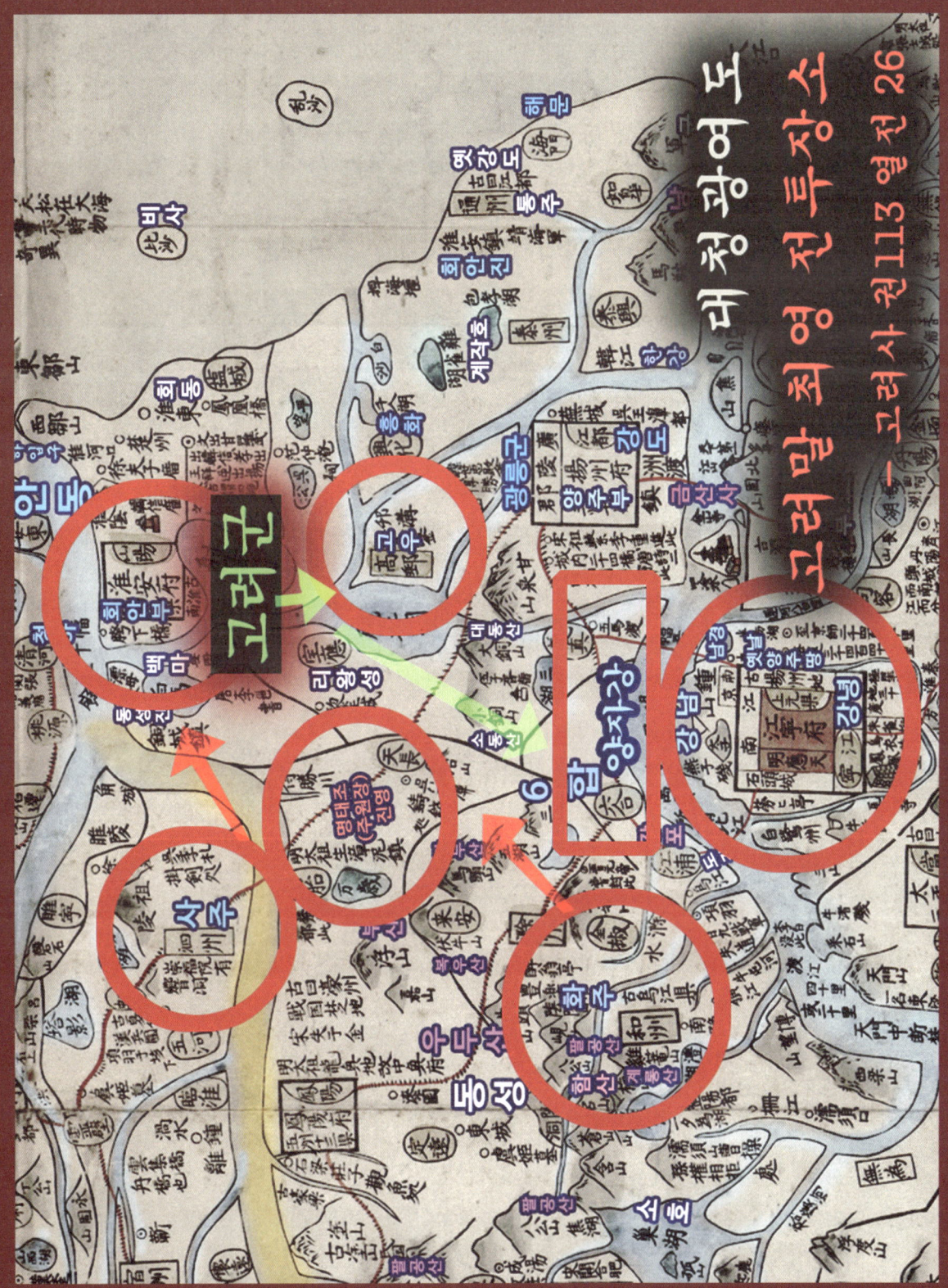

회안 淮安

유합성 六合城

통주 通州

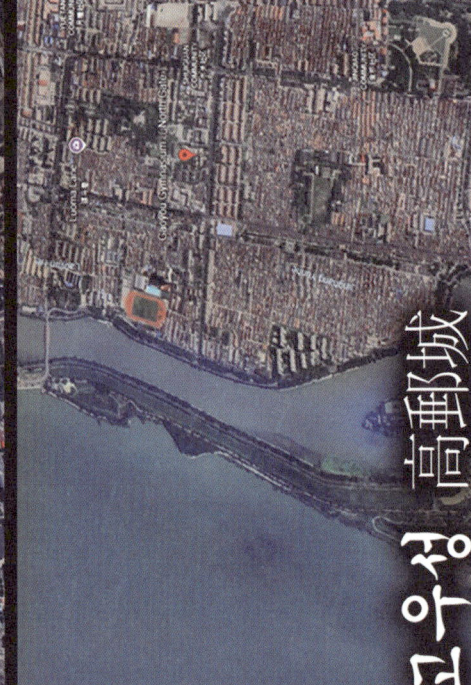

고우성 高郵城

고려 高麗

통주 – 거란 방어
회안 – 고려 진영
고우성 – 27회 전투
유합성 – 함락시킴

오기나와, 고려기와 출토

샴별초, 대몽 항쟁군에서 문명의 전파자까지 (KBS_1999/2009. 방송)

유구국이 고려의 신하국을 자청하며, 고려인 포로 37명과 도산물을 바쳤다. – 고려사 공양왕 1390년

高麗瓦匠造
고려와장조
癸酉年 계유년

슈리성 출토 기와 조각

1364년 홍건적 주平章 고려에 조공

1368년 홍건적 주원장 주元璋 명나라 건국

20년 후

1388년 고려가 요동정벌·위화도 회군

4년 후

1392년 이성계 조선 건국

明太祖 주원장 像

北邇大朝, 南隣朱寇

고려의 땅은
북쪽은 (부원)과 가깝고
남쪽은 주원장 무리(명나라)와
인접해 있다.

고려사 열전 46, 우왕
1376년

고려사, 공민왕
1369년 명나라 주원장의 편지

몽골, 원나라 주인이 된지 약 100년.
저 주원장은 회수 우측(淮右)에 살던 평민으로, 양지강 서쪽(江左)에서 14년째 군무와 함께 했습니다.

서쪽의 흥건적 진우량이 한나라를 평정했고, 동쪽으로 쑤저우에서 오왕을 붙잡았으며, 남쪽으로 민월을 평정하였고, 주변의 8개 오랑캐를 무찌른 뒤, 북쪽으로는 원나라의 왕을 쫓아버렸습니다.

올해 백성들이 추대하여 왕이 되어 국명을 명나라로 정하고, 연호를 홍무라 했습니다.
이제 주변국에게는 알리지 않았으며 처음으로 고려 황제에게 보고합니다.

옛날부터 고려 영토와 붙어 있어 신하나 손님이 되었으니, 대체로 중국에 풍교(風敎)를 따르는 백성들을 안심시키려는 이유에서 보냅니다.

명 황제가 친서를 보내다

일자 1369년 04월 28일 (음)

"대명황제(大明皇帝)가 고려국왕(高麗國王)에게 서신을 보냅니다. 송(宋)이 통제력을 잃고부터 부가(夫家)하는 리와 같은 족류(族類)가 천명(天命)을 받아 중국(中國)에 들어와 주인이 된 것이 100년이 넘어섰습니다. 하늘은 그들이 어리석고 음란한 것을 싫어하여 또한 그 운을 줄여 끊어버렸으니, 화이(華夷)가 어지러워진 지도 18년이 되었습니다. 군웅(群雄)들이 처음 봉기하였을 때 짐은 회수 우측(淮右) 서쪽에 살던 평민이었는데, 갑자기 폭동을 일으킨 병사들이 들이닥쳐 잘못 그 속에 들어갔습니다. 그들이 성과를 이루어내지 못하는 것을 보고 근심하고 두려워하여 마음이 편안하지 않았다가, 하늘이 신령이 서쪽으로는 한(漢)이 임금인 진우량(陳友諒)을 평정하였고, 동쪽으로는 고소(姑蘇)에서 오왕(吳王)이 오왕을 붙잡았으며, 남쪽으로는 민월(閩越)을 평정하였고 팔반(八番)을 토벌하여 평정하였으며, 북쪽으로는 오랑캐의 임금을 쫓아버림으로써 중국(中國)의 백성들을 깨끗이 바로잡고 우리 중국의 옛 땅을 회복하였습니다.

올해 정월에 신민(臣民)이 추대하였으므로 황제에 자리에 올라 천하를 다스리는 나라 이름을 대명이라고 정하고, 연호(年號)를 세워 홍무(洪武)라고 하였습니다. 생각하건대 사방의 오랑캐들에게는 알리지 않았으므로, 서신을 써서 사신을 파견하여 바다를 건너 고려들어가게 하여 왕에게 알려 이를 알도록 합니다.

옛날 우리 중국의 임금은 고려와 영토를 서로 접하고 있었으므로 그 왕은 혹 신하가 되거나 또는 번객(賓客)이 되었으니, 사모하여 살아있는 백성들을 주(主)를 편안하게 하려는 것일 뿐이었습니다. 하늘이 그 덕(德)을 살펴보셨으니 어찌 영원히 고려에서 왕이 되지 않게 하겠습니까? 짐은 비록 덕이 예전 현명한 왕들에게는 미치지 못하여 사방의 오랑캐들을 두렵하게 하여금 독속하게 하지는 못하지만, 그러나 천하에 두루 알리지 않으면 안 될 것입니다."

本國北連大元, 西接大明

고려의 도는
북쪽으로는 북원
서쪽으로는 명나라에
붙어 있다.

1377년
고려사 열전 46, 우왕

철령 산은 고려 수도에서 300리 떨어져 있다.
고려사 권50. 우왕편
1388년 2월

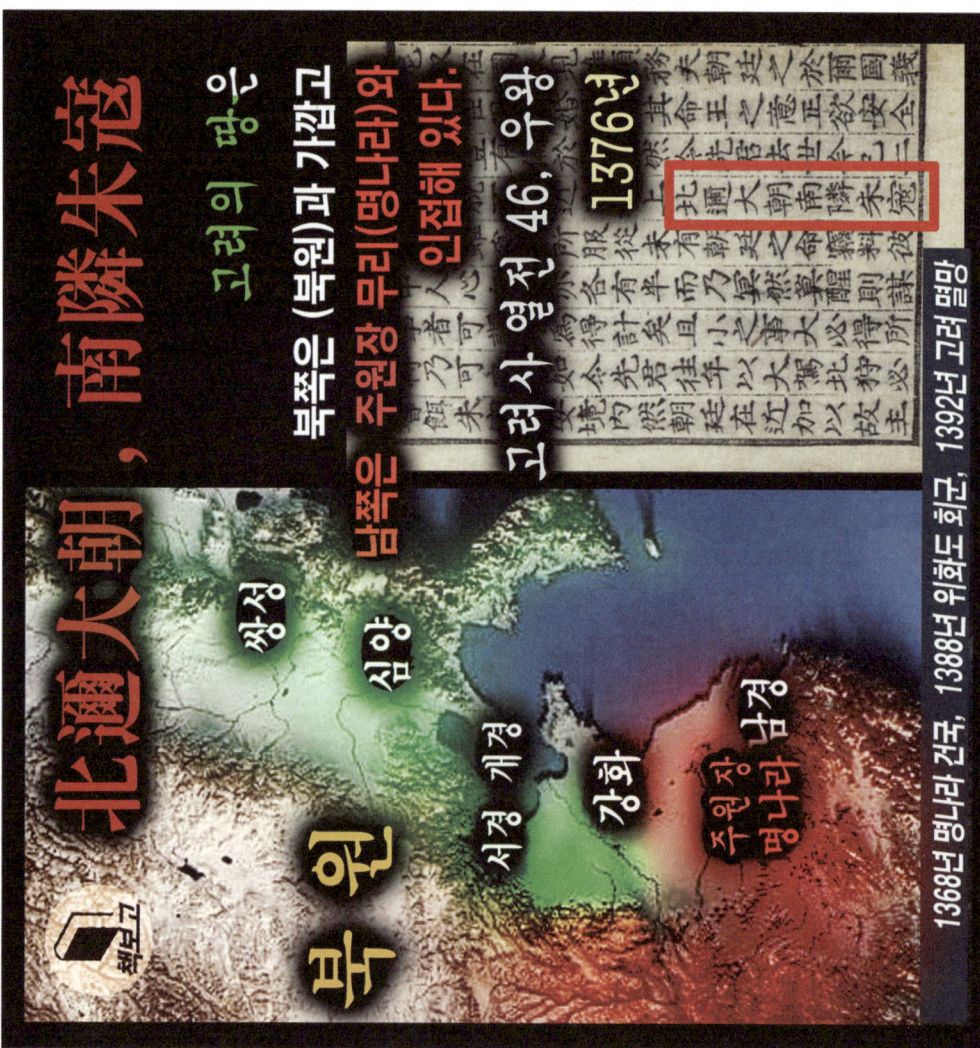

몽고려 원 고려 高麗

몽고려元　고려高麗　명나라明

몽고리 元

여진

조선 朝鮮

명나라 明

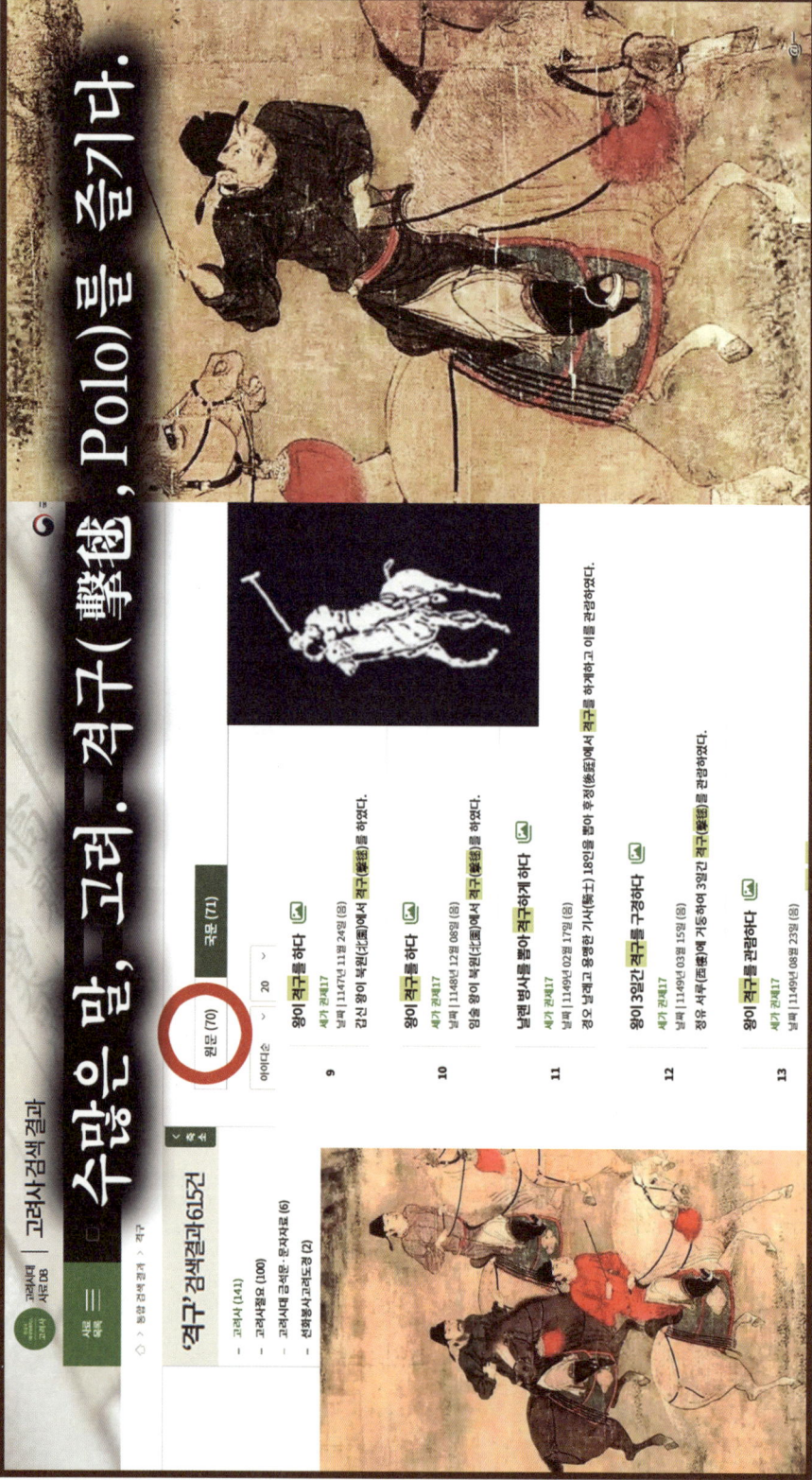

사신 최연이

명 황제가 말을 사겠다는 뜻을 전해오다

일자 1384년 07월 미상 (음)

최천(崔蕆)에 요동(遼東)에 도착하니, 도사(都司) 연안후(延安侯)·정녕후(靜寧侯)가 사신을 보내 급히 아뢰기를, "하나 숫자가 충족되었습니다. 그러나 파견되어 온 사신이 황제를 알현할 필요는 없습니다. 성지(聖旨)에 따라 다음에 다시 오라고 하겠습니다. 하나, 고려 가 바치진 금은(金銀)은 〈수량이〉 충분하지 않습니다. 마필로 부족한 것을 인정해 달라고 요청하고 있지만, 인정해서는 안 될 것입니다."라고 하였 다. (황제의) 성지를 받들어보니, "부족한 것은 300냥은 은 1필, 금 50냥은 말 1필에 준하도록 하라." 고 하자, 최연이 그냥 되돌아왔다.

명나라가 지속적으로 고려 말 구입을 구걸하다

일자 1386년 11월 미상 (음)

황제의 조서를 전달하였다. 그 조서에 이르기를,

"내가 말 5,000필을 구매하기를 바라니, 너희들은 고려로 돌아가서 먼저 여러 재상들을 상대로 말하고, 모든 논의가 완료된 이후 즉시 국왕에게 말하 여 판매 여부를 알리고 〈판매를 한다면〉 문서를 가지고 오도록 하라. 〈그러면〉 나는 여기서 비단 10,000필과 면포 (綿布) 40,000필을 보낼 것이 다. 재상들의 말은 1필당 그 값을 비단 2필과 면포 4필로 살 것이며, 관영의 말과 백성들의 말은 1필당 비단 1필과 면포 2필로 살 것이다. 그대들은 잊 어버리지 말라."

쌍성

고려 동북면 장성 수축 이성계 철령 쌍성 총관부 영흥 영주 해주

고려 동쪽

서경 개경 요서 강화

고비사막

고려 동북계

화주(和州) = 고구려 장령(長嶺) = 쌍성(雙城) = 이성계 고향. 화령(和寧)

화주

화주(和州)는 본래 고구려의 땅으로, 혹은 장령진(長嶺鎭)이라 불렀고, 혹은 당문(唐文)이라 불렀고 [당(唐)은 당(堂)으로도 쓴다.], 혹은 박평군(博平郡)이라고도 불렀는데, 고려 초에 화주(和州)라 하였다. 성종 14년(995)에 화주 안변도호부(安邊都護府)라 고쳤다. 현종 9년(1018)에 화주방어사(和州防禦使)로 강등시키고 본영(本營)으로 삼았다. 고종 때에 몽고(蒙古)에 편입되어 쌍성총관부(雙城摠管府)가 되었다. 화주가 이로 인해 등주(登州)에 합병되었지만 여전히 방어사로 불렀다. 뒤에 등주(通州)에 합병되었다. 충렬왕 때에 등주로 복구되었다. 공민왕 5년(1356)에 군사를 보내어 수복하고 화주목(和州牧)으로 하였다. 〈공민왕〉 18년(1369)에 화령부(和寧府)로 승격, 키고 토관(土官)을 두었다. 횡강(橫江)이 있다.

조선왕조실록

조선왕조실록 > 화령부

태조실록 1권, 총서 8번째기사

한조가 영흥부 원군 최한기의 딸과 혼인하여 화령부에서 태조 이성계를 낳다

국역

한조(韓祖)의 배위(配位)는 의비(懿妃) 최씨(崔氏)이니, 증 문하 시중(贈門下侍中) 영흥 부원군(永興府院君) 시호(諡號) 정효공(靖孝公) 최한기(崔閑奇)의 딸이다. 지원(至元) 원년, 고려 충숙왕(忠肅王) 4년(1335) 을해 10월 11일 기미에 태조(太祖)를 화령부(和寧府)【곧 영흥부(永興府)이다.】사제(私第)에서 낳았다. 태조는 나면서부터 총명하고 우뚝한 콧마루와 임금다운 얼굴[龍顔]로서, 신채(神彩)는 영특(英特)하고 준수(俊秀)하며, 지략과 용맹은 남달리 월등하게 뛰어났다. 어릴 때 화령(和寧)과 함주(咸州) 사이에서 노니, 북방 사람들로서 매[鷹]를 구하는 사람은 "이성계(李成桂)와 같이 뛰어나게 걸출(傑出)한 매를 얻고 싶다."
이훈하 말하기도,

원문

○桓祖配懿妃 崔氏, 贈門下侍中永興府院君諡靖孝公 諱閑奇之女, 以至元元年、高麗 忠肅王四年乙亥十月十一日未, 誕太祖於和寧府【即永興府】私第。 太祖生而聰明, 隆準龍顔, 神彩英俊, 智勇絶倫。 幼時遊於和寧、咸州間, 北人求鷹者必曰: "願得神俊如李【太祖舊諱。】者。"

【태백산사고본】 1책 1권 5장 A면
【국편영인본】 1책 3면
【분류】 인물(人物) / 왕실(王室) / 역사(歷史)

고려 화령부윤(和寧府尹) 이성계, 화령을 다스리는 직책
— 1372년 6월 24일 — 고려사

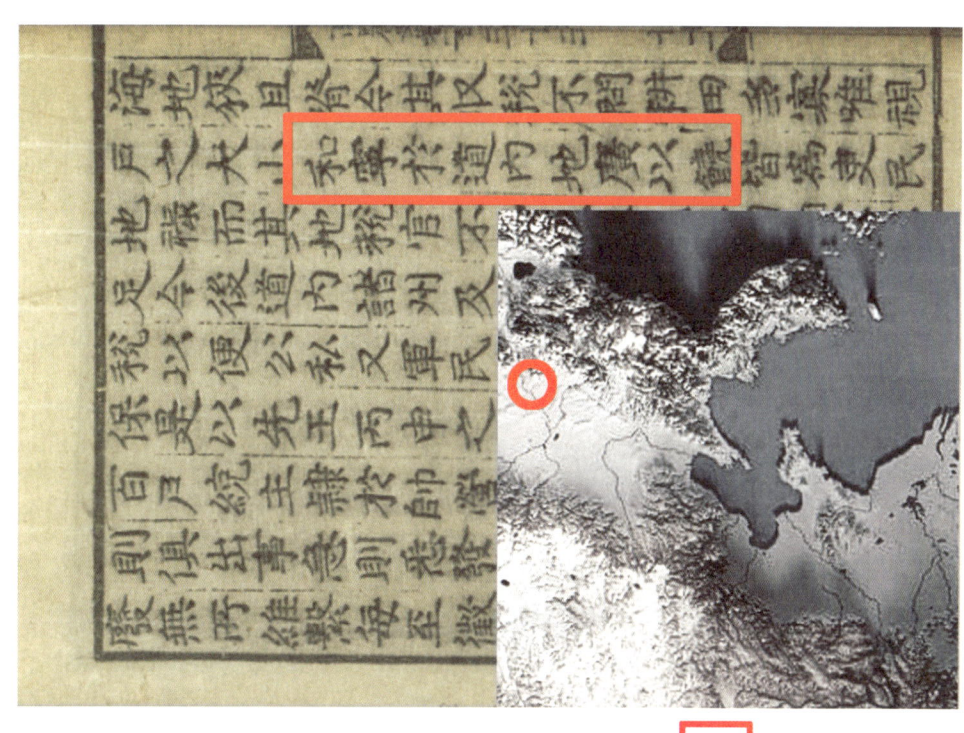

東北一道州郡, 介於山海, 地狹且..
和寧於道內, 地廣以饒, 皆爲吏民地祿
而其地稅, 官不得收

고려 동북쪽 한 개 도의 주, 군들은 산과 물 사이에 있어 땅이 협소하고 척박합니다.. 그 중에

화령(和寧)은 가장 땅이 넓고 부유합니다.

하지만 그 땅을 모두 지방인들이 보유하기에 지금껏 고려 관청에서 세금을 거둘 수가 없었습니다.
— 1383년 8월 — 고려사

최초로 확인하는 고려인 무슬림의 묘비 (KBS_2006.02.24. 방송)

몽나라 때 고려장(高麗庄)을 고력장(高力庄)으로 개명(改名)

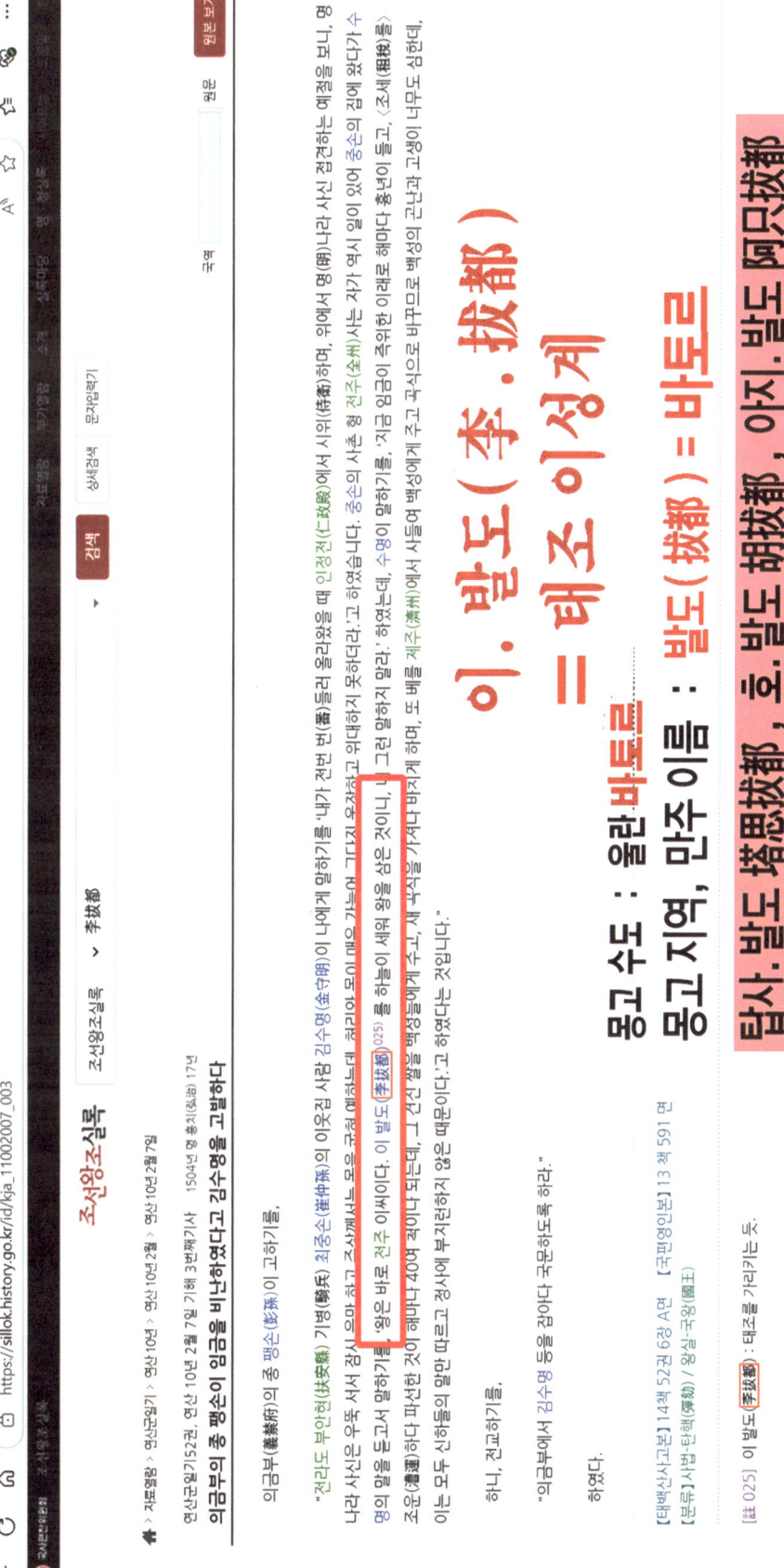

조선 朝鮮

조선왕조실록

조선왕조실록 > 태조 3년 > 태조 3년 7월 > 태조 3년 7월 11일

태조실록 6권, 태조 3년 7월 11일 무신 2번째기사 1394년 명 홍무(洪武) 27년

도평의사사에서 음양 산정 도감의 설치를 건의하다

도평의사사에서 아뢰었다.

"지리의 학설이 분명치 못하므로 사람마다 각각 자기의 의견을 내세워, 서로 같기도 하고 다르기도 하나, 어느 것이 참말이며 거짓인지를 분별하기가 어렵습니다. 고려조에서 전해 오는 비록(秘錄)도 역시 같기도 하고 다르기도 하여, 사(邪)와 정(正)을 정하기 어려우니, 청하옵건대 음양 산정 도감(陰陽刪定都監)을 두어 일정하게 교정하소서."

임금이 그대로 따랐다.

【태백산사고본】 2책 6권 6장 A면 【국편영인본】 1책 66면
【분류】 행정-중앙행정(中央行政) / 사상-토속신앙(土俗信仰)

○都評議使司啓曰: "地理之學未明, 人人各執所見, 互相同異, 眞僞難辨。 前朝相傳秘錄, 亦有同異, 邪正難定。 請置陰陽刪定都監, 勘校一定。" 上從之。

【태백산사고본】 2책 6권 6장 A면 【국편영인본】 1책 66면
【분류】 행정-중앙행정(中央行政) / 사상-토속신앙(土俗信仰)

1. 조선 태조(太祖) 3년(1394)에 지리(地理)의 술법(術法)에 관한 서적(書籍)을 산정(刪定)하기 위하여 음양산정도감 설치 - 한반도에 지명 이식

조선 전주시, 옛 고려 지명들이 어딘지 모르겠고 분별하기 힘들다.
- 〈조선왕조실록〉 조선 전주 태조 이성계 편

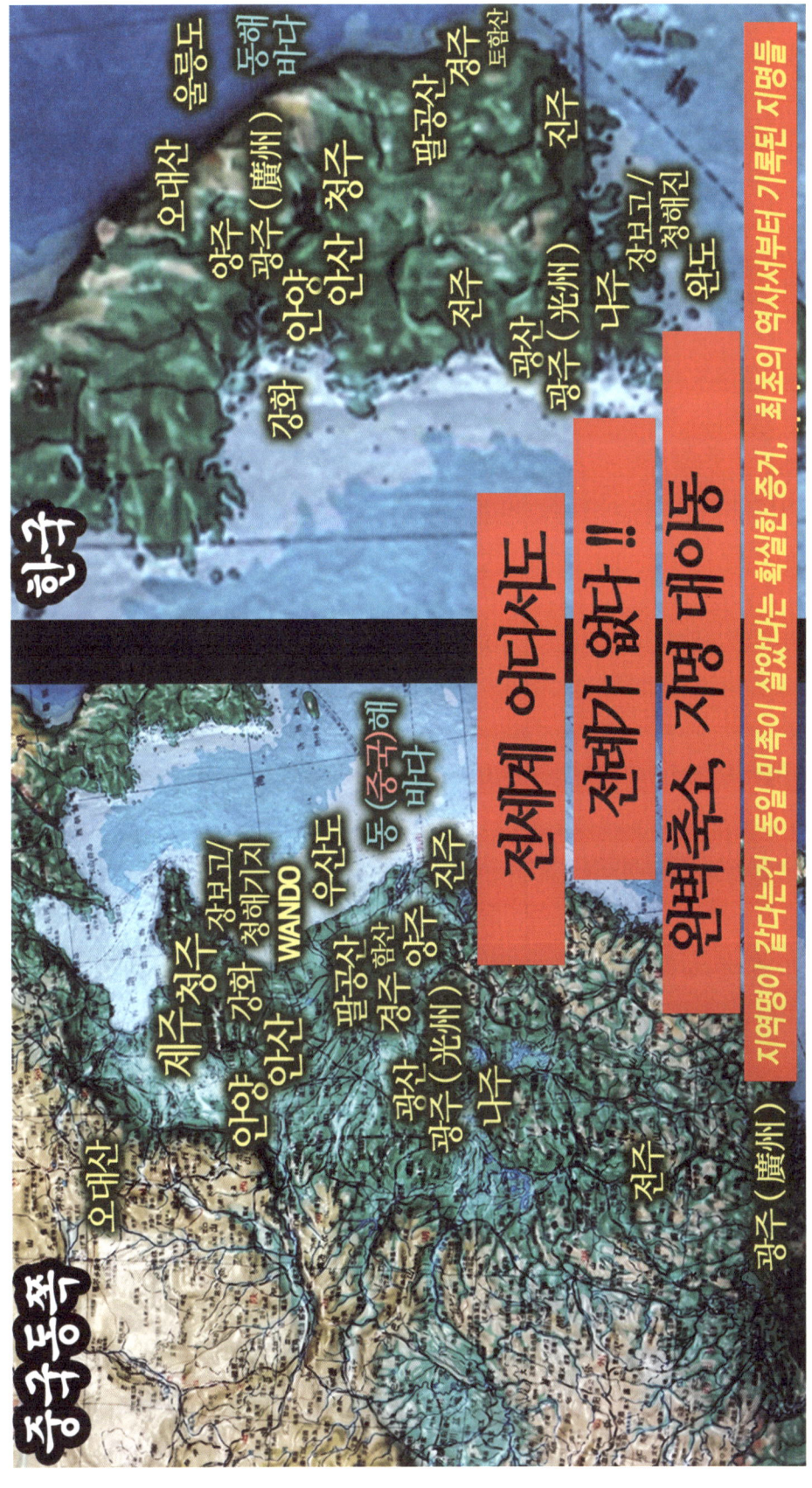

조선왕조실록

> 자료열람 > 태종실록 > 태종 17년 > 태종 17년 12월 > 태종 17년 12월 15일

태종실록 34권, 태종 17년 12월 15일 병신 1번째기사 1417년 명 영락(永樂) 15년

서운관에 간직한 참서를 불사르다

서운관(書雲觀)에 간직하고 있는 참서(讖書) 두 상자를 불살랐다. 풍속이 전조의 습관을 인습하여 음양 구기(陰陽拘忌)를 혹신하여 부모가 죽어도 여러 해를 장사하지 않는 자가 있었다. 임금이 박은(朴訔)·조말생(趙末生)에게 명하여 서운관에 앉아서 음양서(陰陽書)를 모조리 찾아 내어 요망하고 허탄하여 정상에서 어그러진 것을 골라 불 태웠다.

음양서 = 지리, 지역이름 책들.

[태백산사고본] 15책 34권 38장 A면 【국편영인본】 2책 196면
[분류] 사상-토속신앙(土俗信仰) / 출판-서책(書冊)

○丙申/焚書雲觀所藏讖書二匱。 俗因前朝之習, 酷信陰陽拘忌, 親死累年 不葬者有之。 上命朴訔、趙末生坐書雲觀, 盡索陰陽書, 擇其妖誕不經者焚 之。

[태백산사고본] 15책 34권 38장 A면 【국편영인본】 2책 196면
[분류] 사상-토속신앙(土俗信仰) / 출판-서책(書冊)

조선왕조실록

조선왕조실록 > 영자초도

세종실록32권, 세종 8년 5월 19일 임자 9번째기사 1426년 명 선덕(宣德) 1년

도화원에 간수된 전조 역대 군왕·비주의 영자초도와 정릉의 반영을 불태우게 하다

예조에서 도화원(圖畫院)의 정문(呈文)에 의하여 계하기를,

"도화원에 간수된 전조(前朝) 왕씨(王氏)의 역대 군왕과 비주(妃主)의 영자초도(影子草圖)를 불태우기를 청합니다."

하니, 명하여 정릉(貞陵)의 반영(半影)도 아울러 불태우게 하였다.

세종대왕이 명령하여 고려 역대 왕들의 초상화를 불태우게 하다.

세종실록41권, 세종 10년 8월 1일 경진 3번째기사 1428년 명 선덕(宣德) 3년

예조에서 지방의 고려 태조와 공신들의 진영 등을 개성 유후사로 옮길 것을 건의하다

예조에서 계하기를,

"충청도 천안군(天安郡)에 소장(所藏)한 고려 태조(太祖)의 진영(眞影), 문의현(文義縣)에 소장한 태조의 진영 및 쇠붙이를 부어 만든 상[鑄像], 공신(功臣)들의 영정(影幀), 전라도 나주(羅州)에 소장한 혜종(惠宗)의 진영 및 소상(塑像), 광주(光州)에 소장한 태조의 진영을 모두 개성 유후사(留後司)로 옮겨서 각릉(各陵) 곁에 묻게 하소서."

하니, 그대로 따랐다.

세종대왕이 명령하여 고려 역대 왕들의 쇠,흙으로 만든 동상, 초상화를 모두 묻어 버리다.

조선왕조실록

조선왕조실록 > 세종실록 > 음양의 설이

세종실록112권, 세종 28년 6월 18일 갑인 1번째기사 1446년 명 정통(正統) 11년

궁성의 폐단을 논한 이계전 등의 상소가 있어 이를 의논하다

하였다. 흠첨이 아뢰기를,

이방원의 분서갱유

"옛날에 우리 태종(太宗)께서 음양(陰陽)의 설(說)이 와위(訛僞)가 너무 심하다 하여, 그 괴탄(怪誕)한 글을 서운관(書雲觀)으로 하여금 모두 불사르게 하고, 드디어 《장일통요(葬日通要)》를 만들어 세상에 행하였습니다. 지금 지리서(地理書)를 보면 명현(名賢)이 저술이 아니고, 모두 범상하고 용렬한 무리가 만든 것이어서, 과연 성상의 말씀과 같이 모두 괴탄(怪誕)합니다. 인주(人主)가 만일 다 불사르고 쓰지 말고자 하면 또한 부득이하여 쓰는데. 그 중에 더욱 괴단하여 쉽게 알아 볼수 있는 것이 또한 많이 있으니, 조목조목 적어서 쓰지 말게 하면, 무엇이 불가할 것이 있습니까. 또 그 무리들이 서로 그르게 여기어 취하지 않는 것이 있으니, 이런 등의 조목은 쓰지 않는 것이 가합니다."

하였다. 임금이 말하기를,

"《장일통요(葬日通要)》가 만들어진 뒤로부터 장기(葬期)의 한계가 정하여져서, 지금은 여기는 자가 없다. 흠첨이 말한 바, 그 무리들이 서로 그르게 여기는 것은 쓰지 말자는 설(說)이 진실로 옳다. 다만 그 글을 불사르고 쓰지 않으려면 장지(葬地)를 전연 택하지 않아야 할 터인데, 국장(國葬)에는 오히려 가서 산머리[岾頭]를 찾으니 행할 수 있겠는 가."

조선왕조실록

조선왕조실록 > 세조실록 > 세조 3년 5월 > 세조 3년 5월 26일

세조실록 7권, 세조 3년 5월 26일 무자 3번째기사 1457년 명 천순(天順) 1년

팔도 관찰사에게 고조선비사 등의 문서를 사처에서 간직하지 말 것을 명하다

팔도 관찰사(八道觀察使)에게 유시(諭示)하기를,

"《고조선 비사(古朝鮮祕詞)》·《대변설(大辯說)》·《조대기(朝代記)》·《주남일사기(周南逸士記)》·《지공기(誌公記)》·《표훈삼성밀기(表訓三聖密記)》·《안함 노원 동중 삼성기(安含老元董仲三聖記)》·《도증기(道證記)》·《지이성모하사량훈(智異聖母河沙良訓)》, 문태산(文泰山)·왕거인(王居人)·설업(薛業) 등 삼인 기록(三人記錄)·《수찬기소(修撰企所)》의 1백여 권(卷)과 《동천록(動天錄)》·《마슬록(磨蝨錄)》·《통천록(通天錄)》·《호중록(壺中錄)》·《지화록(地華錄)》·《도선 한도참기(道詵漢都讖記)》 등의 문서(文書)는 마땅히 사처(私處)에 간직해서는 안되니, 만약 간직한 사람이 있으면 진상(進上)하도록 허가하고, 자원(自願)하는 서책(書冊)을 가지고 회사(回賜)할 것이니, 그것을 관(官)·민간 및 사사(寺社)에 널리 효유(曉諭)하라."

하였다.

○諭八道觀察使曰: "《古朝鮮祕詞》、《大辯說》、《朝代記》、《周南逸士記》、《誌公記》、《表訓三聖密記》、《安含 老元 董仲三聖記》、《道證記》、《智異聖母河沙良訓》、文泰山·王居仁·薛業等三人記錄《修撰企所》一百餘卷, 《動天錄》、《磨蝨錄》、《通天錄》、《壺中錄》、《地華錄》、《道詵漢都讖記》等文書, 不宜藏於私處, 如有藏者, 許令進上, 以自願書冊回賜, 其廣諭公私及寺社。"

【태백산사고본】 3책 7권 39장 B면 【국편영인본】 7책 200면
【분류】 출판-서책(書冊) / 재정-진상(進上) / 역사-편사(編史) / 사상-토속신앙(土俗信仰)

전국의 어떤 자도.... 개인적으로.... 책을 가지고 있을 수 없다.

1392년 조선 개국 78년후에도

예조에 명하여 모든 천문·지리·음양에 관계되는 서적들을 수집하게 하다

예조(禮曹)에 전교하기를,

"《주남일사기(周南逸士記)》·《지공기(志公記)》·《표훈천사(表訓天詞)》·《삼성밀기(三聖密記)》·《도증기(道證記)》·《지이성모하사량훈(智異聖母河沙良訓)》·문태(文泰)·옥거인(玉居仁)·설업(薛業) 세 사람의 기(記) 1백여 권과 《호중록(壺中錄)》·《지화록(地華錄)》·《명경수(明鏡數)》 및 모든 천문(天文)·지리(地理)·음양(陰陽)에 관계되는 서적들을 집에 간수하고 있는 자는, 경중(京中)에서는 10월 그믐날까지 한정하여 승정원(承政院)에 바치고, 외방(外方)에서는 가까운 도(道)는 11월 그믐날까지, 먼 도(道)는 12월 그믐날까지 그곳에 바치라. 바친 자는 2품계를 높여 주되, 상받기를 원하는 자 및 공사 천구(公私賤口)에게는 면포(綿布) 50필(匹)을 상주며, 숨기고 바치지 않는 다른 사람의 진고(陳告)를 받아들여 진고한 자에게 위의 항목에 따라 논상(論賞)하고, 숨긴 자는 참형(斬刑)에 처한다. 그것을 중외(中外)에 속히 유시하라."

○傳于禮曹曰: "《周南逸士記》、《志公記》、《表訓天詞》、《三聖密記》、《道證記》、《智異聖母河沙良訓》, 文泰·王居仁·薛業三人記一百餘卷, 《壺中錄》、《地華錄》、《明鏡數》, 反凡干天文、地理、陰陽諸家藏者, 京中限十月晦日, 呈承政院, 外方近道十一月晦日, 遠道十二月晦日, 納所居邑。納者超二階, 自願受賞者及公私賤口, 賞錦布五十匹, 隱匿不納者, 陳告, 告者依上項論賞, 匿者處斬。 其速諭中外。"

[태백산사고본] 3책 7권 20장 A면 [국편영인본] 8책 417면
[분류] 출판-서적(書冊)

고작 개인이 지리, 지역 이름의 책을 가지고 있다고 참수형(목을 베어 죽임)

조선왕조실록

조선왕조실록 > 지리 음양

성종실록 > 성종 5년 12월 > 성종 5년 12월 6일

성종실록 1권, 성종 즉위년 12월 6일 을묘 1번째기사 1469년 명 성화(成化) 5년

이전에 수납한 음양지리서 가운데 사용할 만한 것은 내전에 들여보내게 하다

하성군(河城君) 정현조(鄭顯祖)·행 호군(行護軍) 이봉(李封)·우부승지(右副承旨) 정효상(鄭孝常) 및 내관(內官) 김효강(金孝江)에게 명하여, 선조(先朝)에서 수납(收納)한 음양지리서(陰陽地理書)를 고열(考閱)하여 비밀히 사용할 만한 것을 가려서 내전(內殿)에 들여보내게 하고, 나머지는 모두 주인에게 전교(傳敎)하기를,

"종친(宗親)이 음양서(陰陽書)를 쌓아 두고서 성명(星命)을 추산(推算)하는 것은 어디에 소용이 있는가? 그 수납(收納)된 책 안에 《혼일(婚日)》·《가령(假令)》·《선요(選要)》 등 책으로 혼가(婚嫁)의 택일(擇日)에 필요한 것 외의 다른 것은 모두 돌려주지 말라."

하였다.

전에 뺏은 지리서들을 점검하고 분류하여, 비밀리에 사용할 것은 부서로 들여 보내고, 나머지는 주인에게 돌려 쥐다.

【태백산사고본】 1책 1권 8장 B면 【국편영인본】 8책 443면
【분류】 출판-서책(書冊) / 사상-토속신앙(土俗信仰)

조선왕조실록

검색어 : 행정구역 건수 : 20

행정 구역 개편
한반도에 지평 이식

번호	기사제목	날짜
1	계룡산의 신도를 중심으로 81개의 주·현·부곡 등을 획정하다	1393-03-24 (태조 2년)
2	불필요한 관원을 줄이고 관제·직제·행정구역 등을 개편한다	1403-06-29 (태종 3년)
3	서울과 지방의 일부 직제 및 행정구역 개편	1415-03-25 (태종 15년)
4	충청도의 행정구역을 정리하는 것에 대한 건의를 올리다	1429-01-16 (세종 11년)
5	경기 철원부에서 강무를 할 목적으로 행정구역을 조절하다	1434-10-25 (세종 16년)
6	사리 사옥을 채우는 수령의 감사를 엄중히 할 것을 곽순이 상서하다	1436-07-04 (세종 18년)
7	경중에서 역에 빠진 군사의 수색과 마필과 군기의 점고를 행하도록 병조에서 아뢰다	1451-01-07 (문종 1년)
8	백성의 편리를 위해 행정구역의 변경을 충청도 관찰사가 아뢰다	1467-03-13 (세조 13년)

조선의 분서갱유

세조 7권 3년 5월 26일
1백여 권(卷)과…… 문서(文書)는 마땅히 사처(私處)에 간직케 해서는 안되니

예종 7권 1년 9월 18일
모든 천문(天文)·지리(地理)·음양(陰陽)에 관계되는 서적들을 궁중에 간수하고 있는 자는 10월 2 그믐날까지 승정원(承政院)에 바치고…… 먼 도(道)는 12월 2 그믐날까지 거주하는 숨기고 바치지 않는 자는 … 숨긴 자는 참형(斬刑)에 처한다

성종 1권 즉위년 12월 9일
무릇 천문(天文)·지리(地理)·음양(陰陽)에 관계되는 서책(書冊)을 사사로이 감춘 자는 하기(下棘) 하기(下棘)까지 하고 그 이웃 서울은 한성부(漢城府)에 바치라 일렀으니

	묘호	재위기간
	태조(太祖)	1392~1398년
제 2대	정종(定宗)	1398~1400년
제 3대	태종(太宗)	1400~1418년
제 4대	세종(世宗)	1418~1450년
제 5대	문종(文宗)	1450~1452년
제 6대	단종(端宗)	1452~1455년
제 7대	세조(世祖)	1455~1468년
제 8대	예종(睿宗)	1468~1469년
제 9대	성종(成宗)	1469~1494년

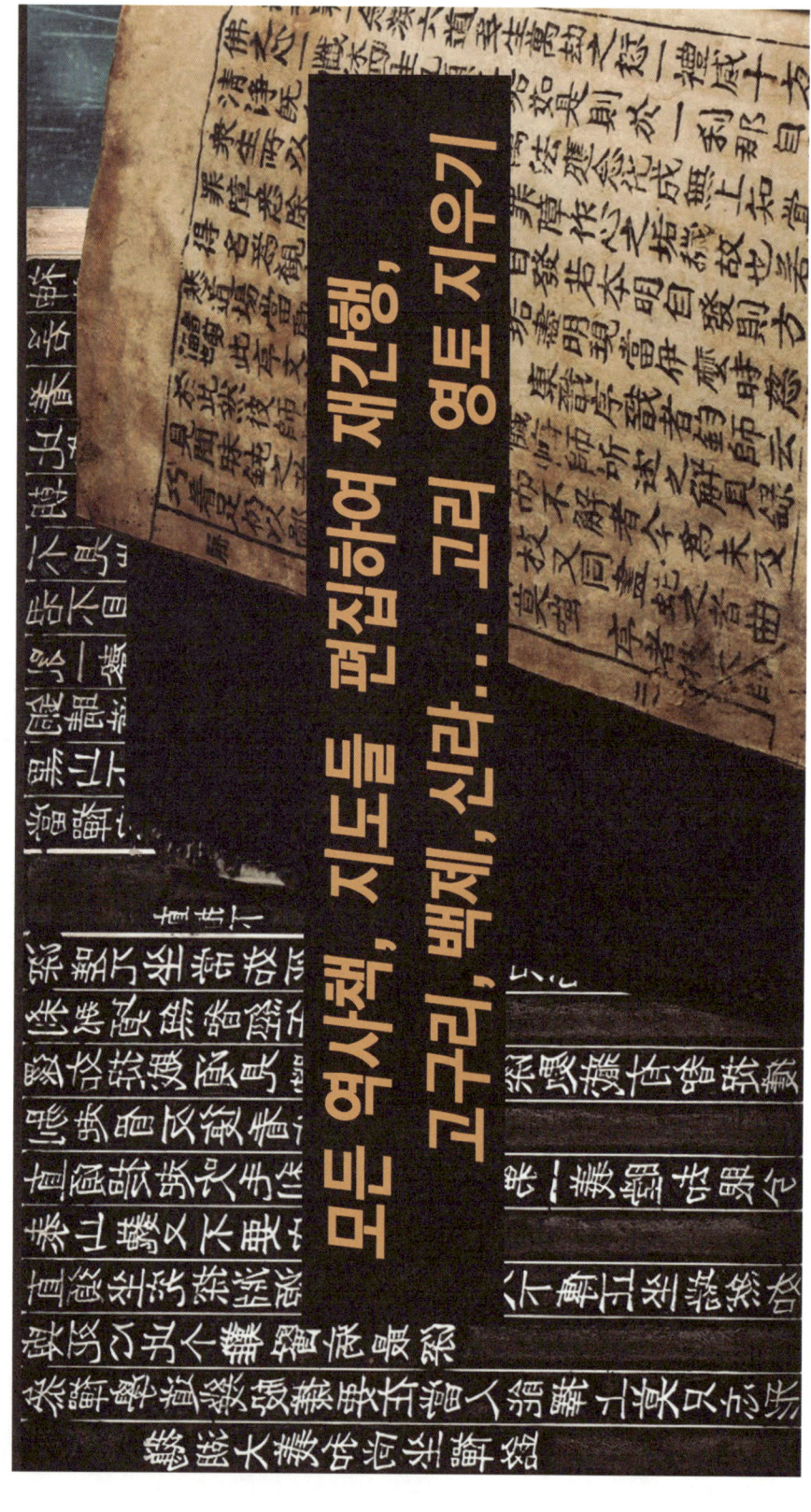

모든 역사책, 지도를 편집하여 재간행,
고구리, 백제, 신라···. 고리 영토 지우기

조선왕조실록

> 자료열람 > 세종실록 > 세종 3년 > 세종 3년 1월 > 세종 3년 1월 30일

세종실록 11권, 세종 3년 1월 30일 계사 2번째기사 1421년 명 영락(永樂) 19년

유관·변계량이 《고려사》를 교정하여 올리다

이전에 정도전(鄭道傳)이 편찬한 《고려사(高麗史)》가 간혹 사신(史臣)이 본래 초(草)한 것과 같지 아니한 곳이 있고, 또 제(制)니, 칙(勅)이니 하는 말과 태자(太子)라고 한 것 등의 유가 참람되고 분수에 넘치는 말이 많이 되다 하여, 유관(柳觀)과 변계량에게 명하여 교정하게 하였더니, 이제 와서 편찬이 완성되었으므로 이에 헌상해 올렸다.

조선 건국시 정도전 등이 편찬한 《고려사》는 역사 기록 담당 신하들이 처음 기록한 것과 같지 않은 부분이 있고, 또, 황제국의 표현인 제, 칙, 태자 등 고려에게는 분수에 맞지 않는 표현이 많아서, 고치고 수정한 후, 다시 편찬하여 올립니다.

— 조선왕조실록, 세종대왕 실록

중국 동북과 몽골이 산지, 고려, 물소 서식지를 잃어버린 조선 건국

조선 세종 1428년 : 활 만들기에 물소뿔 만큼 좋은 재료가 없다. 부러지지 않는다. 명나라에게 허락받고 수입해, 전라도에서 따뜻하게 키운다면 살릴 수 있을 것.

조선 문종 1450년 : 조선은 방어가 중요한 나라이기에, 활을 만들 물소뿔 생산을 위해 물소 20 마리를 수입해 키우도록 명나라에 허락받아야 합니다.

조선 성종 1479년 : 전국에서 키운 물소가 70 마리나 됩니다. 후하게 상을 주시옵소서. 이전에 물소 4마리를 수입했지만 번식에 실패해 멸종하였습니다. 활 제작에 필요한 물소뿔은 조선에서는 생산되지 않으며 오직 명나라에서만 받아옵니다. 50 개의 물소뿔을 수입했으니 부족합니다.

목숨을 역제시키던 조선의 신분제

사 선비
농 농민
공 공업인
상 상인

가짜 묘지 제작

훗날 전해질 이 소년신공세

영웅이 탄생되어 나라를 구하고,

바다마저 단절한 채
이전을 도모한 조선.

영웅한 이세 왕을 들 수 없다.

청나라 / 여진족

Qing dynasty

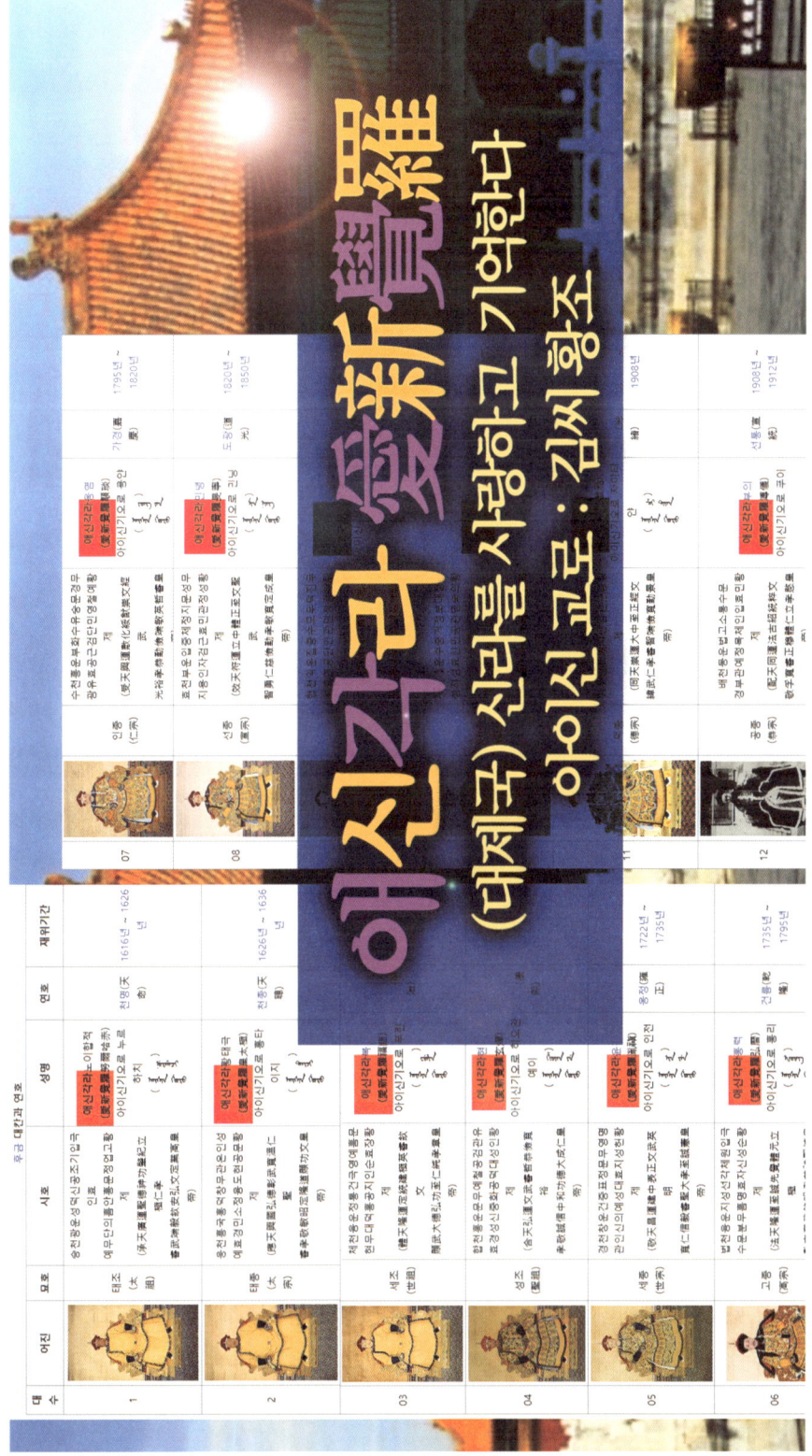

후금(後金=淸 청나라 여진족) 홍타이지

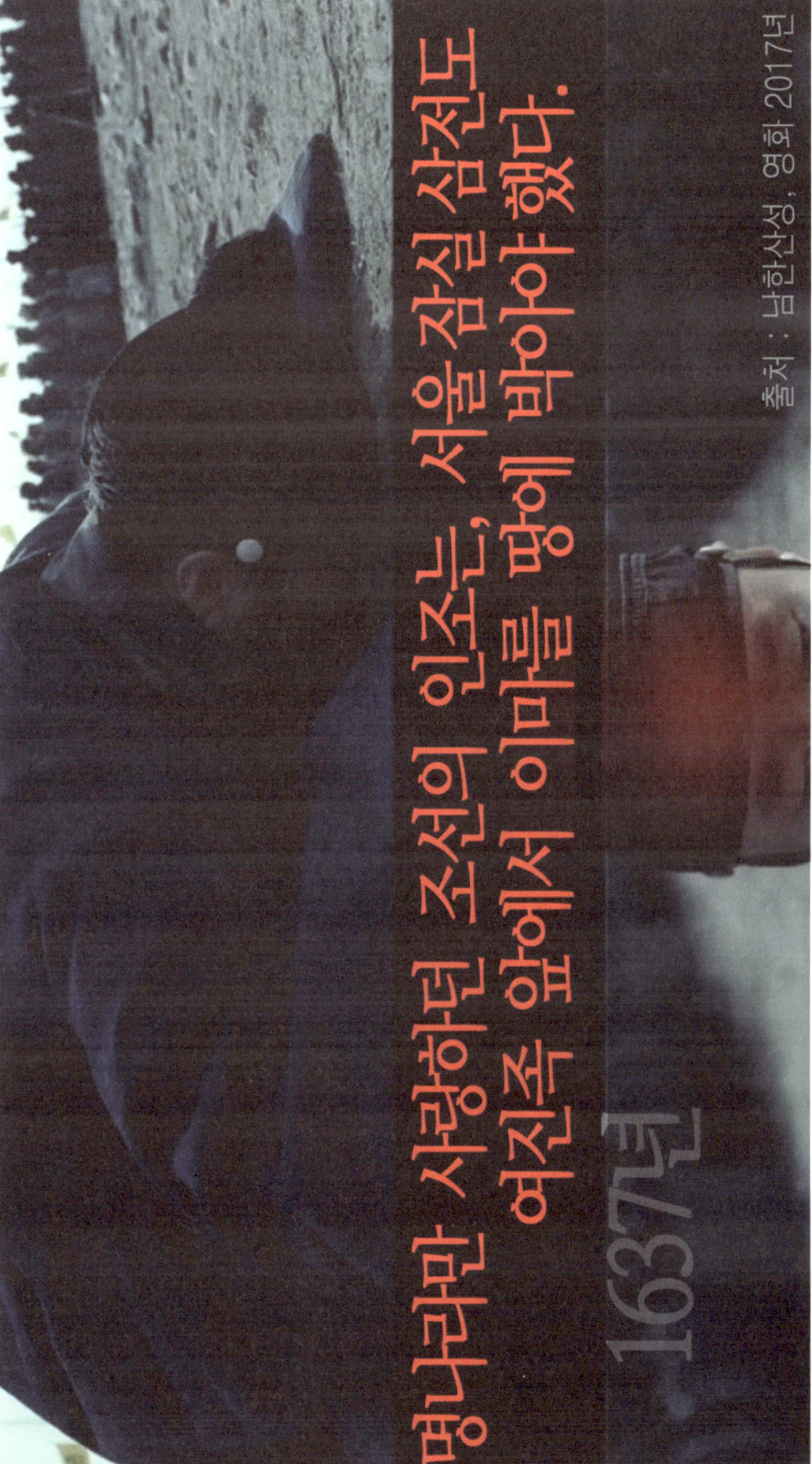

떼내내만 사랑하던 조선이 조선에 있는느, 서울 잠실 삼전도 여진족 앞에서 이마를 땅에 박아야 했다.

1637년

출처 : 남한산성, 영화 2017년

조선 朝鮮

묘호	왕이었던 시기	휘(본명)
1. 태조	1392~1398	이성계
2. 정종	1398~1400	이방과
3. 태종	1400~1418	이방원
4. 세종	1418~1450	이도
5. 문종	1450~1452	이향
6. 단종	1452~1455	이홍위
7. 세조	1455~1468	이유
8. 예종	1468~1469	이황
9. 성종	1469~1494	이혈
10. 연산군	1494~1506	이융
11. 중종	1506~1544	이역
12. 인종	1544~1545	이호
13. 명종	1545~1567	이환
14. 선조	1567~1608	이균
15. 광해군	1608~1623	이혼
16. 인조	1623~1649	이천윤
17. 효종	1649~1659	이호
18. 현종	1659~1674	이연
19. 숙종	1674~1729	이순
20. 경종	1730~1724	이윤
21. 영조	1724~1776	이금
22. 정조	1776~1800	이산
23. 순조	1800~1834	이공
24. 헌종	1834~1849	이환
25. 철종	1849~1863	이원범, 이변
26. 고종	1863~1907	이희
27. 순종	1907~1910	이척

고려여진 女眞 / 餘振 / 麗振

쌍성, 화령부, 동북면 고려장수, 북서개우
한양천도, 여진정벌, 북서개우
4군 6진, 1446년 한글반포, 동북정벌, 전국팔도 불서개우
고려사
여진, 이시애의 난, 함길도→영안도, 북서개우 경국대전(1474년 갑오대전), 북서개우
족보 발간

임진왜란 (일본)
사르후 (여진)
정묘호란, 병자호란 (여진), 명나라 멸망

여진 (청나라)
인민공화국

조선 한양 1910년
나라 넘김 (일본)

명나라 1421년
북경천도

경복궁 해체. 일제 조선총독부 조선 역사 편사, 편집, 수정 모임 (조선사 편수회)

1986년 8월 17일 조선일보 기사.
일제 조선총독부의 교육 시책이 실린 기사.

조선일보는 1986년 8월15일부터 일제까지 11회에 걸쳐서 광복 41주년 특별기획 「국사 교과서 새로 써야 한다」는 기사를 새로 연재한 바 있다.

1985년 10월 4일 조선일보 기사.
역사서 말살. 일제 조선총독부 관보가 입증.

史書 20여만권 압수 불태웠다

부산에서 바라본 대마도. 거리는 49.5km에 불과하다. 부산일보 DB

눈 뜬 장님들아
조선 말 빼앗긴
대마도 역시 잘 보라!
수많은 조선지도들에도
조선국의 실제 영토로 표기

대동총도, 해동지도

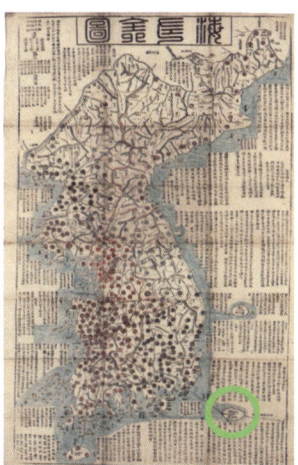
해좌전도

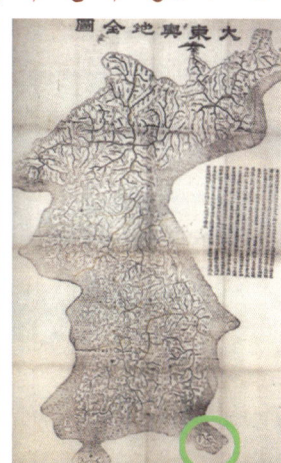
대동여지전도

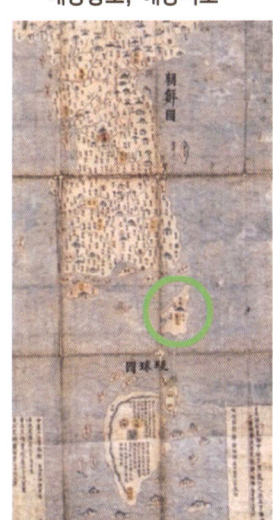
천하대총일람지도

해동여지도

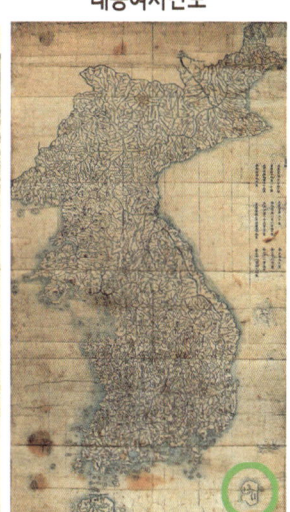
조선 8도 지도

조선국지리도. 8도

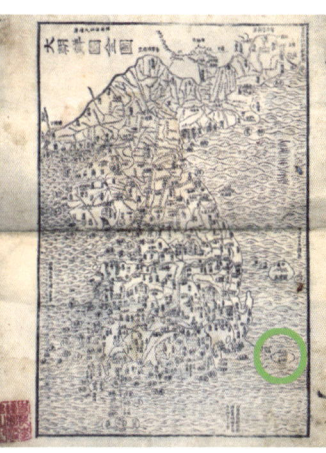
대조선국전도

Korea China Japan

중화인민공산당 문화대혁명 태민족 고대 유적 집중 파괴

중화인민공화국. 중국 건국 1949년. 문화대혁명 파괴 1966년 ~ 1976년

역사서와 지역을 못 알게 글자를 바꿔라 _중국공산당 간자체의 비밀

신라 新羅	罗
경주 慶州	庆
고려 高麗	丽
백제 百濟	济
동해 東海	东
낙랑 樂浪	乐

책보고

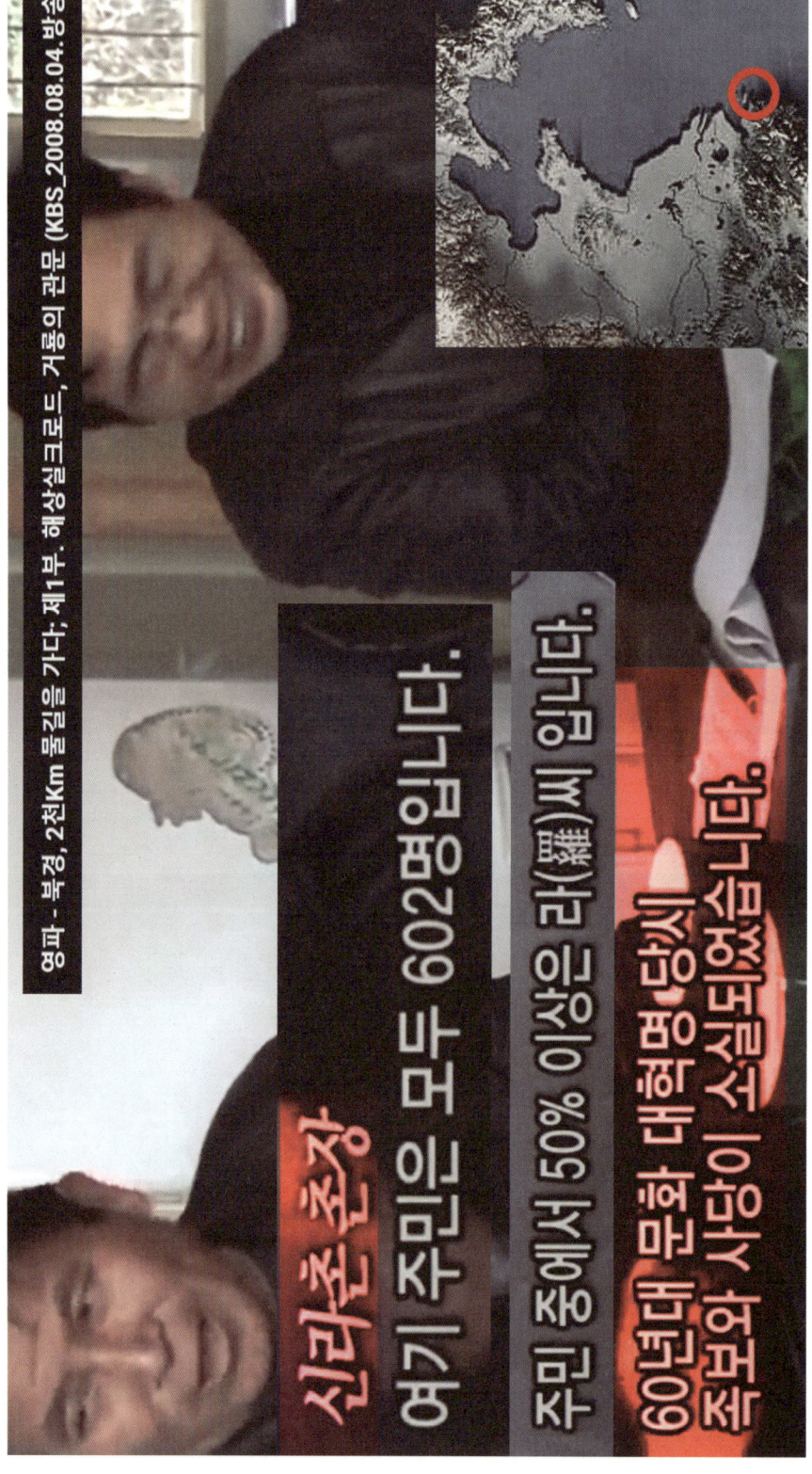

영파 - 북경, 2천Km 물길을 가다, 제1부. 해상실크로드, 거룡의 관문 (KBS_2008.08.04. 방송)

朝鮮日報

> 문화·라이프

中 룽먼 석굴서 백제불상 첫 발견

"7세기 백제멸망후 끌려간 백제인이 만들어"

유석재기자
업데이트 2004.11.07. 19:10

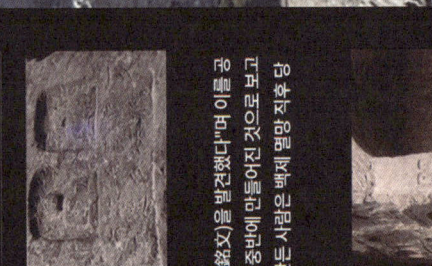

망국의 한을 안고 이역만리 중원으로 간 백제인의 자취가 중국 뤄양(洛陽) 룽먼석굴(龍門石窟)에서 처음으로 확인됐다.

현재 뤄양대 특임교수(전 공주영상정보대 교수)는 7일 "룽먼석굴의 877번 불상 왼쪽 부위에서 '부여씨(扶餘氏)'라고 적힌 명문(銘文)을 발견했다"며 이를 공개했다. 임 교수는 "현지 기관에서 조사한 결과 사기 7세기 중반에 만들어진 것으로 보고 있다"며 "부여씨는 백제 왕성의 성이었으므로 이 불상을 만든 사람은 백제 멸망 직후 당나라에 끌려온 백제인으로 보인다"고 말했다.

이에 대해 강우방(姜友邦) 이화여대 교수는 "백제인이 조성한 불상이 당나라 시대 석굴에서 발견된 것은 처음"이라며 "앞으로 한·중 간의 고대문화 교류 연구에 자료가 될 것"이라고 말했다. 원강·둔황과 함께 중국 3대 석굴 중의 하나인 룽먼석굴은 5~7세기에 만들어진 불상 9만여개가 있는 곳으로 지난 2000년 세계문화유산에 등재됐다.

여행
연재 오창학의 〈내 바위로 가는 실크로드〉 | 7화

낙양 '신라 상감 없은 통행금지

[네 바위로 가는 실크로드⑥] 용문석굴 방문에서 느낀 껄끄러움

06.09.21 15:19 | 최종 업데이트 06.09.25 19:46 | 오창학(ohmadang)

7월 21일 금요일. 뤄양(洛陽)에서의 아침. 아니 이곳 만큼은 그냥 '낙양'이라 부르자.

재당 신라인의 혼이 담긴 '신라상감'엔 통행금지 푯말만이

해동국에서 길을 떠나 실크로드를 더듬고 있는 우리가 용문석굴에 관심을 두는 또 하나의 이유가 있다.

신라상감. 당 대에 재당 신라인들이 조성한 석굴. 황제가 세운 것만큼 화려하고 큰 것도 아니다라도 지역유지들만큼의 세는 갖춘 굴이다. 뤄양의 본수 기사(佛授寺)엔 여기서 60km 쯤 떨어진 소림에 머물던 신라의 원측이 조성했을 것이라는 세도 있고, 여기서 60km 쯤 떨어진 소림사의 혜초가 주도 했을 거란 설이 있다.

하지만 당시 16세에 예초가 금강지(金剛智)를 만나 사사 받을 무렵에 이런 큰 불사를 했을다고 보기는 어렵고, 왕복인 원측승님의 역할이 크지 않았을까 싶다. 강 맞은 편에 있는 청산사 위 곳에서 그의 사후 다비식을 했던 인연을 봐도 그럴...

▲ 신라상감: 통행금지 푯말이 계단 앞을 막고 있는 이곳은 입수할 곳초가 무성하다. ⓒ 오창학

관련사진보기

교수님이 10년 전 행보의 기억을 더듬어 어렵사리 찾은 그곳은 통행금지'였다. 석굴들이 밀집해 있는 곳에서 동편으로 200여 미터를 벗어나 언덕 10여 미터 위에 외따로 위치한 석굴.

예전에 보았다던 '신라상감(新羅象嵌)'이라는 판자는 보이지 않는다. 교수님은 성모를 온 분처럼 굴 근처의 무성한 풀들을 잡아 뜯었다. 왜 중국 속의 우리 유적은 이렇게 방치되고 있는 것일까?

이 마을 들어서면 중국 측에선 평평 뿌릴지 모르겠다. '우리유적'이라니? 중국 땅에, 중국 돈으로 중국인들이 조성했는데, '우리 유적'이라니? 그럼 정정하겠다. 중국 속의 우리 유적은 왜 이리 방치되고 있는 것일까?

'통행금지'.

중화 인민 공화국 - 중국

세계 GDP 2위 라 자랑하지만, 비상식 공산당 국가.

1) 국민 선거가 없는 나라.
2) 국제 저작권 없이 남의 국가 것 훔쳐 쓰는 나라.
3) 거짓으로 늘 주변국을 비하, 지배하려는 나라.
4) 개인 집회 시위가 불가능한 나라.
5) 유튜브, 페이스북 등 차단하는 비정상적 국가.

실패한 1989년 6월 4일 베이징 천안문 민주화 항쟁.

한국일보 문화

어이없는 중국 "백제도 중국사"

조태성 기자 구독 + 입력 2017.09.13 11:09

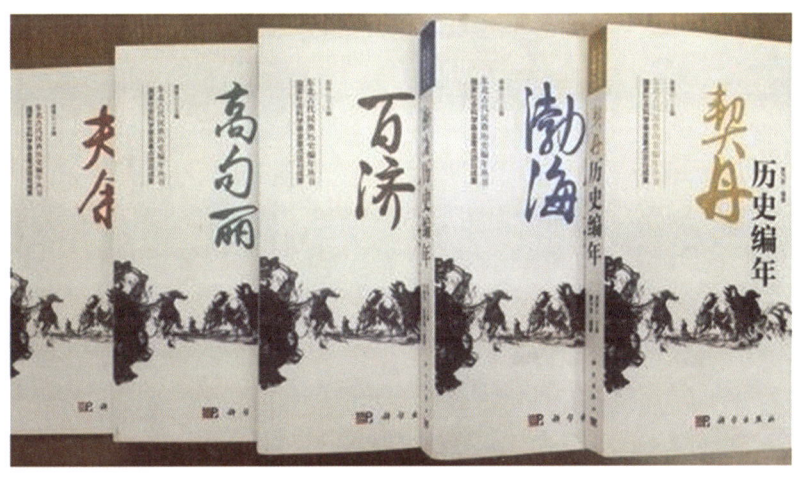

중국이 내놓고 있는 '동북고대민족역사편년총서(東北古代民族歷史編年叢書)'. 연합뉴스

중국 과학출판사가 부여, 고구려에 이어 백제까지 중국사에 넣은 역사편년 총서를 내놨다. 한중 갈등이 증폭됨에 따라 이 같은 움직임은 더 노골화될 가능성이 높아 보인다…

주목되는 대목은 집필을 주도한 중국 창춘사범대 장웨이궁 교수가 '백제역사편년' 가운데'백제기원문제탐도'라는 글에서 초장기 백제 역사를 중국사에 편입시켜야 한다고 주장한 부분이다. '부여역사편년'에서는 부여를 '우리나라 동북소수민족'이라 써서 사실상 중국사라 주장했다. 부여·고구려계를 이어받은 게 백제이고, 부여·고구려는 중국의 소수민족 지방정권이니까 백제 또한 중국사라는 논리다. 신라 빼고 모두 중국사라는 얘기다.
이 교수는 "독도, 위안부 문제에 비해 동북공정은 이미 끝난 일이라 생각해서인지 관심이 적다"면서 "동북공정 이후 중국이 그 결과물을 어떻게 정리하고 활용하는지 체계적인 번역과 연구작업이 뒤따라야 한다"고 말했다.
조태성기자 amorfati@hankookilbo.com

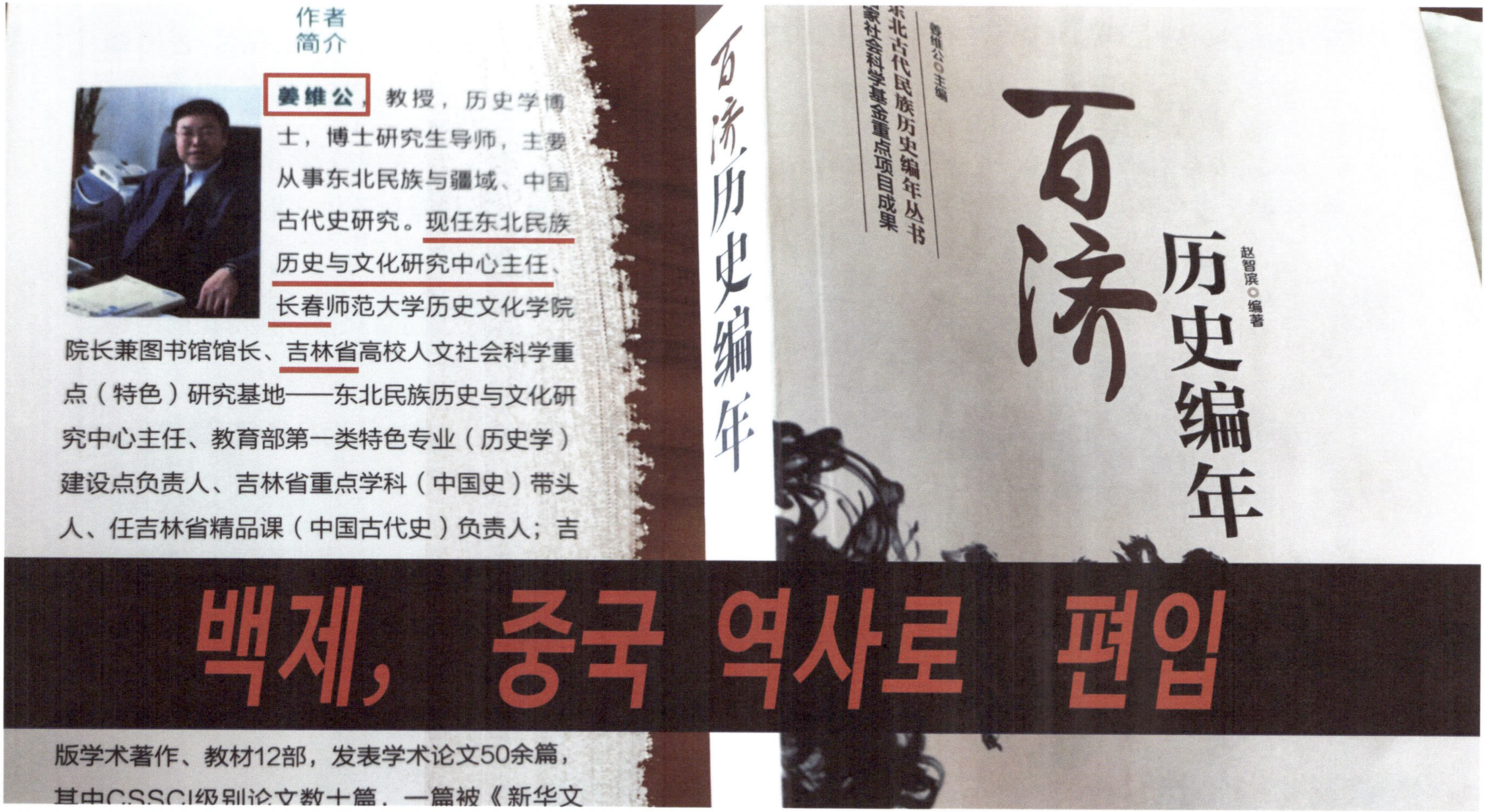

百济历史编年

赵智滨 ⓒ 编著

东北古代民族历史编年丛书

国家社会科学基金重点项目成果

백제, 중국 역사로 편입

작者简介

樊维公，教授，历史学博士，博士研究生导师，主要从事东北民族与疆域、中国古代史研究。现任东北民族历史与文化研究中心主任、长春师范大学历史文化学院院长兼图书馆馆长，吉林省高校人文社会科学重点（特色）研究基地——东北民族历史文化研究中心主任、教育部第一类特色专业（历史学）建设点负责人、吉林省重点学科（中国史）带头人、任吉林省精品课（中国古代史）负责人；吉版学术著作、教材12部，发表学术论文50余篇，其中CSSCI级别论文数十篇，一篇被《新华文

신동아 | 신동아 기사

한국內 공자학원 中공산당 선전·선동 활동 중

최창근 객원기자
입력 2020-05-02 16:52 | 업데이트 2020-05-02 16:58

"마오쩌둥은 동아에 행복을 가져다주는 사람"

"중국공산당 은혜가 동해바다보다 깊다"

Hong Lake, Ripples after Ripples

Hong Lake, ripples after ripples, and its banks are where my hometown is.
Riding the boat to cast the net in the morning,
returning home with a boatful of fish in the evening.
Mallards and water chestnuts are everywhere;
you can smell the scent of paddy of the harvest.
Everyone says the paradise is of paramount beauty,
but how can it be compared with my hometown?

중국 적위대 가사.

공자학원 교재의 또 다른 문제점은 일방적인 중국공산당 찬양과 현대사 왜곡이다. 공자학원 교재로 화어교학출판사(華語教學出版社·Sinolingua)가 펴낸 초급 중국어 영어교재 '중국어 말하기와 쓰기(A Key to Chinese Speech and Writing)'에서는 유교 사상과 공산혁명의 당위성을 다음과 같이 서술하고 있다.

"혁명에 반하는 것은 반동이다. 유교는 '과거'에는 중국인의 정통 사상이었다."

● 공자학원에 공자가 없다
● 체제 선전, 역사 왜곡
● 어린이 교재도 마오쩌둥 찬양
● 중국식 민주주의 찬양
● 유물론적 사관 주입
● 미국·유럽은 공자학원 퇴출

朝鮮日報

국제 >

중국이 '은밀한 전쟁'을 "순수 교류"라 착각하는 한국 엘리트들

[송의달 LIVE]

① 중국 특색의 새로운 전쟁 '초한전(超限戰)'
② 스파이통신·공자학원·마약 등으로 공격
③ 반격하는 미국과 서방, 그런데 한국은?
[차이나 프리리즘]

송의달 에디터

업데이트 2023.04.24. 21:04

중공 연구비, 논문지원

"중국은 세계를 상대로 적어도 200여년 전부터 '은밀한 전쟁'을 해오고 있다. 서방은 이사실을 인지(認知)조차 못하다가 최근에 깨닫고 대응하고 있다. 각국의 공자학원 철폐 움직임과 지난달 28일 미국 연방하원 중국특별위원회가 이에 해당한 개최한 중국 정문회가 이에 해당한다."

◇ 싸우지 않고 승리하는 <손자병법>의 부활

더 주목되는 것은 '초한전'이 장시 유행하다가 사라질 계책이 아니라는 점입니다. 초한전은 <손자병법(孫子兵法)>을 정점으로 <육도삼략(六韜三略)><삼십육계(三十六計)> 등으로 이어지는 중국의 전통 군사 사상(思想)에 뿌리내리고 있다.

'초한전' 개념을 창안한 차오량(喬良) 교수부터 수부터 그린다랍니다. 군이 집안 출신인 그는 10세 무렵부터 탐독한 <손자병법>을 지금도 인생 최고 서적으로 꼽고 있습니다. 2500여년 전 춘추 시대에 오나라 합려(闔閭)를 섬기던 손무(孫武)가 쓴 일러진 <손자병법>이 장수대에도 "싸우지 않고 적을 굴복시키는 것"(不戰而屈人之兵 諜矣더입니다.

<손자병법>을 손에 든 무이의 동상(왼쪽)과 <손자병법> 죽간본/조선일보DB

thuggish, genocidal organization.

TODAY
COVID
CRACKDOWN

"한국은 중국의 일부다"

— 지난 12일 트럼프 대통령, 월스트리트저널 인터뷰 中

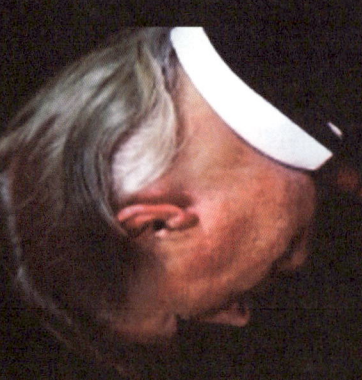

월스트리트저널 홈페이지에 공개된 트럼프 대통령 인터뷰 전문

He(Xi) then went into the history of China and Korea. Not North Korea, Korea. And you know, you're talking about thousands of years ... and many wa ... And Korea actually used to be a part of China. And after listening for 10 minutes I realized that not, it's not so easy

그리고 그(시진핑)는 중국과 한국의 역사에 대해서 말했다. 북한이 아니라 남북한이다. 당신이 알 듯이, 수천년의 역사와 많은 전 ... 을 말하는 것이다. 그리고 남북한은 사실 중국의 일부였다 (다라). 10분 정도 듣고 있으니 나는 그것이 쉬운 일이 아니라는 것을 느꼈다.

MBC NEWS 2:19

中 공산당 100주년…시진핑
"우리 건드리면 머리에 피 흘릴 것"

朝鮮日報

조선경제 오피니언 오피니언 정치 사회 국제 스포츠 연예 문화·라이프 인터랙티브 콘텐츠전반

오피니언 > 아침편지

시진핑 자료실·공자학원… 서울대·연대, 왜 中 침투에 협조하나

서울대에 역사왜곡, 공산당 찬양 서적 기증 전시

서울대 중앙도서관 2층에 있는 '시진핑 도서자료실'. 국립대 도서관에 중국공산당 최고 지도자 자료실을 8대째 두고 있는 것은 이례적이다. 이 때문에 서울대가 중국의 '샤프 파워' 공세에 포획됐다는 지적이 나온다./서울대 홈페이지

中의 '샤프 파워' 공세에 이용당하는 한국 대학들 [차이나 프리즘]

공지사항

HOME > 알림마당 > 공지사항

제목	고구려·발해·북방사 연구의 새로운 모색 III - 학술회의 안내
작성자	전통한국연구소
등록일	2022-12-06
조회수	805
첨부파일	학술회의 포스터.jpg

전통한국연구소와 고구려발해학회가 공동주최하는
『고구려·발해·북방사 연구의 새로운 모색 III』학술회의가 아래와 같이 열립니다.

- 일시 : 2022년 12월 9일(금) 09:50~18:00, 12월 10일(토) 09:00~18:00
- 장소 : 문형관 B107호 회의실

관심있는 분들의 참여를 기다립니다.

문의 : 이빈빈 (3263880363@163.com)

중국 공산당 이메일
문의는 중공으로

1. 동북공정은 완성 되었다.

고구려, 발해, 거란 그리고 한반도 뺏겨도 고대 중국 영토가 되었다. 빼앗을수록이 영문이 생겼다. 한국인은 그들 스스로 고대 영토를 축소한다.

2. 학계, 정치인은 공산당 돈에 우호적이다.

한국인들은 왜곡한 중국 역사를 맹신하게 되었고, 학계에 돈만 주면, 중국을 존중하게끔 맹종한다.

3. 국민 여론이 분열하기 시작했다.

좌, 우, 정치, 세대, 역사, 남녀 여론 분열 선동. 한국어 위장 가짜 인터넷 사이트들을 만들어 선전,선동, 거짓 정보를 준다. 대만 화교들까지 댓글로 한국인인 척 한국인을 자극시키고 분열시킨다.

윤동주
尹东柱

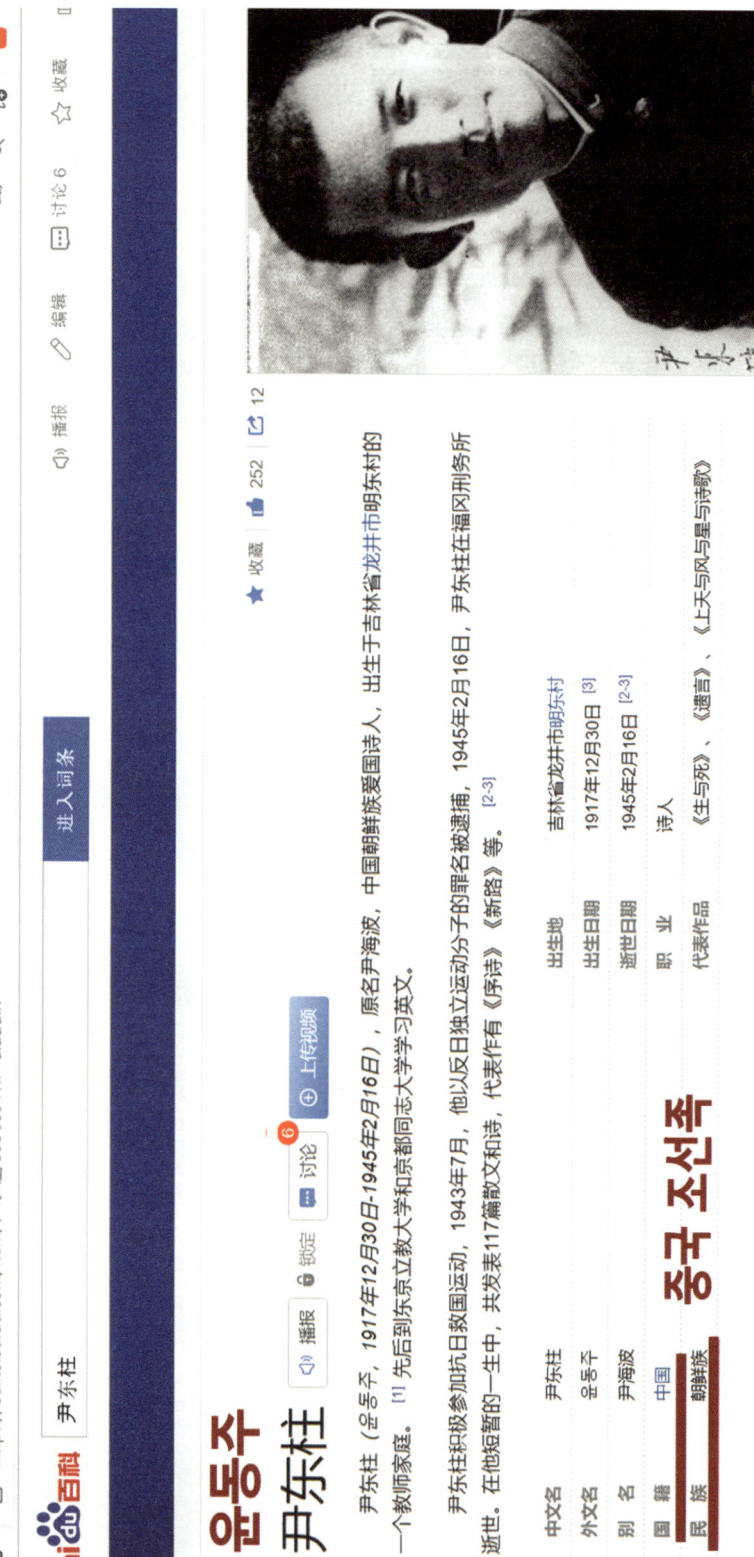

尹东柱的概述图(1张)

尹东柱（윤동주，1917年12月30日-1945年2月16日），原名尹海波，中国朝鲜族爱国诗人，出生于吉林省龙井市明东村的一个教师家庭。[1] 先后到东京立教大学和京都同志大学学习英文。

尹东柱积极参加抗日救国运动，1943年7月，他以反日独立运动分子的罪名被逮捕，1945年2月16日，尹东柱在福冈刑务所逝世。在他短暂的一生中，共发表117篇散文和诗，代表作有《序诗》《新路》等。[2-3]

중국 조선족

中文名	尹东柱	出生地	吉林省龙井市明东村
外文名	윤동주	出生日期	1917年12月30日 [3]
别　名	尹海波	逝世日期	1945年2月16日 [2-3]
国　籍	中国	职　业	诗人
民　族	朝鲜族	代表作品	《生与死》、《遗言》、《上天与风与星与诗歌》

← C ⌂ 🔒 https://baike.baidu.com/item/尹奉吉/63852?fr=aladdin

Bai度百科 尹奉吉

윤봉길 - 반일 감정 적개심 고취 인물 감귀.

尹奉吉 (朝鲜独立运动家)

尹奉吉的概述图(25张)

★ 收藏 4560 ⬆ 2446 ✎ 编辑

🔊 播报 🔒 锁定 💬 讨论 3 ⊕ 上传视频

进入词条

尹奉吉（윤봉길，1908年6月21日—1932年12月19日），朝鲜独立运动家，被称为抗日英雄，在王亚樵的"朝鲜人爱国团"、接受金九的策划下，进行刺杀日寇的任务。1932年4月26日，尹奉吉加入"朝鲜人爱国团"。

1932年4月29日，在上海虹口公园成功刺杀日本陆军大将白川义则，被当场逮捕，同年12月押送日本，在石川县金泽日本陆军基地内壮烈就义。[1]

中文名	尹奉吉	出生日期	1908年6月21日
外文名	윤봉길	逝世日期	1932年12月19日
国 籍	朝鲜	职 业	朝鲜独立运动家，抗日英雄
民 族	朝鲜族 <u>중국 조선족</u>	主要成就	刺杀日本陆军大将白川义则等
		出生地	坡平尹氏人

사진에 태극기가 있어도
중국 인민의 반일 감정을 위해
용감한 도시락 폭탄의 투사, 중국인으로 둔갑.

우리 국가

고조선

고구려백제신라 1,000년

후삼국

고려 500년

조선 500년

주의 잡국들

춘추전국, 진시황, 한나라

후한, 5호16국, **수, 당**

5대 10국

거란, 여진, 몽고, **송**

명, 여진(청)

동북공정 (고구려, 백제, 신라, 왕건 고려)

북방공정 (부여, 발해, 거란, 금, 몽고)

56개 민족. 통공. 홍진 역사 (문화대혁명 유적 파괴, 한자 간자체 변경)

서북공정 (고창, 위구르)

서남공정 (티벳)

남방공정 (월남)

화폐, 국뽕 단어로 만든
여론 조작세력 정체
(한국인부역)

한글둠들 한글둠들 개저

구독자 6.42만명
못보는 쓰레기 뉴스

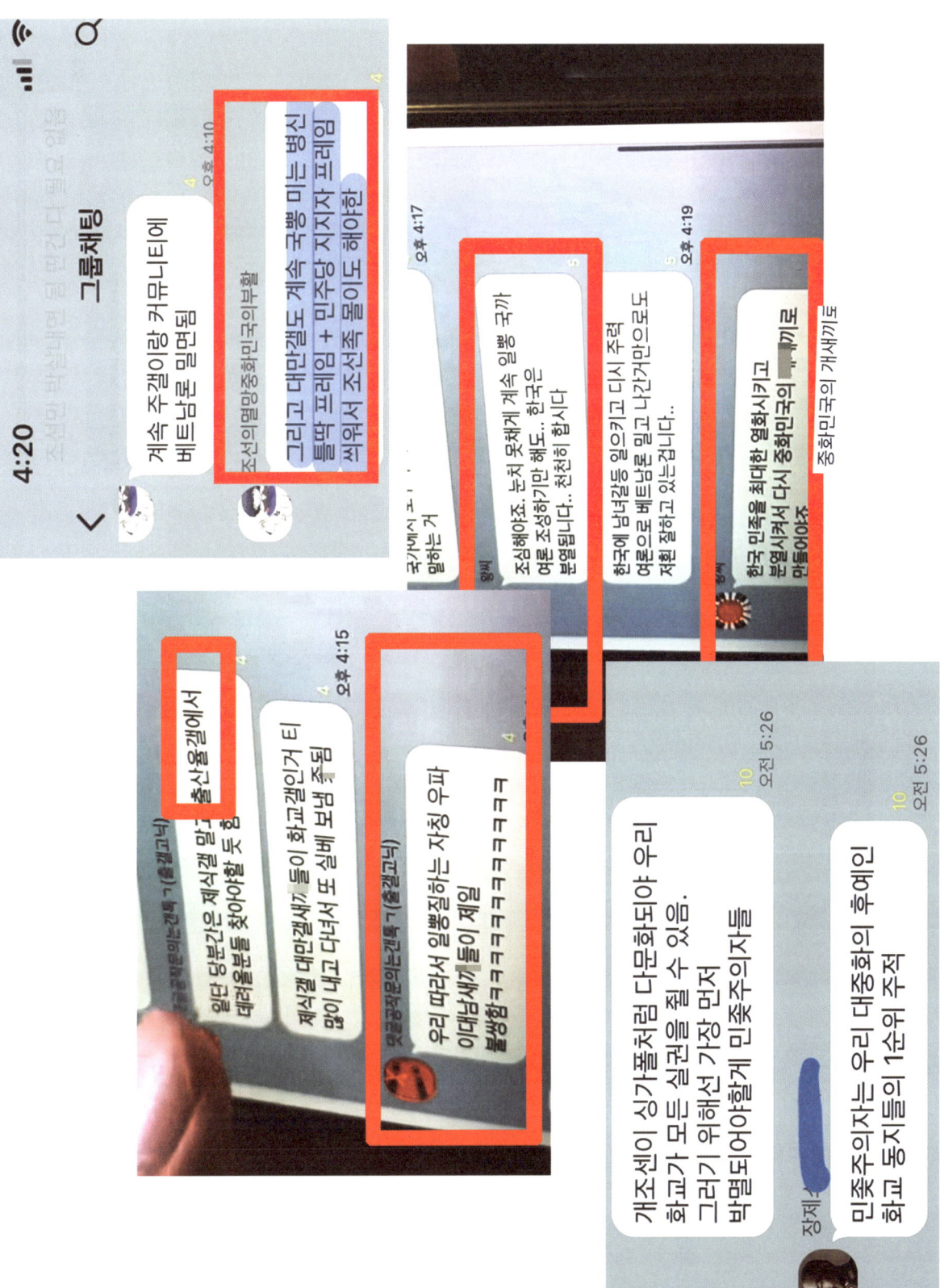

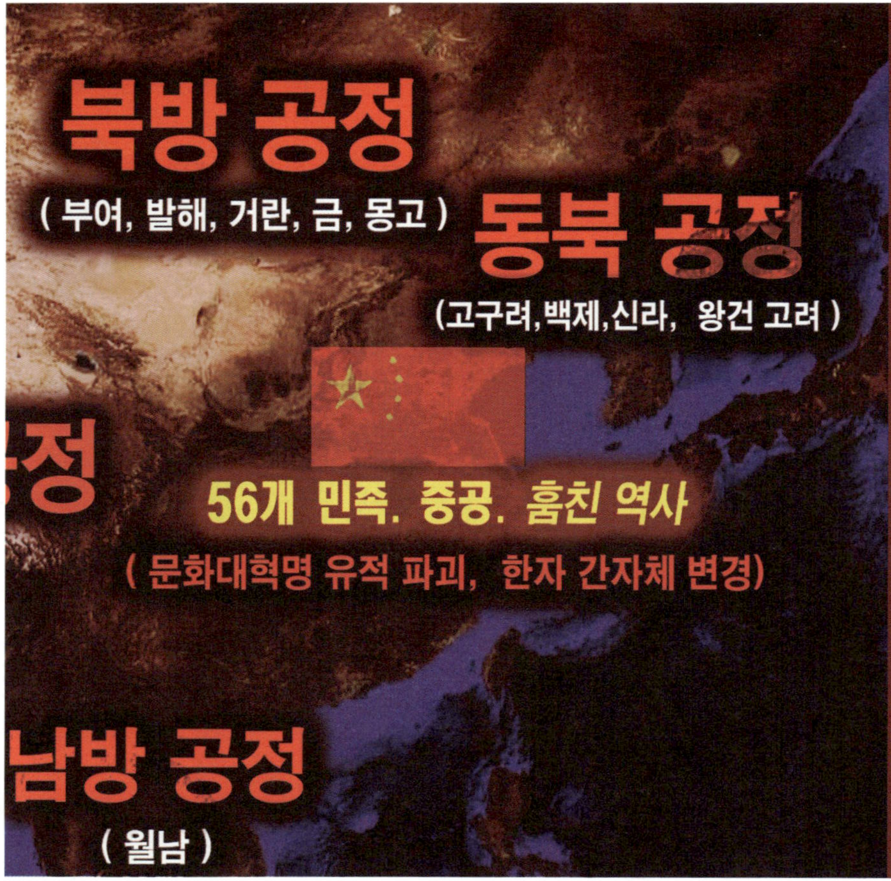

중국의 한반도 노예화 활동

- 동북공정 (한국인의 역사 속이기)
- 문화공정 (모두 중국것)
- 사이버 통일전선 (댓글, 교란)
- 정보활동 (인해전술)
- 한국 무리자 입국, 부동산, 기업, 대학생
- 통일전선 (교육, 자본, 화유, 선전선동)
- 내부분열, 내란참여
- 한국인 정신, 경제, 마약. - 중공 합병

북방공정
(부여, 발해, 거란, 금, 몽고)

동북공정
(고구려, 백제, 신라, 왕건 고려)

56개 민족. 중공. 훔친 역사
(문화대혁명 유적 파괴, 한자 간자체 변경)

남방공정
(월남)

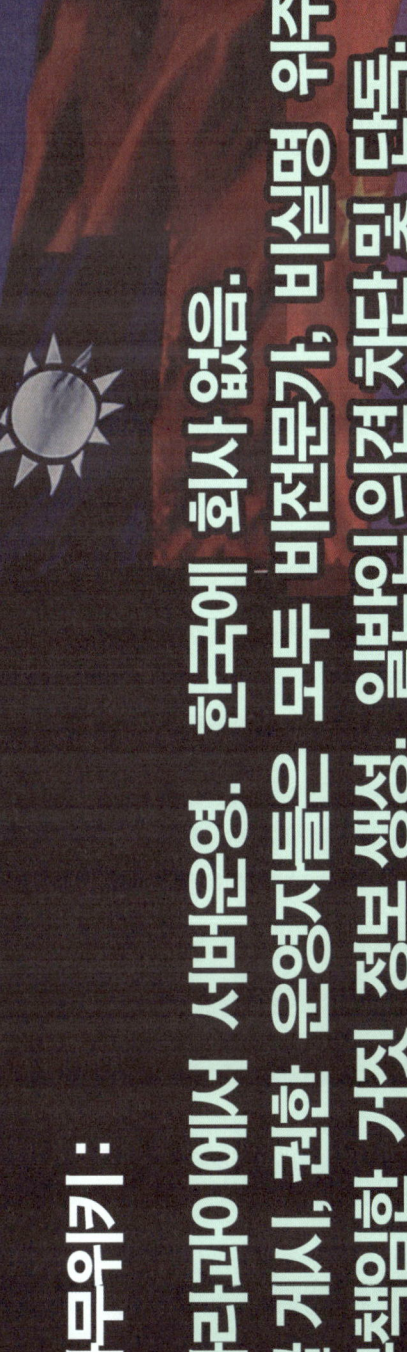

나무위키:

파라과이에서 서버운영. 한국에 회사 없음.
글 게시, 권한 운영자들은 모두 비전문가, 비실명 위주.
무책임한 가짓 정보 생성. 일반인 의견 치단 및 단독.

FM 코리아, DC 인사이드:

훈빠, 한남충, 한녀, 힐조선
한남충, 문남, 전문이간들 공작소

학교 등 댓글부대들이 글 게시, 삭제 권한 등
대부분 운영자 위치 장악.

동아시아 고대, 중세 지정학, 상식적 강역
이게 받아 들이기 어렵나? 역사책과 땅의 흔적, 교차검증

- 식민지 식민지
- 동이 / 마한, 변한, 진한 / 삼국 / 고려
- 황하
- 한족
- 양자강
- 월 / 베트남
- 토번
- 버마
- 위구르
- 북방기마족
- 바이칼호수 부여족
- 인도

지피 2024년 중국 사이트 검색 결과

2024년 중국대륙 성씨 순위

1위 (고려) 왕씨 - 약 1억명

2위 (신라 장보고) 장씨 - 약 1억명

3위 (당태종 이세민) 이씨 - 약 9천만명

고려와 신라는 어디가 본토?

신라 新羅 원류 – 중국것으로 둔갑하다.

다침반 羅針盤　비단 羅　차 茶　천태종, 조계종, 화엄종 등

책보고

고려 高麗 원류 - 중국것으로 둔갑하다.

고려 청자 - 월주.요

종이 大紙

금속활자

책보고

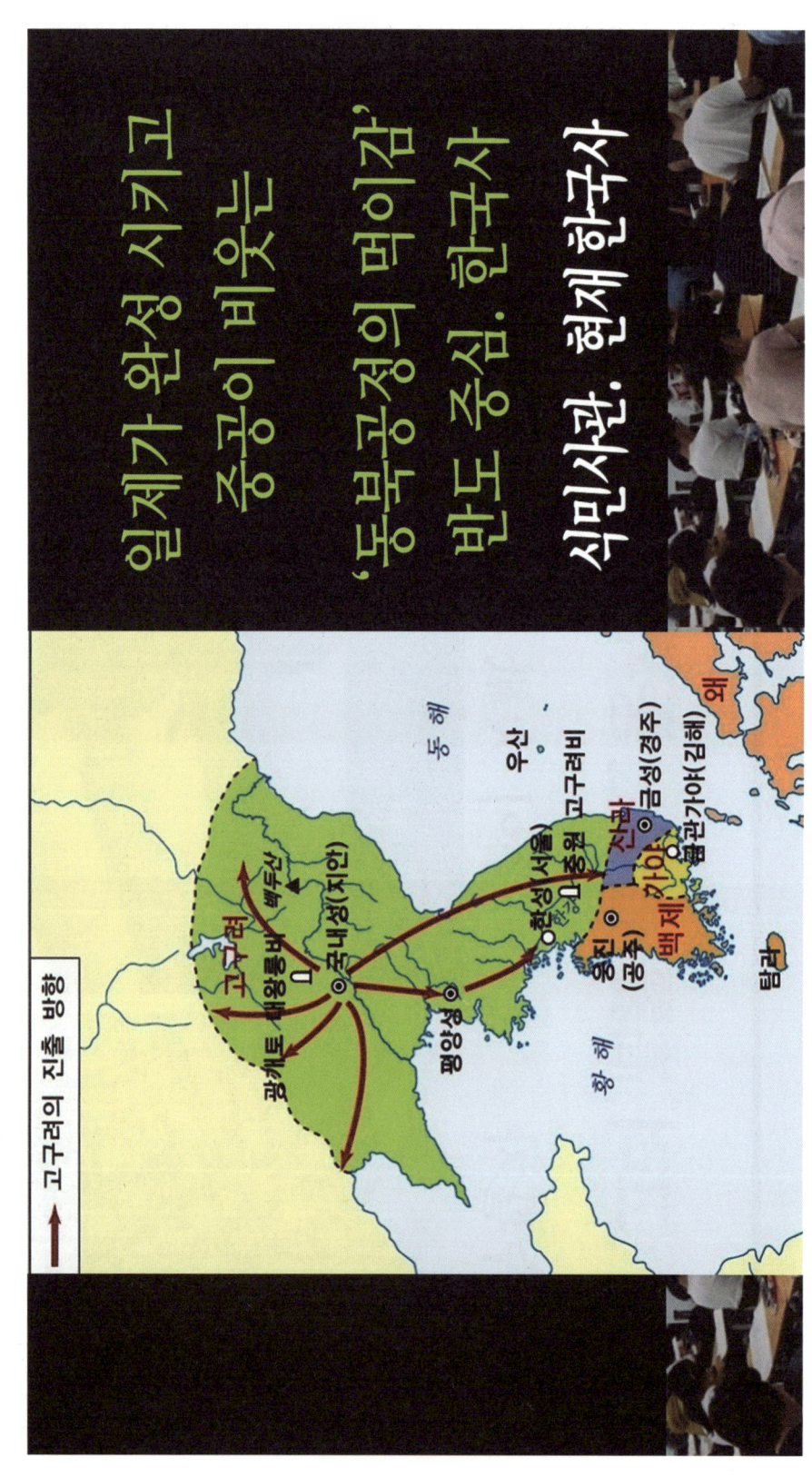

일제가 완성 시키고
중공이 비웃는
'동북공정의 먹이감'
반도 중심. 한국사
식민사관. 현재 한국사

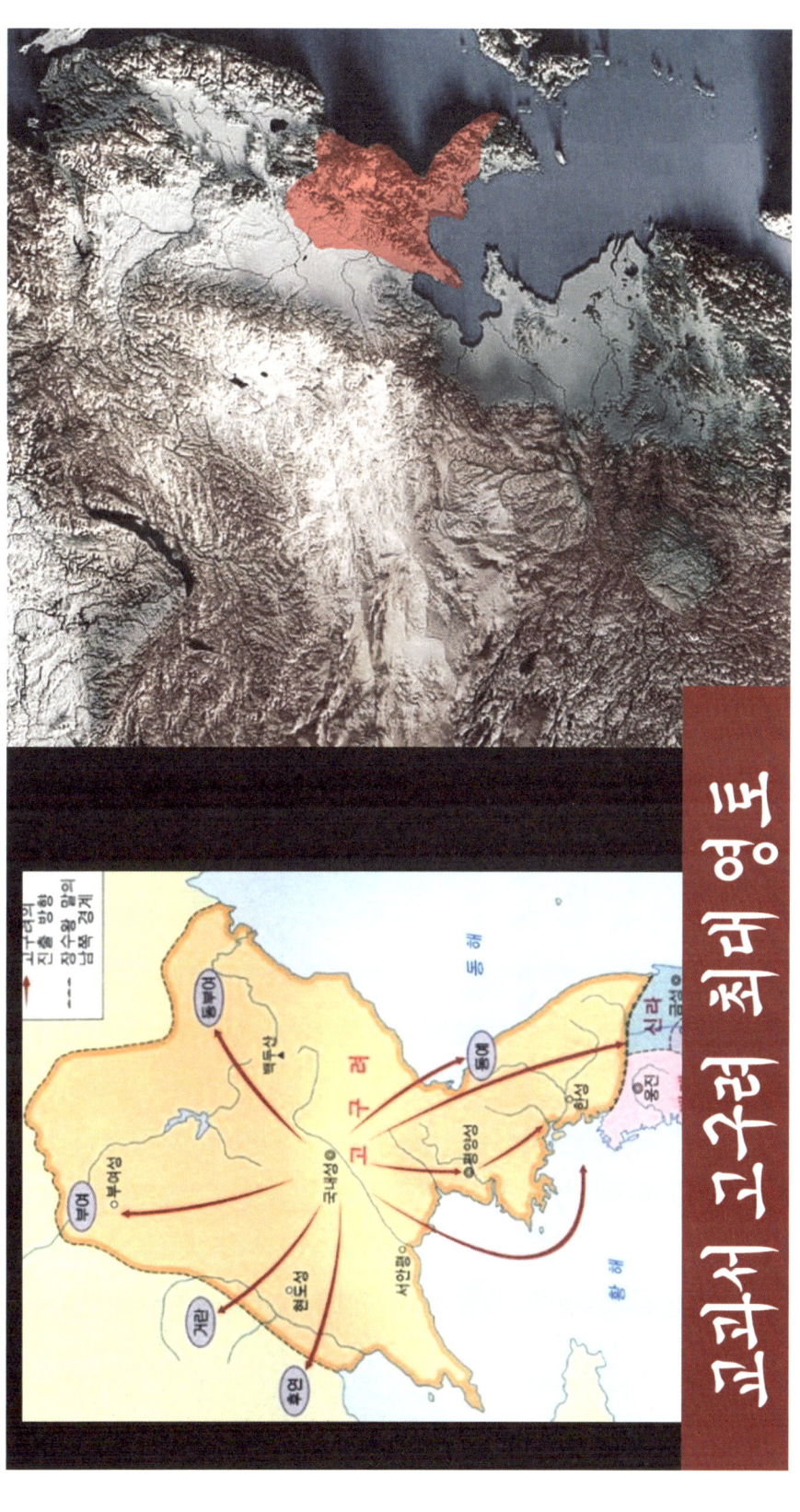

고구려 최대 영토

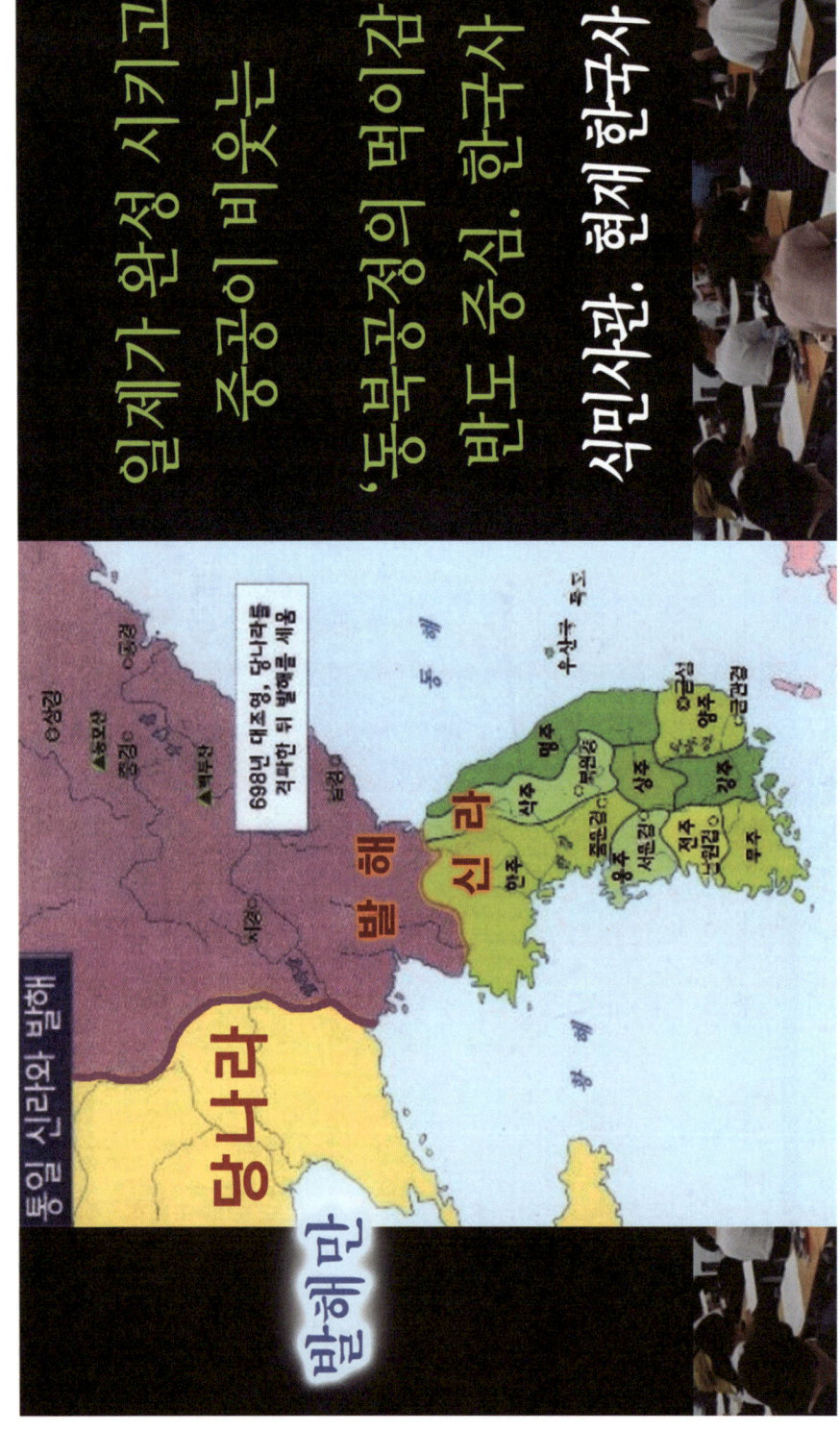

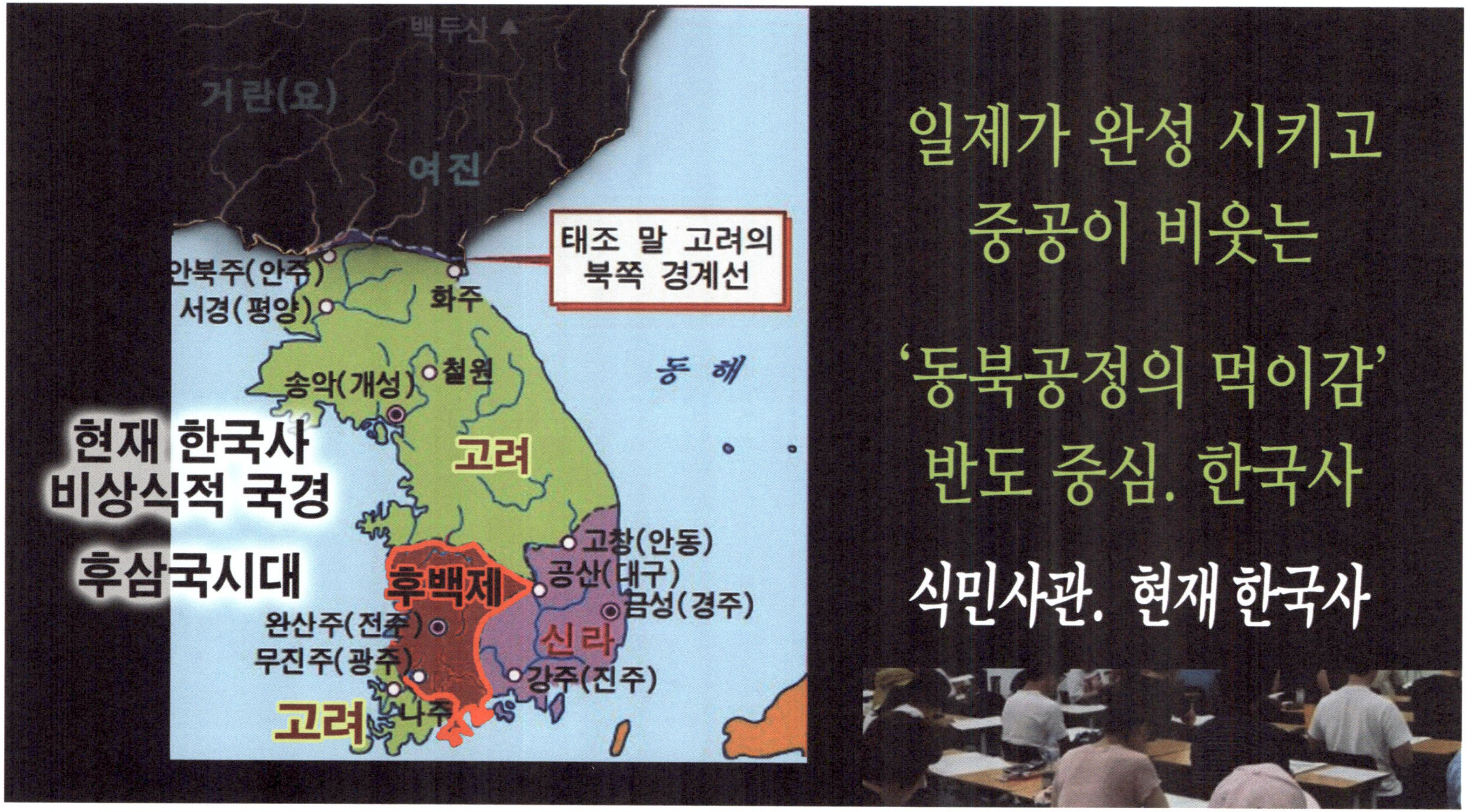

일제가 완성 시키고
중공이 비웃는
'동북공정의 먹이감'
반도 중심, 한국사
식민사관, 현재 한국사

태조 말 고려의
북쪽 경계선

현재 한국사
비상식적 국경
후삼국시대

몰라서 배운대로 지껄인다면 몰라도,

전 세계 모든 정보로

정황상 이치가 드러나고

사실로 공개되는 지금에도

배운대로 똑같이 가짜를 지껄여 대는건,

사기 공범이나 다름없다.

깊은 철학이나 목적의식도 없다.

그냥 생각없이 편하게 돈이나 벌자는 것 같다.

다른 것도 없는 것 같다.

선생 및 연구하고 공부하는 사람들 모두가 문제다.

괴아-

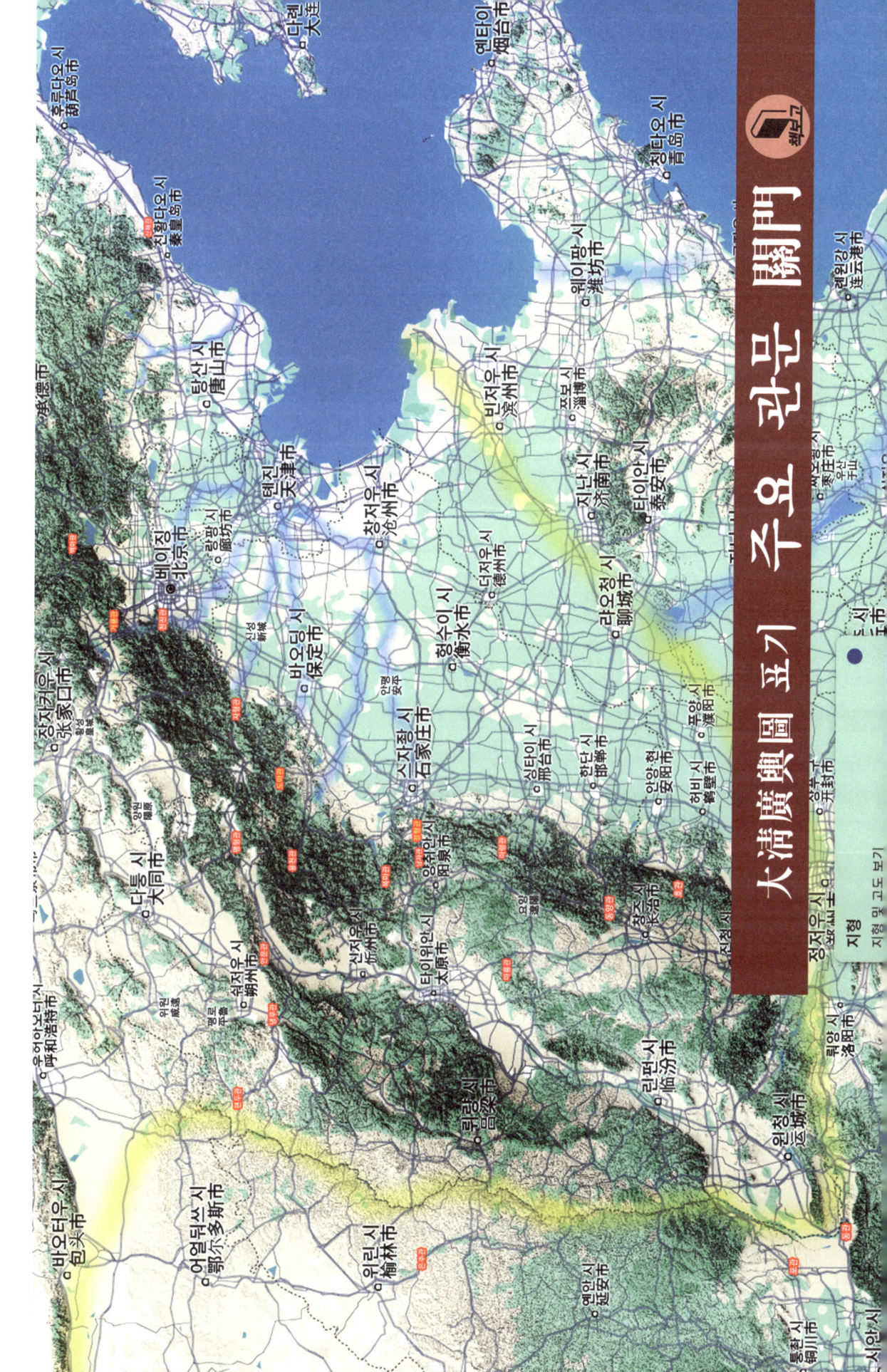

高麗史五十六

志卷第十

正憲大夫工曹判書集賢殿大提學知
經筵春秋館事兼成均大司成臣鄭麟趾奉
教修

地理一

惟我海東三面阻海一隅連陸輻員之廣幾
於萬里高麗太祖興於高勾麗之地降羅滅
濟定都開京三韓之地歸于一統然東方初
定未遑經理至二十三年始改諸州府郡縣
名成宗又改州府郡縣及關驛江浦之號遂

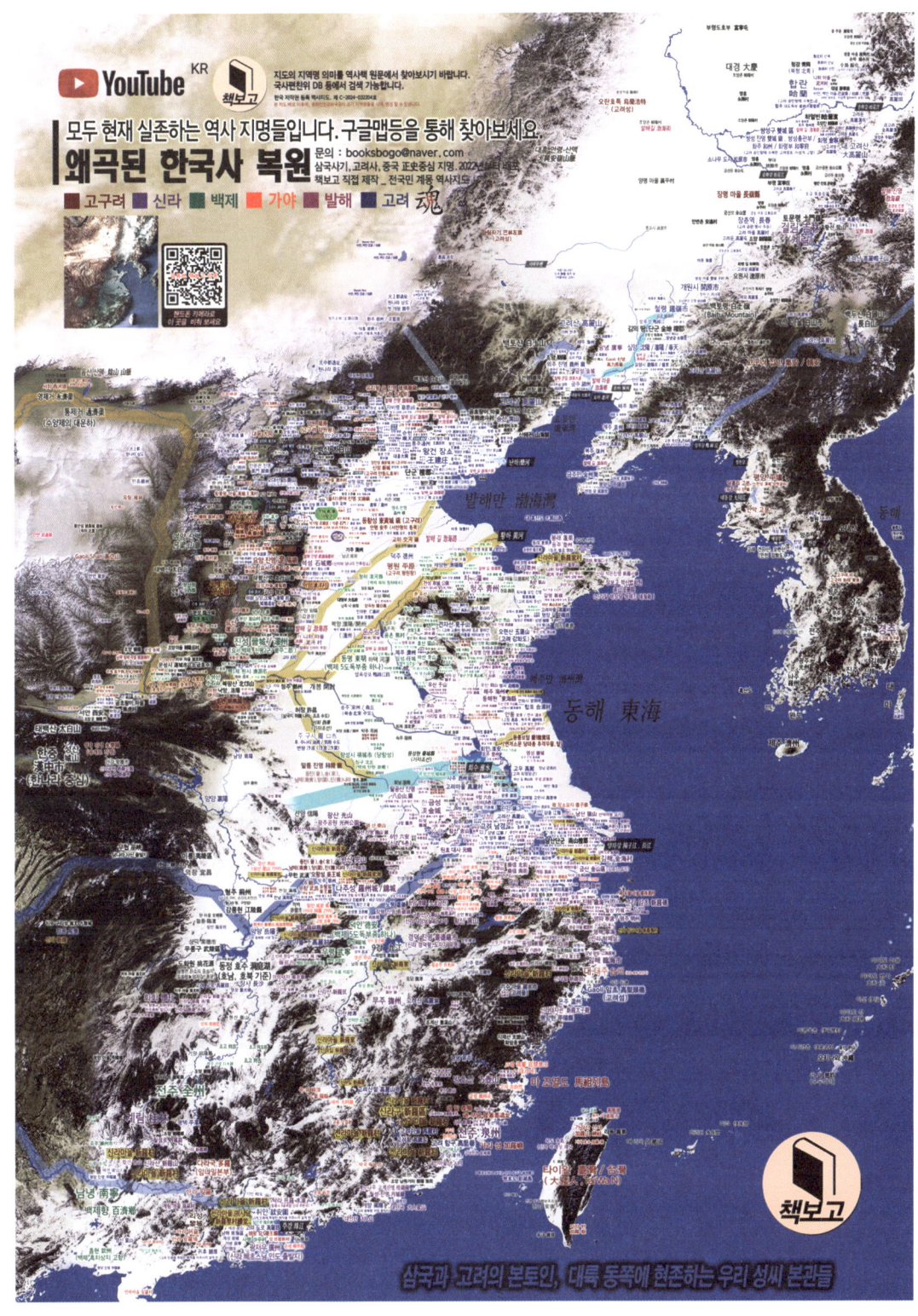

책보고 직접 제작. 전국 배포, 판매
왜곡된 한국사 복원 역사 지도. 61cm x 84.5cm
저작권 등록번호 C 2023-024131

책보고 한국 중세사 복원 자료집

1쇄 발행 2025년 6월 10일
2쇄 발행 2025년 6월 15일

지은이   책보고 양지환
총괄   분석/검증/제작/디자인/마케팅   책보고

펴낸이   책보고
펴낸곳   시민혁명 출판사
출판번호   제 2023-000003호
주소   경기도 부천시 길주로 317 블래스랜드 303
대표연락처   booksbogo@naver.com
인쇄   모든인쇄문화사 / 인쇄문의 042)626-7563

ISBN 979-11-992851-0-1
가격   39,000원

보도, 서평, 연구, 논문 등에서 수용적인 인용, 요약하는 경우를 제외하고는
저자 및 출판사의 승낙 없이 이 책의 내용을
무단 배포, 전재하거나 복제하는 것을 금합니다.
이 책은 국내 저작권법에 따라 보호받는 저작물입니다.